主编简介

邓纯东 男，1957年生，马克思主义研究院党委书记
士后合作导师、中国社会科学院研究生院博士生导师，
国政协社会和法制专门委员会委员。

主持国家重大交办委托课题和特别重大交办委托课题
题4项。筹划马克思主义研究院每年主办的马克思主义及
个，国际论坛3个。

在《人民日报》《光明日报》《求是》等报刊发表理
特色社会主义理论“新思想 新观点 新论断”研究丛书》
价值观丛书》（12本），《中国梦与中国特色社会主义研
道路为什么能成功丛书》（10本），《马克思主义中国化
年起每年一卷）等丛书多部。

中国社会科学院
马克思主义理论学科建设与
理论研究工程项目

治国理政思想专题研究文库

社会建设思想研究

邓纯东　主编

Shehui
Jianshe Sixiang
Yanjiu

人民日报出版社

图书在版编目（CIP）数据

社会建设思想研究 / 邓纯东主编．—北京：人民日报出版社，2018.1
ISBN 978－7－5115－5264－8

Ⅰ.①社… Ⅱ.①邓… Ⅲ.①中国特色社会主义—社会主义建设模式—研究 Ⅳ.①D616

中国版本图书馆 CIP 数据核字（2018）第 010215 号

书　　名：社会建设思想研究
作　　者：邓纯东

出 版 人：董　伟
责任编辑：周海燕　孙　祺
封面设计：中联学林

出版发行：人民日报出版社
社　　址：北京金台西路 2 号
邮政编码：100733
发行热线：（010）65369509　65369846　65363528　65369512
邮购热线：（010）65369530　65363527
编辑热线：（010）65369518
网　　址：www. peopledailypress. com
经　　销：新华书店
印　　刷：三河市华东印刷有限公司

开　　本：710mm×1000mm　1/16
字　　数：228 千字
印　　张：16
印　　次：2019 年 3 月第 1 版　　2019 年 3 月第 1 次印刷

书　　号：ISBN 978－7－5115－5264－8
定　　价：78.00 元

编者说明

中国共产党是高度重视理论指导、不断推进马克思主义中国化、善于进行理论创新的党。同时，我们党重视对马克思主义理论的学习和研究工作，重视用马克思主义中国化最新理论成果武装全党和教育人民，推进马克思主义大众化。

党的十八大以来，以习近平同志为核心的党中央坚持以马克思列宁主义、毛泽东思想、邓小平理论、“三个代表”重要思想、科学发展观为指导，坚持解放思想、实事求是、与时俱进、求真务实，坚持辩证唯物主义和历史唯物主义，紧密结合新时代条件和实践要求，以巨大的政治勇气和强烈的责任担当，对经济、政治、法治、科技、文化、教育、民生、民族、宗教、社会、生态文明、国家安全、国防和军队、“一国两制”和祖国统一、统一战线、外交、党的建设等各方面都做出了理论上的回答，以全新的视野深化对共产党执政规律、社会主义建设规律、人类社会发展规律的认识，进行艰辛理论探索，取得重大理论创新成果，提出一系列治国理政新理念新思想新战略。

围绕习近平总书记关于系列治国理政新理念新思想新战略的相关论述，学术界理论界发表了非常多的高质量的阐释性、研究性文章。为了更好地配合学习、研究和宣传习近平系列重要讲话精神，为了更好地推进和加强对习近平关于治国理政思想的研究，中国社会科学院马克思主义理论学科建设与理论研究工程决定编辑出版这套《治国理政思想专题研究文库》。文库从丰富的治国理政思想中撷取二十个方面的重要思想，分二十专题编辑出版。包括：《中国梦思想研究》《创新发展思想研究》《协调发展思想研究》《绿色发展思想研究》《开放发展思想研究》《共享发展思想研究》《意识形态工作思想研究》《经济建设思想研究》《文化建设思想研究》《生态文明建设思想研究》《人类命运共同体思想研究》等。文库采集的论文来自党的十八大至党的十九大期间，在重要报刊上发表的部分理论和学术文章。

限于篇幅，不能把所有的高质量文章收入；基于编者水平，可能会遗漏一些高质量文章。另外，在编辑出版过程中对个别文章的标题和内容有所改动。在选编工作中难免出现错误与不妥之处，敬请作者与读者一一谅解与指正。

2017 年 10 月

目　录
CONTENTS

党的十八大以来中国社会治理的新进展*

党的十八大以来，以习近平同志为核心的党中央围绕坚持和发展中国特色社会主义、实现两个一百年宏伟目标和中华民族伟大复兴的中国梦，举旗定向，谋篇布局，强基固本，攻坚克难，砥砺奋进，党和国家各项事业开新局、谱新篇，取得了举世瞩目的新成就、新进步。这里，我主要就党的十八大以来中国社会治理的新思想、新实践、新境界，讲一些个人看法，与大家分享交流。

一、五年来社会治理的新思想

党的十八大以来，面对国内外政治、经济、社会发展的新形势、新任务、新要求，习近平同志以马克思主义的巨大理论勇气和政治远见卓识，提出了一系列相互联系、相互贯通的治国理政新理念新思想新战略，形成了系统完整、逻辑严密的科学理论体系，这是中国特色社会主义理论体系宝库中的新成果，是马克思主义中国化的新发展。其中，习近平同志提出的一系列加强和创新社会治理的新思想、新观点、新论断，是近五年来中国社会治理领域最为重要的创新性进展与创新性成果。我们初步学习和研究认为，习近

---

* 本文作者：魏礼群，国务院研究室原主任，北京师范大学中国社会管理研究院、社会学院院长。

本文系作者 2017 年 7 月 2 日在第七届中国社会治理论坛上的主旨演讲。

平同志社会治理思想集中体现在以下十个方面。

（一）人民中心论。坚持以人民为中心，是习近平同志关于社会治理思想的根本政治立场。他深刻指出，社会治理，说到底，就是对人的服务和治理。社会治理要以人为本，把人民放在心中最高位置，坚持全心全意为人民服务。“一切治理活动都要尊重人民主体地位，尊重人民首创精神，拜人民为师。”习近平同志强调，检验我们工作的成效，就是要看人民是否真正得到了实惠，人民生活是否真正得到了改善，人民权益是否真正得到了保障。加强和创新社会治理要随时随刻倾听人民呼声、回应人民期待。“人民中心论”其核心是一切为了人民、一切依靠人民、为了人民的一切、一切接受人民检验。这样的“人民观”是在新的历史条件下创新社会治理的核心价值观，也是引领中国特色社会主义事业不断前进的新型治理观，是对马克思主义和毛泽东思想中关于“人民是历史的主人”这一重大科学论断的继承和发展。

（二）民生为本论。以民生为本，是习近平同志关于社会治理思想的本质体现。他指出，民生是人民幸福之基、社会和谐之本。保障和改善民生对创新社会治理具有根本性作用和意义。习近平同志强调：“民生连着民心，民心关系国运。”要积极推动解决人民群众的基本民生问题，不断打牢和巩固社会和谐稳定的物质基础，从源头上预防和减少社会矛盾的产生。保一方平安、维护公共安全是民生的基本需求，也是社会治理的基本要求。习近平同志强调：“平安是老百姓解决温饱后的第一需求，是极重要的民生，也是最基本的发展环境。”他还强调：“良好生态环境是最公平的公共产品，是最普惠的民生福祉。”正确处理维护人民群众权益和维护社会和谐稳定的关系是社会治理创新的根本要求。习近平同志指出，维权是维稳的基础，维稳的实质是维权。人心安定，社会才能稳定。对涉及维权的维稳问题，首先要把群众合理合法的利益诉求解决好。单纯维稳，不解决利益问题，那是本末倒置，最后也难以稳定下来。这是充满唯物辩证法的创新社会治理重要思想观点。

（三）公平正义论。促进公平正义，是习近平同志关于社会治理思想的核心要义。他高度重视公平正义在社会治理中的核心作用和地位。一是强调健全社会公平保障制度。要实现规则公平，规则面前一视同仁；实现机会公平，机会面前人人相同；实现权利公平，公民基本权利一律平等。二是强调走共同富裕道路。要在经济社会不断发展的基础上，朝着共同富裕方向稳步前进。要处理好效率和公平的关系，既要把“蛋糕”做大，也要把“蛋糕”分好。要深化收入分配制度改革，避免两极分化，绝不能出现“富者累巨万，而贫者食糟糠”的现象。要更加注重对特定人群特殊困难的精准帮扶，让所有人民群众都过上好日子。三是强调建立共建共享社会。共享社会是全体人民共享发展成果、全面共享发展成果、共建共享发展成果，要使得人人共同享有人生出彩的机会，共同享有梦想成真的机会，共同享有同祖国和时代一起成长与进步的机会。四是强调问题导向。习近平同志指出：“要把促进社会公平正义、增进人民福祉作为一面镜子，审视我们各方面体制机制和政策规定，哪里有不符合促进社会公平正义的问题，哪里就需要改革。”要通过建立共建共享社会，让全体人民共有“获得感”“安全感”和“幸福感”，真正让全体人民群众感受到实实在在的社会公平正义。

（四）法德共治论。法治和德治并举，是习近平同志关于社会治理思想的重要支柱。他强调：“必须坚持依法治国和以德治国相结合，使法治和德治在国家治理中相互补充、相互促进、相得益彰。”坚持一手抓法治、一手抓德治。法治是治国理政的基本方式，要发挥法治对社会治理的保障、服务和促进作用。牢固树立法治社会理念，坚持法治国家、法治政府与法治社会一体建设，善于用法治精神思考社会治理、用法治思维谋划社会治理、用法治方式破解社会治理难题，把社会治理的思想和行为全部纳入法治化轨道。习近平同志指出：“培育和弘扬核心价值观，有效整合社会意识，是社会系统得以正常运转、社会秩序得以有效维护的重要途径。”人类社会发展的历史表明，对一个民族、一个国家来说，最深厚、最持久的力量是全社会一致认同的核心价值体系和核心价值观。坚持法德共治是习近平治国理政思想在社会治理领域的生动体现。

（五）体制创新论。创新体制机制，是习近平同志关于社会治理思想的显著标志。他深刻指出，加强和创新社会治理，关键在体制创新。一是创新社会治理体制。社会治理体制创新是社会治理模式的根本创新。要建立健全党委领导、政府主导、社会协同、公众参与、法治保障的社会治理体制，确保社会既充满活力又和谐有序。二是创新社会治理方式。习近平同志指出，社会治理是一门科学，从社会管理到社会治理是治理方式的重大转变。“治理和管理一字之差，体现的是系统治理、依法治理、源头治理、综合施策。”随着互联网特别是移动互联网发展，社会治理模式正在从单向管理转向双向互动，从线下转向线上线下融合，从单纯的政府监管向更加注重社会协同治理转变。我们要深刻认识互联网在国家管理和社会管理中的作用。三是创新社会治理机制。要建立健全党委领导和政府主导的维护群众权益机制、社会利益协调机制、预防和化解社会矛盾机制、社会风险评估机制、突发事件监测预警机制，保证社会治理的常态化、长效化、社会化、智能化。

（六）不忘本来论。传承发展中华传统美德和优秀文化，是习近平同志关于社会治理思想的鲜明特色。他深刻指出：“不忘本来才能开辟未来，善于继承才能更好创新。”中华文化是我们民族的根基和魂魄，我们必须从延续民族文化血脉中开拓前进。培育和弘扬社会主义核心价值观必须立足中华优秀传统文化，“抛弃传统、丢掉根本，就等于割断了自己的精神命脉”。优秀传统文化是创新社会治理最深厚的根基和源泉。在新的历史条件下对中华优秀传统文化进行创造性转化和创新性发展，将为推进社会治理现代化奠定最为深厚雄浑的力量。习近平同志指出：“不论时代发生多大变化，不论生活格局发生多大变化，我们都要重视家庭建设，注重家庭、注重家教、注重家风，使千千万万个家庭成为国家发展、民族进步、社会和谐的重要基点。”培育和弘扬社会主义核心价值观，如果抛弃了优秀传统文化，就是放弃了根本，那无异于缘木求鱼。习近平同志对优秀传统文化的重视，实质上是强调了传统文化和核心价值观对中国特色社会治理的精神滋养和定向导航作用。

（七）群众工作论。加强和改进群众工作，是习近平同志关于社会治理思想的基本要义。他指出，社会管理主要是对人的服务和管理，说到底是做群众的工作。一切社会管理部门都是为群众服务的部门，一切社会管理工作都是为群众谋利益的工作，一切社会管理过程都是做群众工作的过程。从这个意义上说，群众工作是社会管理的基础性、经常性、根本性工作。由此可见，社会治理本质上就是做群众工作。党的群团工作是党治国理政的一项经常性、基础性工作。要有效增强“政治性、先进性、群众性”，以更好地反映和服务人民群众的需要。思想政治工作是群众工作的重要形式，也是创新社会治理的重要方式。习近平同志关于社会治理中加强群众工作的重要论述，是在新的历史条件下创新发展了党的群众路线的基本思想。

（八）基层重心论。注重基层建设，是习近平同志关于社会治理思想的突出风格。他强调：“基础不牢，地动山摇。”基层就是社会的细胞，是构建和谐社会的基础。社会治理的重心必须落到城乡社区，社区服务和管理能力强了，社会治理的基础就实了。他还指出：“深化拓展网格化管理，尽可能把资源、服务、管理放到基层，使基层有职有权有物，更好为群众提供精准有效的服务和管理。”对基层社会治理的高度重视，表明习近平同志具有强烈的问题意识、丰富的实践经验和深厚的为民情怀。

（九）总体安全论。树立总体安全观，是习近平同志关于社会治理思想的重大创新。他深刻指出：“当前我国国家安全内涵和外延比历史上任何时候都要丰富，时空领域比历史上任何时候都要宽广，内外因素比历史上任何时候都要复杂，必须坚持总体国家安全观，以人民安全为宗旨，以政治安全为根本，以经济安全为基础，以军事、文化、社会安全为保障，以促进国际安全为依托，走出一条中国特色国家安全道路。”传统的国家安全观主要讲外部安全或对外安全，总体安全观则强调既要重视外部安全，又要重视内部安全。既要重视传统安全，又要重视非传统安全，构建完整的国家安全体系，特别是要注意防范和应对社会安全、科技安全、信息网络安全等新型安全形态。既要重视“国土安全”，又要重视“国民安全”。既要重视“国家发展”，又要重视“国家安全”。既重视自身安全，又重视共同安全，打造人类命运共同体，推动各方朝着互利互惠、共同安全的目标相向而行。

（十）党的领导论。全面加强党的领导，是习近平同志关于社会治理思想的灵魂。一是社会治理要充分发挥党总揽全局协调各方的领导核心作用。党的领导核心作用主要体现在：突出“加强”和“改善”，牢牢把握党领导社会治理的主动权；突出“牵头”和“抓总”，牢牢把握党领导社会治理的关键环节；突出“制度”和“规范”，牢牢把握党对社会治理的领导权。二是以党风政风好转带动社会风气的好转。坚持党要管党、从严治党、从严治吏，大力开展党风廉政建设，净化党风政风，带动和促进社会风气向上健康发展。三是提高党领导社会治理的能力。推进社会治理现代化，关键在于提升党的执政水平。党在社会治理中的领导核心作用需要通过党的基层组织来实现。党的基层组织扎根基层、服务基层，具有参与社会治理的天然优势。这就需要以党的执政能力建设和先进性建设推动社会领域改革发展。可以说，坚持党的领导是中国特色社会治理的最重要特征，也是中国社会治理文明屹立世界民族文明之林的根本保证。

通过以上梳理和阐述可以看出，习近平同志关于社会治理的思想是一个层次分明、有机统一的系统理论，具有丰富的内涵和严谨的逻辑。习近平同志关于社会治理的思想具有鲜明的人民立场以及充满历史唯物主义和辩证唯物主义的理论品质，不仅是对我们党过去成功经验的坚持和继承，而且是对当今社会实践的凝练和升华，也是对未来发展的引领和创新。习近平同志关于社会治理的思想是推动社会领域改革发展、推进社会治理现代化的强大思想武器和行动指南。

二、五年来社会治理的新实践

党的十八大以来，在中国特色社会主义理论体系特别是习近平同志治国理政思想指引下，我国社会治理实践创新取得重大进展。按照全面建成小康社会、完善中国特色社会主义社会治理体系的目标要求，从宏观社会治理到微观社会治理，从各领域系统治理到城乡社区治理，都大力度全方位地深入推进，取得了新突破、新进展、新成效。

（一）筑牢改善和保障民生工程。建设和谐社会、平安社会，形成全民共建共治共享的社会治理新格局，最重要的是保障和改善民生。以习近平同志为核心的党中央把保障和改善民生放在更加突出的位置，根据特定历史时期的需要，实行居民收入增长和经济增长同步、劳动报酬提高和劳动生产率提高同步的方针，普遍地持续增加城乡居民收入。同时，实行坚守底线、突出重点、完善制度、引导预期、注重机会公平的原则，构筑民生保障和改善工程。

一是实施脱贫攻坚战。党中央把贫困人口脱贫作为全面建成小康社会的底线任务和标志性指标，在全国范围全面打响了脱贫攻坚战。脱贫攻坚力度之大、规模之广、影响之深，前所未有。2015 年 11 月，党中央召开扶贫开发工作会议，发布《中共中央国务院关于打赢脱贫攻坚战的决定》，对脱贫攻坚做出全面部署。国务院印发“十三五”脱贫攻坚计划，细化落实中央决策部署。中办、国办出台 11 个配套文件。中央和国家机关有关部门出台 118 个政策文件或实施方案。实施“六个精准”和“五个一批”计划。通过建立一套行之有效的脱贫攻坚责任体系、政策体系、投入体系等，中央各项决策部署得到落实。2013—2016 年，农村贫困人口每年都减少超过 1000 万人，5564 万人摆脱贫困，贫困地区面貌明显改善，也促进了社会和谐安定。

二是促进就业创业。就业是民生之本。坚持就业优先战略，实行更加积极的就业政策，创造更多就业岗位，鼓励以创业带动就业，着力解决结构性就业矛盾。这五年，在经济发展进入新常态、增长速度放缓的情况下，通过实施扶持就业政策，推行“大众创业，万众创新”，持续推进“放管服”改革，有力地激发了社会创造力，就业创业人员稳定增加，近 4 年来每年新增就业超过 1300 万人，为改善民生和维护社会稳定发挥了重要作用。

三是深化分配制度改革。为了促进发展成果由全体人民共享，实行一系列有利于缩小收入差距的政策，各地方普遍提高最低工资标准。同时，改革收入分配制度，完善初次分配机制，健全再分配调节机制，建立促进居民收入较快增长的长效机制，推动形成公开透明、公正合理的收入分配秩序，明显增加低收入劳动者收入，扩大中等收入者比重，多渠道增加居民财政性收入，并努力构建体现技能、知识价值的收入分配机制。

四是完善社会保障制度。近5年，我国社会保障制度在实现广覆盖、保基本、可持续的框架基础上，进一步打破城乡分割、单位双轨的坚冰，更多地体现了公平公正的原则。一是建立了全国统一的城乡居民基本养老保险制度。合并新型农村社会养老保险和城镇居民社会养老保险。目前，全国所有省级地区都制定了新的城乡居民社保实施意见，基本实现了制度名称、政策标准、经办服务、信息系统“四统一”。持续调高养老保险基础养老金标准。二是实施养老金并轨改革。实行了20多年的养老金双轨制正式废除，机关事业单位与企业都实行社会统筹与个人账户相结合的基本养老保险制度，养老金待遇与缴费而非职级挂钩。三是统筹推进社会救助。国务院颁布《社会救助暂行办法》，首次将救急难、疾病应急救助、临时救助等方针政策纳入法制安排，是我国统筹构建社会救助制度体系的标志。同时，支持慈善事业发展，广泛动员社会力量开展社会救济和社会互助、志愿服务活动。特别是《慈善法》的颁布与实施，是我国整个社会保障体系建设中具有里程碑意义的重大事件，将开启中国现代慈善事业的新时代。

五是改善住房保障。采取一系列政策措施，引导房地产业持续健康发展，控制房价过快上涨。加快推进棚户区和城乡危房改造工程。构建了包括公共租赁住房、棚户区改造、农村危旧房改造、住房公积金等在内的住房保障体系。实施公共租赁住房制度。明确提出从2014年起各地公共租赁住房和廉租住房并轨运行，并轨后统称为公共租赁住房，并把公租房扩大到城市非户籍人口。推进城镇住房法治化，规范城镇住房保障工作。

（二）推进社会治理基础性制度改革创新。教育、卫生、人口、户籍管理等制度是社会治理的重要基础性制度，与人民群众利益密切相关，是社会治理体系和社会文明进步的重要方面。为了促进社会公平正义，更好满足人民需求，国家采取了一系列重大决策部署和制度安排。

——在教育领域，大力促进教育公平制度建设。推动义务教育均衡发展，逐步推进中等职业教育免除学杂费，健全家庭经济困难学生资助体系，构建利用信息化手段扩大优质资源覆盖面的有效机制，逐步缩小区域、城乡、校际差距。健全政府补贴、政府购买服务、助学贷款、基金奖励、捐资激励等制度，鼓励社会力量兴办教育。推进考试招生制度改革。到2020年基本建立中国特色现代教育考试招生制度，形成分类考试、综合评价、多元录取的考试招生模式，健全促进公平、科学选才、监督有力的体制机制。从根本上解决教育领域的痼疾，满足人民对受到更好教育的需求。

——在医疗卫生领域，突出建立以提高人民健康水平为核心的现代医疗卫生事业制度。一是基本医疗保障制度覆盖全民。目前，我国基本医保覆盖95%以上人口，编织起全球最大的基本医疗保障网，世界卫生组织称赞“中国的医改成就举世瞩目”。二是完善大病保险和医疗救助制度。全面开展重特大疾病医疗救助，基本医保、大病保险、医疗救助、疾病应急救助、商业健康保险和慈善救助有效衔接。三是深化医药卫生体制改革，实行医疗、医保、医药联动，推进医药分开，实行分级治疗。破除公立医院以药养医机制。全面推进公立医院改革，优化医疗卫生机构布局。四是全面推进“健康中国”建设。2016年10月，党中央召开全国卫生与健康大会，中共中央、国务院印发《“健康中国2030”规划纲要》，提出把健康摆在优先发展的战略地位，加快转变健康领域发展方式，全方位、全周期维护和保障人民健康，大幅提高健康水平，显著改善健康公平。这些是具有重大历史意义的决策和制度安排。

——在人口发展方面，完善计划生育制度。实施人口发展战略，促进人口均衡发展。全面实施一对夫妇可生育两个孩子的政策。“二孩”政策的颁布，是对我国1983年以来所实行的计划生育“一孩”政策的重大调整，关系到中华民族子孙后代的繁衍和持续性发展。同时，积极开展应对人口老龄化行动，构建以生育政策、就业制度、养老服务、社保体系、健康保障、人才培养、环境支持、社会参与等为支撑的人口老龄化应对体系，积极研究制定渐进式延迟退休年龄政策，加快健全养老服务体系和老年服务产业发展，开展全国养老院服务质量建设专项行动，实施老年教育发展规划等。人口政策的创新，是近五年社会治理实践创新的重大标志。

——在户籍管理方面，建立全国城乡统一的户口登记制度。2014 年 7 月，国务院印发《关于进一步推进户籍制度改革的意见》，取消了农业户口与非农业户口性质区分，统一登记为居民户口，稳步推进城镇基本公共服务常住人口实现市民化。2016 年 1 月，《居住证暂行条例》施行，“居住证”取代“暂住证”，并据此享受所在城市各类基本公共服务和各项便利。2016 年 9 月，国务院印发《推动 1 亿非户籍人口在城市落户方案》，国务院各有关部门出台了一系列配套政策措施，着力解决广大农业转移人口最为关心的教育、就业、医疗、养老、住房保障以及农村“三权”等方面的实际问题。户籍制度改革是我国社会治理基础性制度的重大创新。

（三）构建国家安全体制。这是近 5 年加强和创新社会治理极具标志性的重大举措。国家安全是安国定邦的基础，也是社会稳定和社会进步的前提。为了应对日益复杂多样的国内外安全形势，落实总体国家安全观，党中央决定建立集中统一、高效权威的国家安全体制，采取了一系列重大举措。一是设立国家安全委员会。2013 年 11 月召开的十八届三中全会明确提出，要建立国家安全委员会，完善国家安全体制和国家安全战略，确保国家安全。2014 年 1 月，中共中央政治局会议决定正式成立国家安全委员会。国家安全委员会的主要职责是，加强对国家安全工作的集中统一领导，制定和实施国家安全战略，推进国家安全法治建设，制定国家安全工作方针政策，研究解决国家安全工作中的重大问题；同时，发挥应对重大突发事件的协调指挥作用。国家安全包含军事、安全、公安、司法、外交、金融等多方面的大安全体系，涵盖传统安全和非传统安全领域。成立国家安全委员会，是应对安全形势趋于严峻复杂的时代挑战做出的重要制度安排。二是制定《国家安全战略纲要》和《关于加强国家安全工作的意见》。规划了在新的形势下维护国家安全的指导思想、重大原则和重点任务，强调要做好各领域国家安全工作。三是修订并通过新的《国家安全法》。该法着眼于我国经济社会发展和保障国家安全的实际需要，明确了维护国家安全的职责与任务，国家安全制度，国家安全保障，公民、组织的义务与权力等方面的具体制度。国家安全委员会的成立、《国家安全战略纲要》和《国家安全法》的制定，对维护国家安全和社会安全起到十分重要的作用。

（四）健全公共安全体系。建设平安中国是加强和创新社会治理的首要目标，是决胜全面建成小康社会和全面建设社会主义现代化强国的基础性工程，更是全国人民的期盼。国泰才能民安。党的十八大以来，“平安建设”被提到了一个新的历史高度。围绕深入推进平安建设，健全公共安全体系，推出食品药品安全、安全生产、防灾减灾、社会治安防控和网络安全等方面的体制机制改革举措。成立了统一权威的食品安全监管机构，建立了严格的覆盖全过程的监管制度，出台了一系列食品药品安全、质量安全的政策措施。持续深化安全生产管理体制改革，建立隐患排查治理体系和安全预防控制体系，努力遏制重大安全生产事故。健全防灾减灾救灾体制。应急管理体系不断健全，应对危机与风险的能力明显提高。加强社会治安综合治理，创新立体化社会治安防控体系，制定和实施健全落实社会治安综合治理领导责任制，健全社会治安防控网，提高社会治安防控体系建设科技水平，依法严密防范和惩治各类违法犯罪活动，提高社会治安防控活动能力。社会治安综合治理迈出新步伐，社会矛盾化解工作实现新突破，加强和创新群众工作，健全重大决策社会稳定风险评估机制。完善网络和信息化管理领导体制，制定和实施网络安全战略，加强网络市场监管。适应互联网时代的要求，引导社会成员确立共同防控风险的理念；推进公共安全工作精细化，实现公共安全事务共同治理。编织全方位、立体化的公共安全网，并更加注重运用法律规范、道德教化、心理疏导等方式手段，提升了维护公共安全实效，平安中国建设取得重要新进展。

（五）加快社会诚信制度建设。推进诚信制度建设，既是建设和谐社会的重要任务，也是推进社会治理现代化的必然要求。党的十八大以来，党和国家对社会诚信建设做出了一系列重要部署。国务院颁发《社会信用体系建设规划纲要（2014—2020年）》《关于推进诚信建设制度化的意见》，强调着力推进诚信制度建设。团中央、发改委、人民银行联合制定《青年信用体系建设规划（2016—2020）》。50个部门和一大批企业共同实施优秀青年志愿者守信联合激励行动计划。今年4月，中共中央、国务院颁发的《中长期青年发展规划（2016—2025）》中，将推进青年信用体系建设、倡导和培育青年诚信品格纳入青年发展事业总体布局。注重加强社会信息基础设施、基础制度、基础能力建设，加快推动统一社会信用代码制度，建立以公民身份号码为唯一代码、统一共享的国家人口基础信息库，健全相关方面的配套制度。建立公民统一社会信用代码制度、法人和其他组织统一社会信用代码制度。加强社会信用管理，建设全国统一的信用信息共享交换平台，建设并已上线运行"信用中国"网站，为社会公众查询、了解社会信用信息、社会信用体系建设工作动态提供渠道。积极探索完善守信联合激励和失信联合惩戒制度。

（六）加强城乡社区治理。城乡社区是社会治理的基本单元，也是社会治理体系中的基础部分。近五年来，党和政府更加重视城乡社区在社会治理中的重要作用，实施了一系列改革创新举措，使全国城乡社区治理水平明显提高。注重完善城乡社区治理体系，充分发挥基层党组织领导作用，有效发挥基层政府主导作用，努力发挥基层群众性自治组织基础作用，统筹发挥社会力量协同作用。注重提升城乡社区治理水平，提高社区服务供给能力，提升社区矛盾预防化解能力，增强社区信息化应用能力。各地普遍推行民主化、网络化、网格化、精细化管理，创新城乡居民全面服务管理新模式。畅通民主渠道，开展基层协商，推进城乡社区协商制度化、规范化和程序化。坚持因地制宜，突出特色，推动各地立足自身资源、条件、人文特色等实际，完善社区治理模式，完善市民公约、乡规民约等行为准则。许多城乡重视传播优秀传统文化，有些地方成立乡贤理事会，弘扬新乡贤文化，提高农村社会组织化水平，增强“自治组织”能力。大力开展乡风、村风、家风建设，通过加强古村落保护，编写族谱、家训等，传承向上向善的正能量。中央有关部门制定和实施一系列历史文化名城名镇名村和传统村落保护措施，有力地推动了中华优秀传统美德与文化的保护和创新发展，也促进了平安社会、和谐社会建设。

（七）促进社会组织健康发展。社会组织是社会治理不可或缺的重要力量，是公众和社会力量参与社会治理的重要载体，也是我国社会治理中的短板和难点。针对我国社会组织发展中的问题，十八届三中全会的决定中提出：“要正确处理政府和社会关系，加快实施政社分开，推进社会组织明确权责、依法自治、发挥作用。”“适合由社会组织提供的公共服务和解决的事项，交由社会组织承担。支持和发展志愿服务组织。”几年来，中央有关部门制定和实施一系列清理、规范和支持社会组织发展的办法。推动行业协会商会与行政机关真正脱钩，致力于建立新型行业协会商会管理体制和运行机制，促进和引导行业协会商会自主运行、有序竞争、优化发展。这方面改革取得重要进展。2016 年底，作为第一批脱钩试点的 132 家全国性行业协会商会实现与行政机关脱钩，完成脱钩试点的改革目标。2016 年 6 月，第二批全国性行业协会商会脱钩试点名单（144 家）公布，第二批试点正在有序推进。2016 年 12 月，《行业协会商会综合监管办法（试行）》印发，至此总体方案规定的 10 个配套文件已全部出台，并形成了一个完整的政策体系框架。制定文件提出到 2020 年建立健全统一登记、各司其职、协调配合、分级负责、依法监管的社会组织管理体制，营造法制健全、政策完善、待遇公平的社会组织发展环境，构建结构合理、功能完善、诚信自律、有序竞争的社会组织发展格局，形成政社分开、权责明确、依法自治的现代社会组织体制。近些年来，从中央到地方各级政府都积极探索实行购买服务机制，重视发挥社会组织在引导社会成员参与风险评估、矛盾调解、社区矫正、青少年教育管理等方面的作用，取得了积极效果。

（八）创新社会治理方式。按照推进社会治理现代化的要求，积极探索社会治理方式创新，是近五年中国社会治理新实践的重要特征。一是以信息化建设为基础，不断提升社会治理的网络化与智能化。当今世界，以数字化、网络化、智能化为特征的信息化浪潮蓬勃兴起，没有信息化就没有国家和社会治理现代化。这几年，国家全面推进社会治理信息化建设。2014 年 2 月，中央网络安全和信息化领导小组成立，推动了国家网络安全和信息化建设。随后，印发《国家信息化发展战略纲要》，规范和指导未来 10 年国家信息化发展。制定《“十三五”国家信息化规划》，明确统筹实施网络强国战略、大数据战略、“互联网 +”行动，整合集中资源力量，为推进国家与社会治理体系和治理能力现代化提供数字动力引擎。北京、上海和深圳等特大城市积极探索符合超大城市特点和规律的社会治理新路子，强化网络化、智能化管理，提高城市管理标准，贵阳等在城市社会治理中更多运用互联网、大数据等信息技术手段，大力推行基层治理信息化，打造“智慧社区”，不断提高城市社会治理科学化、精细化、智能化、现代化水平。二是以推行“全面依法治国”为契机，不断推进社会治理的法治化与制度化。党的十八大以来，我国开辟了全面依法治国、建设法治社会的新局面。近 5 年来，共制定、修改法律 48 部、行政法规 42 部、地方性法规 2926 部、规章 3162 部，同时通过“一揽子”方式先后修订法律 57 部、行政法规 130 部，启动了民法典编纂、颁布了民法总则，中国特色社会主义法律体系日益完备；高效的法治实施体系、严密的法治监督体系、有力的法治保障体系建设取得显著成效，对全面依法治国、依法治理社会发挥了重大推动作用。国务院制定了 2020 年基本建成法治政府的奋斗目标和行动纲领；先后取消、下放行政审批事项 618 项，彻底终结了非行政许可审批，激发了市场和社会活力。行政执法体制改革深入推进，公正文明执法水平明显提升。新一轮司法体制改革主体框架基本确立。司法责任制改革全面推开，以审判为中心的刑事诉讼制度改革深入推进，省以下地方法院、检察院人财物统一管理逐步推行。制定实施干预司法记录、通报和责任追究制度，设立知识产权法院、最高人民法院巡回法庭、跨行政区划法院检察院，实行立案登记制，废止劳教制度，一批重大冤假错案得到坚决纠正，司法职权配置不断优化，执法司法规范化建设进一步加强。司法质量、效率和公信力大幅提升，人民群众对公平正义的获得感明显增强。全民守法和法治社会建设迈出新步伐。设立国家宪法日，宪法宣誓制度普遍实施；更加重视社会矛盾纠纷的调解化解，多元化纠纷解决体系日益健全。领导干部带头尊法学法守法用法，运用法治思维和法治方式的能力与水平明显提高。

（九）加大环境保护与治理力度。治理环境污染，提高环境质量，事关人民生命安全和社会安定，是加强创新社会治理的重大任务。党中央、国务院更加重视环境保护与治理，着力推进解决影响人民群众身心健康和社会稳定的环境问题，建设美丽城市，美丽乡村，改善生活环境质量，消除社会风险隐患。党的十八届三中全会《决定》做出明确规定："必须建立系统完整的生态文明制度体系，实行最严格的源头保护制度，损害赔偿制度、责任追究制度，完善环境治理和生态修复制度，用制度保护生态环境。"国家"十三五"规划中对着力改善生态环境、形成政府、企业、公众共治的环境治理体系做出全面规划和部署。这几年，大力度地改革生态环境保护管理体制、改革环境治理基础制度，强化环境保护法治，开展环保督察巡视，推进污染物综合防治和环境治理，推行改水改厕、垃圾处理，建立严格监管所有污染物排放的环境保护组织制度体系；以打好大气、水、土壤污染防治三大战役为抓手，逐步构建与改善环境质量的工作体系。全面启动控制污染物排放等方面的强力监管和严格问责制。创新环保督察体制，决定建立环保督察机制。2016 年 7 月，第一批中央环境保护督察工作全面启动，组建 8 个中央环境保护督察组，分别负责对 8 个省（自治区）开展环境保护督察工作。2017 年起，用两年时间对全国 31 个省市区进行全部环保督察。中央环保督察不仅提升了地方党委政府的环保责任，而且推动解决了一大批环境问题，推动地方建立环保长效机制。各地普遍清理"散、乱、污企业"。国家旅游部门发起的"厕所革命"，在全国旅游系统大张旗鼓地推进，不仅有力地改变了当地旅游环境，也带动了全社会的"厕所革命"。江苏邳州市等许多地方还开展了创新公共空间治理行动，城乡人居环境明显改善，社会秩序和社会风气为之改观。

（十）全面加强党对社会治理的领导。全面加强党的领导，全面从严治党，是党的十八大以来治国理政的最鲜明特点，也是社会治理领域实践创新的最突出标志。党风决定政风、社风、民风。治国必先治党，治党必须从严，这是中国社会治理体系和治理能力现代化的重要制度与组织保障。实践表明，从严治党、惩治腐败是最大的社会治理，是理顺民心、实现党长期执政、确保社会长治久安的根本之举。5 年来，从严治党的重大举措环环相扣，老虎、苍蝇、蚊虫一起打，惩治了一大批腐败分子，对端正党风发挥了重大作用，伸张了正气，刹住了歪风，赢得了党心民心，极大地带动了政风、社风、民风好转，也推动了社会治理创新发展。针对群团组织存在的突出问题，大刀阔斧地改革群团组织。中共中央召开党的群团工作会议，党中央制定并实施工会、共青团、妇联和文联等群团组织的改革方案，提出一系列改革部署和举措，有力地推动了群团组织改革的顺利进行，使群团组织更好践行群众路线、服务群众，更有效发挥党和政府联系人民群众的桥梁和纽带作用。这几年，还大力加强基层服务型党组织建设，使党的建设覆盖到各类企事业单位、各种社会组织、各个城乡基层，强化党组织的领导核心作用。这些措施，对全面加强党对社会治理的领导起到了重要作用。

三、五年来社会治理的新境界

党的十八大以来这五年，我国社会治理思想创新与实践创新发展，具有重大的现实意义和深远历史意义。这不仅有效助力如期实现全面建成小康社会的奋斗目标，而且开拓了中国特色社会主义社会治理的新境界。

（一）开拓了科学社会主义社会治理思想的新境界。以习近平为核心的党中央加强与创新社会治理的思想与实践，坚持以马克思列宁主义、毛泽东思想和中国特色社会主义理论为指导，深入观察和分析当今中国社会发展和社会变革中的新情况、新问题，提出了一系列社会治理新理念新思想新决策，在新的历史条件下把坚持、继承同发展、创新辩证地统一起来，继承和发展马克思主义和中国共产党历代领导集体的治国理政思想，使科学社会主义社会治理思想进入了新境界，达到了新高度。例如，以人民为中心的社会治理思想，不仅回答了社会治理为了谁、依靠谁的问题，还回答了社会治理的评判标准和行动准绳问题，提出了检验社会治理成效，最终都要看人民群众是否真正得到了实惠，人民群众生活是否真正得到了改善，人民群众合法权益是否得到了切实保障。这就将全心全意为人民服务的宗旨、一切为了人民的思想，内化为既有明确指向又贯穿于党的决策部署和方针政策并体现在实际行动中。又如，以民生为本的社会治理思想，从根本上纠正了以往那种重经济建设轻社会建设、重管控轻民生的倾向，并推动实施一大批普惠性、基础性、兜底性民生工程，着力形成改革发展与社会治理的最大公约数，有利于从根本上实现良政善治，促进社会和谐稳定和全面进步。这一系列创新性的社会治理思想和实践，大大丰富和发展了科学社会主义社会治理理论。

（二）开拓了传统社会管理向现代社会治理转变的新境界。“社会管理”转变为“社会治理”，由“管理”到“治理”虽然只有一字之差，但思想更深刻、内涵更丰富。“社会治理”更加突出了党委领导和政府主导下的多元社会主体共同参与、良性互动，有利于构建共建共治共享的社会治理新格局；更加突出以人为本和以人民为中心的社会治理创新思想，强化人民群众在社会治理中的主体地位、权益保障制度和首创精神；更加突出民主政治和法治思维、法治方式，社会治理要着眼于扩大人民民主，建设法治社会，提高社会治理民主化、法治化水平；更加突出系统治理、源头治理、综合治理，运用经济、法治、教育、行政等多种手段完善社会治理方式方法，标本兼治；更加突出全面加强党对社会治理的领导，以党的执政能力建设和先进性建设引领社会治理，以党风的根本好转推动政风、社会风气净化，以各级党组织自身建设为实现社会治理科学化、精细化、现代化提供坚强的领导核心与组织保证。这些标志着由传统的社会管理向适应时代发展要求的现代社会治理转变。

（三）开拓了中华优秀文化与现代社会文明相融合的新境界。我国有独特的历史、独特的文化、独特的国情，这就决定了社会治理创新发展的独特道路。习近平同志坚持立足中国国情，从中华文明中汲取智慧，博采古今中外一切优秀文明成果，坚守但不僵化、借鉴但不照搬，善于古为今用，洋为中用。这几年社会治理思想创新与实践创新，是在总结中国悠久的治理传统和历代中国共产党人治国理政经验教训，以及借鉴吸收人类社会现代文明优秀成果的基础上形成的，将中国传统社会治理模式进行创造性继承和创新性发展，将世界现代文明先进理念、有益作法进行分析鉴别和选择性吸收。更加重视法治与德治有机结合，法治德治并举，他律自律结合；更加重视发挥优秀传统道德文化的教化功能，发挥当代中国特色社会治理的最佳效果；更加重视家庭在社会治理中的基础地位，更多地发挥家庭的生育、婚姻、养老、教化等社会功能，并与现代社会文明进步质素融和发展。这些对优秀传统文化的高度重视，是对社会治理的文化价值维度的重大发展，开拓了现代社会治理文明与中华优秀传统文化融合的新境界，进一步凸显了中华优秀传统文化对中国特色社会治理的精神支撑与凝心聚力的作用。

（四）开拓了以打造人类命运共同体为导向的国际社会治理关系的新境界。近5年来的中国社会治理思想与社会实践创新，具有全球视野性、国际前瞻性、人类关怀性。倡导“和而不同”的价值理念，坚持正确义利观，构建人类命运共同体的思想和实践，开拓了国际社会治理的新境界。当今世界正在发生深刻复杂变化，和平与发展仍是时代主题，但是当前世界经济增长需要新动力，发展需要更加普惠平衡，贫富差距鸿沟需要弥合；热点地区持续动荡，恐怖主义蔓延肆虐；和平赤字、发展赤字、治理赤字，是摆在全人类面前的严峻挑战。习近平同志面对国际局势的深刻变化和世界各国同舟共济的客观要求，统筹国内国际两个大局、统筹发展安全两件大事，提出构建人类命运共同体思想，坚持对话协商、共建共享、合作共赢、交流互鉴、绿色低碳，以建设一个持久和平、普遍安全、共同繁荣、开放包容、清洁美丽的世界为目标，符合各国求和平、谋发展、促合作、要进步的真诚愿望和共同追求，坚定不移维护世界和平、促进共同发展，推动构建以合作共赢为核心的新型国际关系。构建人类命运共同体的思想，是对我国社会建设和社会治理的国际国内环境与时代特征进行科学分析与实践探索的伟大成果，为促进人类社会共同发展打开了新的视角和新的思路。

（原载于《社会治理》2017 年第 5 期）

十八大以来关于保障和改善民生的思想*

党的十八大以来，着眼于进一步增强经济社会发展活力，“让国家变得更加富强、让社会变得更加公平正义、让人民生活得更加美好”,① 习近平立足我国长期处于社会主义初级阶段这个最大实际，提出了一系列反映社会呼声、社会诉求、社会期盼的更好保障和改善民生的思想。具体地说，关于更好保障和改善民生的思想主要有以下几个方面的内容。

一、保障和改善民生的目标任务

关于保障和改善民生的目标任务，习近平明确提出，“必须贯彻全心全意为人民服务的根本宗旨，从人民群众最关心最直接最现实的利益问题入手，努力解决学有所教、劳有所得、病有所医、老有所养、住有所居的问题，真心实意为群众谋利益，扎扎实实为群众办实事、办好事。时时处处、切切实实关心群众生活，紧抓民生之本、解决民生之急、排除民生之忧。”② 他在党的十八届三中全会上更是强调要着眼于建立城乡一体化的基本公共服

---

* 本文作者：刘志明，中国社会科学院马克思主义研究院马克思主义发展研究部副主任、研究员，主要研究方向为马克思主义基本原理、国外政党政治、全球化与第三世界。

① 《国家主席习近平发表二〇一四年新年贺词》,《人民日报》2014 年 1 月 1 日。

② 《习近平在省部级主要领导干部专题研讨班结业式上强调群众工作是社会管理基础性经常性根本性工作》,《人民日报》2011 年 2 月 24 日。

务制度，推进城乡要素平等交换和公共资源均衡配置。①

具体地说，关于保障和改善民生的目标任务主要有以下几项。

（一）全面深化教育领域综合改革，大力促进教育公平

习近平从党和国家工作全局的高度，始终把教育摆在优先发展的战略位置，并强调全面深化教育领域综合改革，大力促进教育公平，努力让每个孩子享有受教育的机会，努力让13亿人民享有更好更公平的教育。

党的十八大以来，着眼于大力促进教育公平，党和国家采取了一系列重大举措。如，在充分论证搞好顶层设计的基础上，试点先行，分步实施，有序推进考试招生制度改革，努力形成分类考试、综合评价、多元录取的考试招生模式，健全促进公平科学选才、监督有力的体制机制，构建衔接沟通各级各类教育、认可多种学习成果的终身学习立交桥。又如，统筹城乡义务教育资源均衡配置，构建利用信息化手段扩大优质教育资源覆盖面的有效机制，逐步缩小区域、城乡、校际差距；根据城乡常住人口增长趋势和空间分布，优化学校布局和建设规模，合理配置中小学和幼儿园资源，重点向农村地区倾斜。要健全家庭经济困难学生资助体系，不断扩大资助覆盖面和加大资助力度；建立奖助学金标准动态调整机制，逐步提高中西部地区农村家庭经济困难寄宿生生活补助标准；建立学前教育资助制度，对家庭经济困难儿童、孤儿和残疾儿童入园给予资助；完善中等职业教育家庭经济困难学生、涉农专业学生免学费、补生活费制度；建立中小学生营养监测机制，鼓励各地采取多种形式实施农村中小学生营养餐计划，尤其要提高农村家庭经济困难中小学生营养水平，等等。

（二）大力促进就业创业

习近平指出，就业是永恒的课题，更是世界性难题。我国每年新增1000多万就业人口，必须大力促进就业创业，一是要集中精力抓发展，二是要把

① 习近平：《关于〈中共中央关于全面深化改革若干重大问题的决定〉的说明》，《人民日报》2013年11月18日。

就业再就业工作做实，三是劳动者要转变观念。①

把就业再就业工作做实，必须健全促进就业创业体制机制。为此，要建立经济发展和扩大就业的联动机制，健全政府促进就业责任制度。要促进以高校毕业生为重点的青年就业和农村转移劳动力、城镇困难人员、退役军人就业。结合产业升级开发更多适合高校毕业生的就业岗位；要完善城乡均等的公共就业创业服务体系，构建劳动者终身职业培训体系；要增强失业保险制度预防失业、促进就业功能，完善就业失业监测统计制度；要完善扶持创业的优惠政策，形成政府激励创业、社会支持创业、劳动者勇于创业新机制；要完善并落实鼓励劳动者创业的税收优惠、小额担保贷款、财政贴息、资金补贴、场地安排等扶持政策，简化审批手续，严格规范收费行为，改善创业环境；要健全创业培训体系，鼓励高等学校和中等职业学校开设创业培训课程；要健全创业服务体系，为创业者提供项目信息、政策咨询、开业指导、融资服务、人力资源服务、跟踪扶持，鼓励有条件的地方建设一批示范性的创业孵化基地；要推进创业型城市建设；要加强宣传和舆论引导，弘扬创业精神，树立一批创业典型，营造崇尚创业、褒奖成功、宽容失败的良好创业氛围，等等。

（三）深化医药卫生体制改革，努力解决人民群众看病难、看病贵

习近平指出，中国政府坚持以人为本、执政为民，把维护人民健康权益放在重要位置。我们将迎难而上，进一步深化医药卫生体制改革，探索医改这一世界性难题的中国式解决办法，着力解决人民群众看病难、看病贵，基本医疗卫生资源均衡配置等问题，致力于实现到2020年人人享有基本医疗卫生服务的目标，不断推进全面建设小康社会进程。②

实现到2020年人人享有基本医疗卫生服务的目标要求，必须加快建立健全公共卫生服务体系、城乡医疗服务体系、药品供应和安全保障体系，提高

---

① 《习近平：就业是永恒课题》，人民网，http：//poli－tics. people. com. cn/n/2013/0831/c1024－22757349. html.

② 《习近平会见世界卫生组织总干事陈冯富珍》，《人民日报》2013年8月21日。

基本医疗卫生服务的公平性、可及性和质量水平。

具体地说，在公共卫生服务体系建设方面，要全面实施国家基本公共卫生服务项目，逐步提高人均基本公共卫生服务经费标准；要实施国民健康行动计划，根据社会经济发展水平和疾病防治工作需要，逐步增加重大公共卫生服务项目；要完善重大疾病防控、计划生育、妇幼保健等专业公共卫生服务网络，提高对严重威胁人民健康的传染病、慢性病、地方病、职业病和出生缺陷等疾病的监测、预防和控制能力；要完善卫生监督体系，建立食品安全标准及风险评估、监测预警、应急处置体系和饮用水卫生监督监测体系，等等。

在城乡医疗服务体系建设方面，要完善区域卫生规划，按照“大病不出县”“小病不出社区”的要求，加强以县级医院为龙头、乡镇卫生院和村卫生室为基础的农村三级医疗卫生服务网络建设，健全以社区卫生服务为基础，社区卫生服务机构、医院和预防保健机构分工协作的城市医疗卫生服务体系。要积极推动公立医院改革，完善医院管理体制、法人治理机制、补偿机制和医疗机构分类管理制度，等等。

在药品供应和安全保障体系建设方面，要完善基本药物价格形成机制和调整机制，完善基本药物报销办法，建立健全基本药物质量评价标准，完善药品检验检测体系，健全药品安全应急体系，强化快速通报和快速反应机制，完善药品不良反应监测和发布制度，建立和完善以国家基本药物制度为基础的药品供应保障体系，等等。

（四）加快推进住房保障和供应体系建设，为困难群众提供基本住房保障

习近平指出，加快推进住房保障和供应体系建设，要处理好政府提供公共服务和市场化的关系、住房发展的经济功能和社会功能的关系、需要和可能的关系、住房保障和防止福利陷阱的关系。只有坚持市场化改革方向，才能充分激发市场活力，满足多层次住房需求。同时，总有一部分群众由于劳动技能不适应、就业不充分、收入水平低等原因而面临住房困难，政府必须

“补好位”，为困难群众提供基本住房保障。①

为此，要建立各级财政保障性住房稳定投入机制，扩大保障性住房有效供给。要完善租赁补贴制度，推进廉租住房、公共租赁住房并轨运行。要制定公平合理、公开透明的保障性住房配租政策和监管程序，严格准入和退出制度，提高保障性住房物业管理、服务水平和运营效率。要加大保障性安居工程建设力度，增加保障性住房供应，加快解决城镇居民基本住房问题和农村困难群众住房安全问题，基本解决保障性住房供应不足的问题。要采取廉租住房、公共租赁住房、租赁补贴等多种方式改善农民工居住条件，等等。

（五）建立更加公平可持续的社会保障制度

党的十八大以来，以习近平为总书记的党中央坚持全覆盖、保基本、多层次、可持续方针，以增强公平性、适应流动性、保证可持续性为重点，统筹推进社会保障制度改革和城乡社会保障体系建设。2013 年 4 月，习近平主持中共中央政治局常务委员会会议，就推进社会保障制度改革作出部署，强调要完善城乡居民养老保险制度，推进基本医疗保险城乡统筹，完善低保、重特大疾病保障和救助制度。党的十八届三中全会进一步提出建立更加公平可持续的社会保障制度的改革目标。习近平就十八届三中全会上通过的《关于全面深化改革若干重大问题的决定》所做的说明更明确指出，必须“整合城乡居民基本养老保险制度、基本医疗保险制度，推进城乡最低生活保障制度统筹发展，稳步推进城镇基本公共服务常住人口全覆盖，把进城落户农民完全纳入城镇住房和社会保障体系。”②

（六）更好完善各项维护群众权益制度

习近平强调，“要依法保障全体公民享有广泛的权利，保障公民的人身权、财产权、基本政治权利等各项权利不受侵犯，保证公民的经济、文化、

① 《习近平在中共中央政治局第十次集体学习时强调加快推进住房保障和供应体系建设不断实现全体人民住有所居的目标》，《人民日报》2013 年 10 月 31 日。

② 习近平：《关于〈中共中央关于全面深化改革若干重大问题的决定〉的说明》，《人民日报》2013 年 11 月 18 日。

社会等各方面权利得到落实，努力维护最广大人民根本利益，保障人民群众对美好生活的向往和追求。"①

关于完善对维护群众切身利益具有重大作用的制度，解决好群众合理合法的利益诉求的思想，主要表现在以下几个方面。

进一步完善劳动就业权保障机制。习近平强调，全社会都要贯彻尊重劳动、尊重知识、尊重人才、尊重创造的重大方针，维护和发展劳动者的利益，保障劳动者的权利。要坚持社会公平正义，排除阻碍劳动者参与发展、分享发展成果的障碍，努力让劳动者实现体面劳动、全面发展。全社会都要热爱劳动，以辛勤劳动为荣，以好逸恶劳为耻。②

进一步完善劳动就业权保障机制，要保障劳动者享有平等就业和选择职业的权利，使劳动者的就业不因民族、种族、性别、宗教信仰不同而受歧视。要保障劳动者享有取得劳动报酬的权利、休息休假的权利、获得劳动安全卫生保护的权利、接受职业技能培训的权利、享受社会保险和福利的权利、提请劳动争议处理的权利以及法律规定的其他劳动权利。要切实发展和谐劳动关系，建立健全劳动关系协调机制，完善劳动保护机制，让广大劳动群众实现体面劳动。要健全以职工代表大会为基本形式的企事业单位民主管理制度、厂务公开制度，组织职工依法实行民主选举、民主决策、民主管理、民主监督，使广大劳动群众的知情权、参与权、表达权、监督权得到更充分更有效的保障，等等。

不断健全残疾人权益保障制度。残疾人是社会大家庭的平等成员，是人类文明发展的一支重要力量，也是坚持和发展中国特色社会主义的一支重要力量。习近平指出，各级党委和政府要高度重视残疾人事业，把推进残疾人事业当作分内的责任，各项建设事业都要把残疾人事业纳入其中，不断健全

---

① 习近平：《在首都各界纪念现行宪法公布施行 30 周年大会上的讲话》，《人民日报》2012 年 12 月 5 日。

② 习近平：《在同全国劳动模范代表座谈时的讲话》，《人民日报》2013 年 4 月 29 日。

残疾人权益保障制度。①

健全残疾人权益保障制度，要着力健全残疾人社会保障体系和服务体系，使残疾人基本生活、医疗、康复、教育、就业、文化体育等基本需求都能得到制度性保障，要着力促进残疾人状况改善和全面发展，为残疾人平等参与社会生活创造更好的环境和条件。

统筹协调各种利益关系。习近平强调，要正确处理最广大人民根本利益、现阶段群众共同利益、不同群体特殊利益的关系，切实把人民利益维护好、实现好、发展好。要认真贯彻落实中央各项惠民政策，把好事办好、实事办实，让群众时刻感受到党和政府的关怀。对涉及群众切身利益的重大决策，要认真进行社会稳定风险评估，充分听取群众意见和建议，充分考虑群众的承受能力，把可能影响群众利益和社会稳定的问题和矛盾解决在决策之前。对群众反映强烈的突出问题，要通过强化责任、健全制度、落实到人，推动有关方面形成合力，妥善加以解决。对损害群众权益的失职渎职和违纪违法行为，要坚决查处，决不姑息。② 他特别强调，“要健全权力运行制约和监督体系，有权必有责，用权受监督，失职要问责，违法要追究，保证人民赋予的权力始终用来为人民谋利益”，③ 并要求重点解决好损害群众权益的突出问题，同时表示“要依法公正对待人民群众的诉求，努力让人民群众在每一个司法案件中都能感受到公平正义，决不能让不公正的审判伤害人民群众感情、损害人民群众权益。”④ 他还指出，“决不允许对群众的报警求助置之不理，决不允许让普通群众打不起官司，决不允许滥用权力侵犯群众合法

---

① 《习近平在会见第五次全国自强模范暨助残先进集体和个人表彰大会受表彰代表时强调更加勇敢地迎接生活挑战更加坚强地为实现梦想努力》，《人民日报》2014 年 5 月 17 日。

② 习近平：《全面贯彻落实党的十八大精神要突出抓好六个方面工作》，《求是》2013 年第 1 期。

③ 习近平：《在首都各界纪念现行宪法公布施行 30 周年大会上的讲话》，《人民日报》2012 年 12 月 5 日。

④ 习近平：《在首都各界纪念现行宪法公布施行 30 周年大会上的讲话》，《人民日报》2012 年 12 月 5 日。

权益，决不允许执法犯法造成冤假错案。”①

二、保障和改善民生的基本思路

在 2012 年 12 月的中央经济工作会议上，习近平提出了“守住底线、突出重点、完善制度、引导舆论”的保障和改善民生的工作思路。这一工作思路是在深刻总结我国民生工作实践基础上的重大理论创新，体现了对我国正处于并将长期处于社会主义初级阶段基本国情的科学认识，体现了对现阶段经济社会发展规律和特点的深刻把握，体现了立党为公、执政为民的本质要求。这一工作思路为我们进一步做好民生工作指明了方向，按照这个思路，保障和改善民生工作一定能开创一个不断实现人民对美好生活的向往的新局面。

“守住底线”就是要形成以保障基本生活为主的社会公平保障体系，织牢民生安全网的“网底”。群众对生活的期待是不断提升的，需求是多样化、多层次的，而我们的国力财力是有限的。因此，政府保障和改善民生，主要是发挥好保基本、兜底线的作用。也就是说，要在义务教育、医疗、养老等方面提供基本保障，满足人们基本的生存和发展需要，同时对特殊困难人群进行特殊扶持和救助，守住他们生活的底线。现在，我国大部分群众生活水平有了很大提高，同时由于我们国家大、各地发展条件不同，我国还有为数不少的困难群众。对各类困难群众，要格外关注、格外关爱、格外关心，时刻把他们的安危冷暖放在心上，关心他们的疾苦，千方百计帮助他们排忧解难。要深入推进扶贫开发，帮助困难群众特别是革命老区、贫困山区困难群众早日脱贫致富，稳定实现扶贫对象不愁吃、不愁穿，保障其义务教育、基本医疗、住房，努力推动贫困地区经济社会加快发展。

“突出重点”就是要对重点群体和重点地区进行倾斜，就是要把党和政府工作重点、政策支持重点、财力保障重点，向扩大就业、完善社会保障体

① 《习近平在中央政法工作会议上强调坚持严格执法公正司法深化改革促进社会公平正义保障人民安居乐业》，《人民日报》2014 年 1 月 9 日。

系、改善困难群众生活倾斜。

“完善制度”就是要形成系统全面的制度保障。尤其要坚持全覆盖、保基本、多层次、可持续方针，以增强公平性、适应流动性、保证可持续性为重点，统筹推进城乡社会保障体系建设，建立更加公平可持续的社会保障制度。

“引导舆论”就是要坚持正确的舆论导向，促进形成良好舆论氛围和社会预期。为此，必须妥善处理理想和现实、需要和可能、当前和长远的关系，吸取一些国家“福利病”的教训，在发展的基础上保障和改善民生，使广大群众进一步树立通过勤劳致富改善生活的理念，使人们真正认识到改善民生既是党和政府工作的方向，也是自身奋斗的目标。同时要鼓励个人努力工作、勤劳致富，创造和维护权利公平、机会公平和规则公平的社会环境，让每个人通过努力都有成功机会。

三、保障和改善民生的原则要求

一要实现经济发展和民生改善良性循环。习近平强调，保障和改善民生是一项长期工作，没有终点站，只有连续不断的新起点，要实现经济发展和民生改善良性循环。①

实现经济发展和民生改善的良性循环，首先要毫不动摇地坚持以经济建设为中心，通过发展经济、做大“蛋糕”，为持续改善民生奠定坚实物质基础，因为经济发展是前提，离开经济发展谈改善民生是无源之水、无本之木；又要防止片面性和单打一，要在经济发展的基础上，更加重视民生保障改善，“尽力而为”保障和改善民生。群众生产生活遇到了什么困难，要千方百计加以解决，能解决的要抓紧解决，暂时不能解决的要创造条件加以解决，要千方百计统筹抓好群众衣食住行、业教保医等方面的工作，列出具体清单，分类分步解决。因为民生改善既能有效调动人们发展生产的积极性，

---

① 《习近平在天津考察时强调稳中求进推动经济发展持续努力保障改善民生》，《人民日报》2013 年 5 月 16 日。

又能释放居民消费潜力、拉动内需，催生新的经济增长点，对经济发展有重要促进作用。

其次要坚持从我们正处于并将长期处于社会主义初级阶段的基本国情出发，绝不搞那些脱离实际、脱离群众、劳民伤财、吃力不讨好的东西，要“多做一些雪中送炭、急人之困的工作，少做些锦上添花、花上垒花的虚功”。要坚持“量力而行”，根据各地的不同情况，从能够办得到的事情做起，坚持不刮风、不攀比、不吊高群众胃口，不提脱离实际的口号，不搞限时限刻的承诺，坚持一步一个脚印，扎扎实实地加以推进。在保障和改善民生方面，脱离社会主义初级阶段这个最大的实际提出过高目标，结果只会适得其反。拉美、中东以及一些欧洲国家的教训表明，不切实际的高承诺、高福利、高债务，要么是失信于民、政府垮台，要么是债务累累、财政危机，这值得我们警惕。

二要把维护和促进公平正义作为生命线。我国的保障和改善民生工作与西方资本主义发达国家的民生工作最大的不同就在于，它不允许以维护少数人利益为目的的所谓“提高效率”来破坏保障大多数人利益的社会公平正义，而是视维护和促进社会公平正义为自己全部工作的生命线。改革开放以来，为促进社会公平正义、增进人民福祉，中国共产党领导全国各族人民，努力推进民生保障和改善工作，努力促进权利公平、机会公平、规则公平，努力促进教育公平、就业公平、创业公平，努力促进社会纵向流动，保障每个人的发展权利，推动社会不断进步。同时，还致力于确保城乡居民收入增长与经济发展同步，织牢社会保障的安全网，不断提高人民生活水平和质量。但是，毋庸讳言，现阶段也存在城乡、区域发展不平衡，收入差距扩大，基本公共服务的可及性、公平性仍然不够等突出矛盾和问题。同时，在就业、教育、住房、医疗卫生、社会保障等关系群众切身利益的领域，还存在不少有违公平正义的现象，侵害人民利益的事件也时有发生。如果不抓紧解决这些有违公平正义的问题，不下大力气解决损害人民利益的各种不正之风，不能创造更加公平的社会环境，不能给老百姓带来实实在在的利益，那不仅会影响人民群众对改革开放的信心，而且会影响社会和谐稳定，危及经济社会持续健康发展的基础。因此，保障和改善民生必须着眼创造更加公平正义的社会环境，不断克服各种有违公平正义的现象，使改革发展成果更多更公平地惠及全体人民。如同习近平指出的，“我们要通过创新制度安排，努力克服人为因素造成的有违公平正义的现象，保证人民平等参与、平等发展权利。要把促进社会公平正义、增进人民福祉作为一面镜子，审视我们各方面体制机制和政策规定，哪里有不符合促进社会公平正义的问题，哪里就需要改革；哪个领域哪个环节问题突出，哪个领域哪个环节就是改革的重点。对由于制度安排不健全造成的有违公平正义的问题要抓紧解决，使我们的制度安排更好体现社会主义公平正义原则，更加有利于实现好、维护好、发展好最广大人民根本利益。”① 他还指出，“只要还有一家一户乃至一个人没有解决基本生活问题，我们就不能安之若素；只要群众对幸福生活的憧憬还没有变成现实，我们就要毫不懈怠团结带领群众一起奋斗。”② 他同时也强调，要在不断发展的基础上尽量把促进社会公平正义的事情做好，既尽力而为、又量力而行，努力使全体人民在学有所教、劳有所得、病有所医、老有所养、住有所居上持续取得新进展。③

（原载于《中共杭州市委党校学报》2015 年第 6 期）

① 习近平：《切实把思想统一到党的十八届三中全会精神上来》，《求是》2014 年第 1 期。

② 习近平：《希望各族干部群众守望相助》，《新华每日电讯》2014 年 1 月 30 日。

③ 习近平：《关于〈中共中央关于全面深化改革若干重大问题的决定〉的说明》，《人民日报》2013 年 11 月 18 日。

创新社会建设理论开拓社会建设新境界*

十八大以来，以习近平同志为核心的党中央针对当前社会建设所面临的新形势新情况新问题，以"社会治理"理念为轴，并围绕社会治理创新，在破立结合中提出了许多社会建设的新理念新思想新举措，进而开拓出中国特色社会主义社会建设新境界。

改革开放以来，我们党在社会建设上取得了巨大成就、积累了宝贵经验。十八大以来，随着我国改革进入攻坚期和深水区，国际形势进入深刻的大变革大调整期，我国社会建设面临着系列新形势新情况新问题。解决这些错综复杂的新旧社会问题，必须全面深化改革，以新理念新战略新举措来推进社会建设。维护社会稳定、建设平安中国，让老百姓越来越有获得感，有"更好的教育、更稳定的工作、更满意的收入、更可靠的社会保障、更高水平的医疗卫生服务、更舒适的居住条件、更优美的环境"，这是中央领导集体履新时在与中外记者见面会上向全世界提出的奋斗目标和庄严宣告的承诺。

为了完成奋斗目标、实现庄严承诺，以习近平同志为核心的党中央立足于革命、建设和改革时期社会建设的经验教训，清醒认识并正视社会建设中存在的诸多问题与矛盾，并认为传统社会管理在很大程度上已经不能与中国

---

* 本文作者：贺新元，中国社会科学院马克思主义研究院研究员。

发展相适应了。十八大以来，以习近平同志为核心的党中央针对当前社会建设所面临的新形势新情况新问题，以“社会治理”理念为轴，并围绕社会治理创新，在破立结合中提出了许多社会建设新理念新思想新举措，进而开拓出中国特色社会主义社会建设新境界。下面从六个方面分述之。

一、在全面建成小康社会战略目标下，构建中国特色社会主义社会管理体系

改革开放以来，根据我国经济社会发展的需要，我们党不断探索适应国情的社会建设体制机制，并初步形成了“党委领导、政府负责、社会协同、公众参与”的社会管理格局。“社会管理创新”一词首次以重要篇幅写入2011年政府工作报告。2011年5月30日，中共中央政治局召开会议专门研究加强和创新社会管理问题。2011年7月，中共中央和国务院颁布《关于加强和创新社会管理的意见》，就加强和创新社会管理的指导思想、基本原则和目标任务，加强和完善社会管理格局、制度建设等提出了指导性意见。以“创新”为核心的社会管理成为社会建设的重要内容。2012年10月党的十八大在提出“全面建成小康社会”战略目标的前提下指出，“要围绕构建中国特色社会主义社会管理体系，加快形成党委领导、政府负责、社会协同、公众参与、法治保障的社会管理体制，加快形成政府主导、覆盖城乡、可持续的基本公共服务体系，加快形成政社分开、权责明确、依法自治的现代社会组织体制，加快形成源头治理、动态管理、应急处置相结合的社会管理机制。”这是党的历史上第一次鲜明地提出“构建中国特色社会主义社会管理体系”命题。这里的社会管理依然还是社会建设的核心内容，但是有了不少创新内容，特别是把之前的“党委领导、政府负责、社会协同、公众参与”四句话扩展为五句话，增加了“法治保障”。同时，“加快形成政社分开、权责明确、依法自治的现代社会组织体制”隐含着社会管理的“政府主体”为主开始向“政府主导、多元主体”转变的信号。在一定意义上讲，这就为党的“社会治理”理念的形成和提出做了重要铺垫。

二、在全面深化改革中突破社会建设的传统核心，向现代社会治理转变

社会管理是我国传统意义上的社会建设的核心内容。从历史经验看，政府是社会管理的主要主体，是社会管理合法权力的主要来源。社会治理理念是如何破茧而出的呢？期间过程怎样？首先，针对依然严重的政社不分带来的政府管得过多过死和社会组织活动不够的现象，新一届政府伊始就提出要“简政放权”“转变政府职能”，要“创新行政管理方式，增强政府治理能力”，要建设现代政府。接着，经一年来的实践探索和经验总结，十八届三中全会随即确定“全面深化改革”的总目标是“完善和发展中国特色社会主义制度，推进国家治理体系和治理能力现代化”，并提出要“加快形成科学有效的社会治理体制”，要求“改进社会治理方式。坚持系统治理，加强党委领导，发挥政府主导作用，鼓励和支持社会各方面参与，实现政府治理和社会自我调节、居民自治良性互动。”至此，“社会治理”替代“社会管理”而成为党治国理政理念升华后对社会建设提出的基本要求，成为党领导社会建设的基本遵循。这一转变虽是一字之差，但内涵却发生了质的变化，这些质的变化主要体现在：传统社会管理理念向现代社会治理理念转变，“政府主体为主”自上而下的单向度管理向“政府主导、多元主体结合”的多向度协商与合作转变。正如习近平总书记所说的：“治理和管理一字之差，体现的是系统治理、依法治理、源头治理、综合施策。”

三、在全面依法治国中提高社会治理法治化水平，推进法治社会建设

十八届四中全会在全面依法治国战略思想指导下提出要推进法治社会建设，并第一次明确提出党在新的历史条件下关于社会治理的一个新的重要理念——“提高社会治理法治化水平”。全会还进一步提出了“提高社会治理法治化水平”的基础在于“坚持系统治理、依法治理、综合治理、源头治理”，必要条件在于“加快保障和改善民生、推进社会治理体制创新法律制度建设”。

四、在“五大发展理念”指导下提出推进社会治理精细化，构建社会治理格局

针对如何实现好、维护好、发展好最广大人民根本利益，使发展的成果让人民共享；如何缩小贫富差距、区域差距，促进社会公平正义等问题，2015年5月习近平总书记在浙江调研时提出，“社会建设要以共建共享为基本原则”。

十八届五中全会明确提出创新、协调、绿色、开放、共享“五大发展理念”，并强调要将“五大发展理念”深深融入社会建设方略之中，进一步“完善党委领导、政府主导、社会协同、公众参与、法治保障的社会治理体制，推进社会治理精细化，构建全民共建共享的社会治理格局”。“推进社会治理精细化”又是一个第一次提出关于社会治理的新理念。随着“全民共建共享的社会治理格局”的构建与完善，我国社会治理方式一定会更加标准化、科学化、规范化、人性化、精细化，社会治理效果一定会实现最佳。

五、继续加强和创新社会治理，完善中国特色社会主义社会治理体系

抓平安就是抓民生，平安在民生中地位极为重要。平安也是社会和谐的基础，没有稳定的社会哪来和谐的社会。习近平总书记指出：“平安是老百姓解决温饱后的第一需求，是极重要的民生，也是最基本的发展环境；人民安居乐业，国家才能安定有序。”为了建设更高水平的平安中国，习近平总书记给2016年10日至11日在江西南昌召开的全国社会治安综合治理创新工作会议发出重要指示，提出要继续加强和创新社会治理，提高社会治理社会化、法治化、智能化、专业化水平，完善中国特色社会主义社会治理体系。

六、在全面从严治党战略思想指导下，提高党领导社会建设的能力和水平

党是中国特色社会主义事业的领导核心，处在总揽全局、协调各方的地

位。社会主义社会建设必须坚持党的领导。社会建设坚持的是“党委领导、政府主导”。这就要求加强党的建设和发挥党的领导核心作用。坚持党要管党、从严治党、从严治吏，大力开展党风廉政建设，净化党风政风，带动和促进社会风气向上健康发展，理应是社会建设题中应有之义和重要内容。

这些关于社会建设新思想新理念背后都有实践上的新举措，理论与实践紧紧结合在一块，相互促进，相得益彰，新理念指导新实践，新实践产生新理念。对于十八大以来党的社会建设理论的新发展，我们是不是可以做这样的总概括：十八大以来，以习近平同志为核心的党中央在社会建设上着眼于民生，围绕社会管理领域面临系列新情况新问题，通过深化改革，突破传统社会管理模式而向现代社会治理转变，创新社会治理新理念，改进社会治理方式，创新社会治理体制，构建全民共建共享的社会治理格局，完善中国特色社会主义社会治理体系，努力建设更高水平的平安中国，进而不断深化对社会建设和社会治理规律的认识，基本形成了一个层次分明、有机统一且具有丰富内涵和严谨逻辑的思想体系。这一思想体系既是对过去成功经验和理论的坚持、继承和发展，又是对这五年来社会建设实践经验的凝练和升华，两者的结合注定它对未来社会建设必然起着引领作用而成为推动我国社会领域改革发展、推进我国社会治理现代化的强大思想武器和行动指南。

（原载于《深圳特区报》2017 年 10 月 10 日）

十八大以来民生思想的三个维度*

民生问题关乎民心，系乎党运国运，决定着我国社会主义现代化事业的成败。党的十八大以来，习近平总书记系列重要讲话中阐发的民生思想，科学阐述了我国经济社会发展的目标设计和价值取向，为我国经济新常态下社会发展指明了方向。

中国梦内涵中的民生改善目标

马克思主义认为，人民群众既是社会物质财富的创造者，又是社会精神财富的创造者。社会生产力被全社会占有并造福于人民群众，是社会主义的内在要求。邓小平同志指出："社会主义制度优越性的根本表现，就是能够允许社会生产力以旧社会所没有的速度迅速发展，使人民不断增长的物质文化生活需要能够逐步得到满足。按照历史唯物主义的观点来讲，正确的政治领导的成果，归根结底要表现在社会生产力的发展上，人民物质文化生活的改善上。"改革开放以来，我国民生状况得到了极大改善。城乡居民收入持续增长，各项保障事业逐步完善，人民生活水平显著提高，实现了由"温饱"向"小康"的历史性转变。在此基础上，习近平总书记提出了中国梦的战略目标，将国家富强、民族振兴、人民幸福作为历史新时期"中国梦"的

* 本文作者：侯为民，中国社会科学院马克思主义研究院副研究员，经济社会发展研究中心副主任。

重要内容。“中国梦”的具体指向，是实现“两个一百年目标”，即在中国共产党成立一百年时全面建成小康社会，在新中国成立一百年时建成富强民主文明和谐的社会主义现代化国家。就经济领域而言，“中国梦”包含着丰富而具体的任务和内容。如：在经济发展指标上，要实现国内生产总值和城乡居民人均收入比2010年翻一番、进入创新型国家行列、国际竞争力明显增强；在人民生活指标上，要总体实现基本公共服务均等化、缩小收入分配差距和社会和谐稳定；在资源环境指标方面，要基本形成主体功能区布局，使主要污染物排放总量显著减少和人居环境明显改善，等等。中国梦和“两个一百年目标”的提出，是我国将民生改善上升到顶层设计，并加以具体化的一个重要标志。

民生改善是国家富强之本，民族振兴之基。中国梦的实现以经济社会发展为依托，更以广大人民生活水平的持续改善为归宿，民生改善是对中国梦的最好诠释。习近平总书记强调：“我们的人民热爱生活，期盼有更好的教育、更稳定的工作、更满意的收入、更可靠的社会保障、更高水平的医疗卫生服务、更舒适的居住条件、更优美的环境，期盼孩子们能成长得更好、工作得更好、生活得更好。人民对美好生活的向往，就是我们的奋斗目标。”在十二届全国人大一次会议闭幕会上他又指出，“中国梦归根到底是人民的梦，必须紧紧依靠人民来实现，必须不断为人民造福。”

在中国梦的宏伟设想中，“人民幸福”是一个“大民生”目标。中国梦中的民生观，是以人为本的民生观和以幸福指数为标志的民生观。以“人民幸福”为标志的民生观，不仅包括了人民物质生活水平的提高，也包含人民生活质量的提升；不仅意味着人民精神文化消费能力的增强，还包括生活环境和生态环境的改善。这种大民生观，从系统性、长期性和复杂性出发，综合考虑了经济发展、收入分配公平、就业、教育、医疗、社会保障、社会治安、居住环境等因素。这是对狭义上的民生内涵的拓展，更充实和丰富了我国民生建设的内容。

改善民生是“中国梦”的重要内涵，也是每个中国人在实现国家富强和民族复兴的伟大征程中个人价值的同步实现。习近平总书记指出，在中国梦的实现过程中，要“共同享有人生出彩的机会，共同享有梦想成真的机会，共同享有同祖国和时代一起成长与进步的机会”。中国梦让社会每个成员共同地享有“三个机会”，就是为了更广泛地实现社会公平，最终目标是为了更普遍地改善民生。

全面深化改革路径中的民生导向要求

加强民生建设是我国经济社会发展新阶段的客观要求，既内在于中国梦的战略设想之中，又体现为当前深化改革的具体要求。回顾历史可以看出，改善民生是确保人民群众拥护改革、确保改革成功的关键所在，是我国推进中国特色社会主义改革开放事业的出发点和归宿点。在民生导向下坚持改善、保障民生和促进共同富裕，是由党的根本宗旨决定的，也是我国经济社会发展的目的和方向。习近平总书记指出：“全面深化改革必须以促进社会公平正义、增进人民福祉为出发点和落脚点。这是坚持我们党全心全意为人民服务根本宗旨的必然要求。全面深化改革必须着眼创造更加公平正义的社会环境，不断克服各种有违公平正义的现象，使改革发展成果更多更公平惠及全体人民。如果不能给老百姓带来实实在在的利益，如果不能创造更加公平的社会环境，甚至导致更多不公平，改革就失去意义，也不可能持续。”实现人民幸福这一梦想需要公平公正的社会环境，民生导向的改革思维是消除“中国梦”实现障碍的必要手段。国内外经济发展的经验教训也表明，单纯追求经济增长的发展模式，或者是主张发展起来以后再研究分配和改善民生，只能使发展成为无源之水，不可能具有持续性。习近平总书记还强调：“保障和改善民生是一项长期工作，没有终点站，只有连续不断的新起点。”这些论述，深刻阐述了解决民生问题的重要性和艰巨性。

民生导向的改革，是坚持“一切从实际出发”的需要。习近平总书记指出：“中国共产党人干革命、搞建设、抓改革，从来都是为了解决中国的现实问题。”不可否认，当前我国经济社会发展和民生改善还存在着必须克服的障碍。利润导向压倒社会发展目标和生态建设目标、市场经济主体的行为方式中“关系”盛行、劳动者权益受到侵蚀、资源过度开发、粗放式增长致使生态日益恶化、围绕入学和就业的“占坑”和托门路等现象还没有杜绝，只有用正确的民生利益观指导改革才能加以纠正。习近平总书记提出，“一切为民者，则民向往之”。只有解决人民群众最困难、最现实、最关心的问题，以“群众利益无小事”的原则统筹改革，才能使改革得到人民的拥护和支持。

以民生导向的要求推动改革，需要改变重经济建设轻社会建设、重经济增长轻民众福利的倾向。2014 年 12 月习近平总书记在江苏考察时强调，“要像抓经济建设一样抓民生保障，像落实发展指标一样落实民生任务，民生工作面广、量大、头绪多，一定要注重稳定性、连续性、累积性，一件事情接着一件事情办，一年接着一年干，一任接着一任做”。这从另一侧面为我国深化改革设计了科学的路线图。一方面，正如改革初期在经济体制改革上“摸着石头过河”一样，民生保障问题的解决也是一个较长的历史过程，只能随着我国的经济发展逐步得到解决，因而需要注重稳定性、连续性和累积性；另一方面，将民生保障提升到与经济建设同等重要的位置，可以增强民生问题解决的紧迫性，同时也可以有效克服脱离民众基本利益、片面追求发展速度的倾向。

民生问题的根本在于利益，全面深化改革需要处理好利益关系。当前，解决民生这一现实问题还要靠发展，“发展仍是解决我国所有问题的关键”。经济发展可以为解决民生问题奠定必要的物质基础，推动民生问题的加快解决。但发展经济必须遵循科学规律和可持续发展，既要金山银山也要青山绿水，而不能以牺牲环境、生态为代价，更不能以群众的根本和长远利益为代价。习近平总书记指出：“遇到关系复杂、牵涉面广、矛盾突出的改革，要及时深入了解群众实际生活情况怎么样，群众诉求是什么，改革能给群众带来的利益有多少，从人民利益出发谋划思路、制定举措、推进落实。”按照这个要求推进改革，就可以将改革的决策和实施建立在对民生问题客观评估的可靠基础上，既保证了改革方案的科学性，又可以有效减少和化解改革过程中的风险。在利益问题上，习近平总书记强调底线思维，他强调："要按照'守住底线、突出重点、完善制度、引导舆论'的思路做好民生工作。……要引导广大群众树立通过勤劳致富改善生活的理念，使改善民生既是党和政府工作的方向，也是人民群众自身奋斗的目标"。坚持民生工作的底线，就是要提倡勤劳致富、合法致富、共同致富。只有守住底线、完善制度，人民群众的利益才能得到保障，社会利益关系才能从根本上理顺。

中国经济新常态下的民生发展动力

民生问题不仅仅是社会建设问题，在深层意义上它还构成整个国民经济发展的重要基础。民生问题涉及就业、住房、消费、养老、教育、医疗、生态等各个领域，是经济发展成果的直接体现，也决定着劳动者素质和作用的发挥。马克思主义认为，活劳动是价值的源泉，经济增长归根到底是由劳动者的素质和作用决定的，推动经济发展必须激发劳动者的主动性和积极性。当前，中国经济运行呈现出新的常态化特征，既处于增长速度的换挡阶段，同时也处于经济结构的调整阶段，急需为经济增长注入新的动力。习近平总书记指出，中国经济新常态的主要特点，一是从高速增长转为中高速增长；二是经济结构不断优化升级，第三产业消费需求逐步成为主体，城乡区域差距逐步缩小，居民收入占比上升，发展成果惠及更广大民众；三是从要素驱动、投资驱动转向创新驱动。在新常态下，经济增长虽然速度放缓，但中国经济增长更趋平稳，增长动力更为多元。

在经济新常态下加强民生建设，有利于按照促发展、转方式、调结构、稳速度、增效益的要求，构建长期、健康、协调和可持续发展的机制。习近平总书记指出："必须统筹抓好经济社会发展和促进就业工作，千方百计增加就业岗位，着力在提高就业质量、提高劳动人口尤其是就业困难人口就业能力、改善创业环境上下功夫，建立全员培训制度，引导劳动力适应和促进企业实现转型升级。"加强民生建设，可以给企业施加压力，通过竞争性的市场机制推动其提高劳动者素质、改进技术和有效利用资源，使民生建设成为我国从要素驱动发展转向创新驱动发展的加速器。

加强民生建设，确立守底线、保基本的民生保障机制，有利于消除人民群众的后顾之忧，扩大内需和带动经济结构调整。习近平总书记指出，要“加快推进民生领域体制机制创新，促进公共资源向基层延伸、向农村覆盖、向弱势群体倾斜”。扩大公共资源的规模和覆盖面，可以增强人民群众的消费能力，进一步拉动国内消费需求，从而为经济增长增添新动力。加强民生建设也有利于劳动者提高工作积极性，进而促进经济更快地发展。当前，我国经济增长速度虽然放缓，但最终消费对经济增长的贡献率却在上升并超过了投资，同时服务业增加值也超过了第二产业，这充分说明了民生建设对于经济增长的巨大促进作用。可以相信，着力改善民生，将给新常态下的中国经济带来新的动力源泉。

（原载于《前线》2015 年第 2 期）

十八大以来民生思想的方法论与实践论*

党的十八大以来，以习近平同志为核心的党中央立足我国民生问题实际，对新时期社会保障和改善民生提出了一系列新论断，做出了一系列新部署，形成了独具中国特色和时代风格的民生思想。习近平民生思想以中国社会发展面临的制约和困境为理论和实践背景，贯彻民本情怀，坚持以人民为本，在对中国社会发展的系统谋划中认识和布局民生工作，为中国化的马克思主义民生思想开辟了新境界，是全面建成小康社会不可或缺的理论武器。

一、新形势下民生问题的提出

中国共产党自成立以来，一直关心民众疾苦，重视民生问题，践行全心全意为人民服务的宗旨。但在新的形势下，民生问题出现了一些新变化、新情况、新特点。“问题是时代的声音，人心是最大的政治。”① 也就是说，习近平民生思想的形成有着深刻的社会历史背景。当代中国正处在全面深化改革和全面建成小康社会的关键阶段，面临各种问题交织的复杂局面，凝聚全国各族人民的力量，在新的历史时期攻坚克难，继续前行，是对中国共产党

---

* 本文作者：刘明松（1968—），武汉大学马克思主义学院副教授、西藏大学思想政治理论教学部援藏教师、博士。

基金项目：本文系2014年度国家社科基金西部项目“对口支援与西藏地区民生建设研究”（14XKS017）的阶段性成果。

① 《问题是时代声音人心是最大政治》，《人民日报海外版》2015年1月1日。

的新考验。以问题为导向的意识与以人民为中心的立场是习近平民生思想的基本原则。立足人民需要，直面当代中国民生的重大理论与实践难题，是习近平民生思想的理论品质。十八大以来，以习近平为核心的党中央将民生问题提高到前所未有的高度，正是基于对当代中国发展面临的日益严峻的瓶颈与门槛的科学认知。

当代中国民生问题的实际是习近平民生思想的立足之地，植根于人民、以人民为中心是习近平民生思想的根本政治立场。首先，直面民生是马克思主义的理论品质和实践传统，马克思指出："一切人类生存的第一个前提，也就是一切历史的第一个前提，这个前提是：人们为了能够'创造历史'，必须能够生活。"① 马克思主义民生观的逻辑起点正是维持人的生产再生产及生存发展的需要，这种需要是历史的，是随着社会生产的进步和社会条件的改善而日益提高和扩展的，因而直面人民的民生需要，就必须是以人民为中心。其次，民生问题是关系到当代中国发展是否健康、稳定、可持续的重要问题。再次，植根于人民、以人民为中心的立场是马克思主义理论的题中应有之意。只有真正以人民为中心，将人民对美好生活的向往当成奋斗目标，树立科学的政绩观，坚持科学的发展观，才能赢得民心。人民对美好生活的向往不仅是发展的目的，也是发展的尺度。保障和改善民生是中国共产党的历史使命和执政之基，不能将民生工作与经济建设对立起来或割裂开来。

在当今中国，制约全面建成小康社会和实现中国梦的因素固然有相对落后的生产力和文化教育水平等因素，但不健全不科学的体制机制及其影响下形成的诸多痼疾对我国发展的制约是更为根本的原因。改革开放三十多年来经济发展的成就和人民生活水平的显著提高并没有促使民生问题的自然解决，反而滋生了许多新的棘手的民生难题。目前，"我国已进入工业化、城市化发展的中期，这也是发展方式加速转变时期和社会矛盾多样多发时

---

① 《马克思恩格斯选集》第1卷，人民出版社2012年版，第158页。

期"①，城乡区域发展不平衡、结构性就业矛盾、教育资源不均衡、收入差距扩大、社会分层固化、老龄化问题、资源紧张与环境破坏等民生问题突出。在保障市场经济秩序和社会公平方面的制度不健全，更导致贫富差距、区域差距、城乡差距日益扩大，进一步加剧社会不公和民生失衡。邓小平曾指出，改革开放"决不能导致贫富两极分化。如果导致两极分化，改革就算失败了"②。

因此，在新的形势下，全面深化改革正在不断推进，如何让改革发展成果更加公平地惠及全体人民，如何缓解和消除经济发展带来的负效应，成为摆在中国共产党人面前的重大理论与实践难题。十八大以来，以习近平总书记为核心的党中央正是立足于民生期望与民生现状之间的"差距"这一重大问题，从民生需要和民生发展所面临的制约性因素的视角认识和把握经济新常态下的民生问题，提出了一系列科学的思想、理论和观点，并在宏观层面和操作层面做出了规划和部署，形成了独具中国特色的民生思想。

二、民生思想的方法论

人民对美好生活的向往就是保障和改善民生的任务，当任务确立后，方法论的问题尤为重要。毛泽东曾说过："我们不但要提出任务，而且要解决完成任务的方法问题。我们的任务是过河，但是没有桥或没有船就不能过。不解决桥或船的问题，过河就是一句空话。"③ 只有在正确的方法论指导下，我国民生工作才能在日益复杂的经济社会条件下得到科学推进。

1. 系统思维与统筹兼顾

民生工作牵涉到经济、政治、文化、社会、生态文明等各领域，需要调动社会有机体各个方面的积极因素，并对其进行统筹谋划。因此，坚持系统的方法论是解决民生问题的基本前提，必须从战略层面认识到"保障和改善

---

① 李培林等：《当代中国民生》，社会科学文献出版社 2013 年版，第 10 页。

② 中共中央文献研究室：《邓小平同志论改革开放》，人民出版社 1989 年版，第99 页。

③ 《毛泽东选集》第 1 卷，人民出版社 1991 年版，第 139 页。

民生是一项系统工程"①，并把握其内在的关联性。坚持系统的方法论是解决民生问题的重要前提。

首先，我国民生工作的受众基数巨大，民生需要内容多样化，民生品质分化甚至固化。实际上，我国人口已近14亿，不同地区、职业、收入水平、文化程度的人群的民生需要差异明显，不同的社会群体和社会阶层的民生品质也有显著差别。由于"大规模的社会阶层重组过程已经结束"②，民生品质的代际复制可能会伴随着社会阶层的复制而产生，这种复杂的民生现状使得政策的制定与实行必须考虑受众的多样性、差异性，增强系统性、灵活性。

其次，民生需要和民生品质不是静止的，而是随经济社会发展而变化发展的。而且，民生需要和民生品质之间不是相互独立的，前者的内容会随着后者的提高而提高和扩展，更高的民生需要又是提高民生品质的动力。同时，民生品质和民生需要都会随着社会的发展进步而变化。这就要求民生工作的开展必须衡量多方面因素的关联性，以使政策更好地适应动态的现实状况。

再次，很多民生问题是伴随着我国经济社会的迅速发展而产生的，譬如贫富差距扩大、城乡和区域发展差距过大等，这些问题产生的原因与解决的办法都是复杂的、复合的，甚至本身是民生领域之外的，因而必须要从全局的角度系统把握和谋划。因此，对民生工作的认识和衡量、部署和实施，都必须运用系统思维和系统方法，统筹兼顾各方面的要素结构和利害关系，深入研究在各领域推进民生工作的关联性和各项民生措施的耦合性，使民生工作的展开实现政策上的相互配合、落实中的相辅相成，最终取得相得益彰的成效。

① 《习近平参加辽宁代表团审议》，http：//www. chinanews. com/gn/2013/03 - 07/4621923. shtml。

② 李培林等：《当代中国民生》，社会科学文献出版社2013年版，第299页。

2. 全面推进与补齐短板的统一

经过改革开放三十多年的发展，中国已然处在“社会发展更加注重统筹协调、居民收入更加注重持续增长、财富分配更加注重合理公平”① 的发展新起点上。在这一新起点上，我国的民生建设一方面面临城乡和区域发展不平衡、收入差距扩大、资源环境恶化等诸多深层的社会问题和矛盾，另一方面需要面对在改革发展实践中难以克服的痼疾和新产生的矛盾。因此，必须“增强发展的全面性、协调性、可持续性，加强保障和改善民生工作，从源头上预防和减少社会矛盾的产生”②。这就需要我们在关键节点上实现突破，补齐民生工作的短板，实现民生工作的全面推进与补齐短板的统一。

在民生需要的内容日益丰富、对民生品质的要求日益提高的背景下，保障和改善民生必须全面推进、平衡发展。习近平从民生工作的全面性出发，谋划了崭新的蓝图：在就业方面，习近平强调“就业是民生之本，解决就业问题根本要靠发展”③。在住房安居方面，习近平要求：“各级党委和政府要加强组织领导，落实各项目标任务和政策措施，努力把住房保障和供应体系建设办成一项经得起实践、人民、历史检验的德政工程。”④ 在养老方面，习近平提出：“要完善制度、改进工作，推动养老事业多元化、多样化发展，让所有老年人都能老有所养、老有所依、老有所乐、老有所安。”⑤ 在生态环境方面，习近平指出：“环境治理是一个系统工程，必须作为重大民生实事紧紧抓在手上。”⑥ 在公共安全方面，习近平强调：“平安是老百姓解决温饱后的第一需求，是极重要的民生，也是最基本的发展环境。”⑦ 这些都体现

---

① 冯国权、任立亚：《美丽中国梦》，人民出版社 2013 年版，第 245 页。

② 《习近平谈治国理政》，外文出版社 2014 年版，第 204 页。

③ 《保障改善民生没有终点站》，《人民日报海外版》2013 年 5 月 16 日。

④ 《习近平谈治国理政》，外文出版社 2014 年版，第 192 页。

⑤ 《习近平李克强寒冬问民生》，《人民日报海外版》2013 年 12 月 30 日。

⑥ 《习近平总书记系列重要讲话读本》，学习出版社、人民出版社 2014 年版，第 126 页。

⑦ 《习近平总书记系列重要讲话读本》，学习出版社、人民出版社 2014 年版，第 118 页。

了习近平对民生内涵与外延的丰富和扩展，适应了人民群众与日俱增的民生需要，体现了其民生思想的与时俱进性和全面性。

由历史、地理、生态条件及人的生理因素等导致的民生问题、由经济发展的负效应导致的民生问题，是民生建设中长期难以克服的“短板”，补齐这些短板不能寄希望于财富的“涓滴”，而是要主动利用条件、创造条件，克服长期制约民生的障碍、束缚和顽疾。在“四化同步”过程中补农业现代化之短板，使农业依托工业化、信息化走向现代化，这是保障和改善农村地区民生的重要前提，同时也可以为保障国家粮食安全、为工业化、信息化进一步的发展奠定良好的基础。在城乡一体化进程中补齐农村社会发展的短板，就是要综合解决包括基础设施和公共服务设施建设、生产生活条件、生态环境、乡村规划与治理等在内的农村社会民生问题，以缩小城乡发展差距，为城乡居民提供平等的、均衡的社会资源。在城乡居民收入的提高中补齐农民收入及其增长相对过低的短板，在新型城镇化建设过程中补齐农民工“身份转换”问题的短板，为农民和农民工的生产生活消除壁垒、提供高质量的公共服务和社会保障，这是基础性的民生问题。

此外，革命老区、少数民族地区、生态脆弱地区的贫困人口，残疾人口中的贫困人口和农村人口中的各类贫困人口是“短板之短板”，其成因涉及历史因素、地理因素、生态因素以及人的生理因素等，利用常规手段难以在短时间内从根本上补齐，因此需要因地制宜、因贫施策进行精准扶贫，为极弱群体提供基本的民生保障。

3. 把握尺度与量力而行

推进民生工作必须注意目标与路径的统一、根本途径与现实需要的统一。习近平总书记指出，解决民生问题要“循序渐进、量力而行，做得到才说，说了就做到”①。必须坚持实事求是的原则，既不能盲目功利，片面追求短视的、媚俗的、不可持续的民生“跨越”，也不能错误地将民生工作视为

① 《把祖国的新疆建设得越来越美好——习近平总书记新疆考察纪实》，《人民日报》2014 年 5 月 4 日。

拖经济发展之后腿的累赘，忽视人民群众的民生诉求。

把握尺度，量力而行，本质就是要求保障和改善民生要坚持实事求是原则，一切从实际出发，根据不同地区、不同条件，因时制宜、因地制宜，把发展作为第一要务，先将蛋糕做大，因为做大蛋糕是分好蛋糕的前提。以劳动生产率的提高为基础提高收入水平，以经济社会的可持续发展、财政的可持续增长为基础提高福利水平。解决民生问题的基础是发展经济，推进民生工作必须把握好尺度，不能脱离经济发展的条件制约盲目追求“高指标”。习近平指出：“民生工作直接同老百姓见面、对账，承诺了的就一定要兑现，要做到件件有着落、事事有回音，让群众看到变化、得到实惠。”① 保障和改善民生，既要积极回应日益发展和多元的民生需要，也要抵住压力、着眼长远。如果不顾我国仍处于并将长期处于社会主义初级阶段的现实，不顾我国城乡和区域间发展差距显著的事实，盲目许诺、一味提高福利水平，一方面容易导致难以兑现民生承诺而损害党和政府的公信力、凝聚力的危害，另一方面容易像部分拉美国家那样，由于民生建设脱离经济社会发展水平而导致民众慵懒、效率低下，会增大经济转型和社会改革的成本与难度，会加重经济的结构性痼疾，最终陷入中等收入陷阱而难以自拔。

三、十八大以来关于解决民生问题的工作思路

工作思路是方法论的展开和具体化。习近平民生思想在科学方法论的指导下，正确认识、综合研判当代中国的民生实际，提出了关于保障和改善民生的宏观思路、工作思路，将民生建设放在事关全面建成小康社会的关键位置，科学认识民生与经济发展之间的二元互动关系，并着重依托法治建设实现更加规范、更加高效、更加优质的民生建设。

1. 宏观政策、微观政策和社会政策的统一

2013 年 4 月 25 日，习近平在主持召开中央政治局常务委员会会议时强

---

① 《习近平总书记系列重要讲话读本》，学习出版社、人民出版社 2016 年版，第 214 页。

调，为应对经济新常态下出现的新情况新问题，宏观层面的总体思路是宏观政策要稳住，微观政策要放活，社会政策要托底①。为了推动经济结构调整、维护社会稳定、实现经济稳中求进，习近平明确提出社会政策要发挥“托底作用”，并且第一次将“社会政策”作为独立的方面，与经济方面的宏、微观政策并列，这一思路上的突破性变化是以习近平为核心的党中央，在面对复杂的国际国内形势下做出的科学研判。

宏观经济政策、微观经济政策与社会政策的统一，构成了宏观层面的组合拳。稳定的宏观经济政策才能让市场主体“安心”“有序”；灵活的微观经济政策才能进一步释放市场主体的活力和动力，并反过来促进宏观经济的稳定；有社会政策的托底，就可以降低人民群众的负担和压力，提供稳定的社会秩序，释放潜在的消费、创新和创业能力，通过强化民生建设为深化改革创造稳定的社会环境。实现宏、微观经济政策与社会政策“三位一体”的有机统一，可以在经济新常态的条件下为经济增长和社会稳定提供扎实的保障，是系统思维的鲜明体现。

“社会政策要托底”体现了习近平总书记对民生工作“保基本”作用的高度重视。当经济发展遇到“门槛”时，不是牺牲民生以换取经济增长和结构转型，而是科学分析经济与民生的二元互动关系，将民生工作放在突出位置，牢牢守住民生工作的底线。在提出“社会政策要托底”的同时，中央政治局常务委员会会议还对高校毕业生就业服务、完善城乡居民养老保险制度、推进基本医疗保险城乡统筹、调控房地产市场和住房保障等方面工作做了政策部署②，以稳健有力的政策保障民生工作的“基本盘”。

2. 守住底线、突出重点、完善制度、引导舆论

习近平在2012年12月的中央经济工作会议上，针对就业、居民收入等可能受到经济增速放缓和化解过剩产能的负面影响的问题，提出“守住底线、突出重点、完善制度、引导舆论”的民生工作思路，并做出了具体要求

---

① 《人民日报》2013年4月26日。
② 《人民日报》2013年4月26日。

和部署。这一工作思路是我国民生建设和民生工作的重大理论创新，为我国在经济新常态下保障和改善民生指明了方向。

“守住底线”就是以保障低收入群众的基本生活和资助家庭困难大学生为民生工作重点，构建保障人民群众基本生活的社会保障体系，这体现了“社会政策要托底”的基本原则。一方面在经济新常态的条件下，实现经济发展的稳增长和调结构不可避免地会对一部分人民群众的民生品质造成影响，对民生工作形成压力，为了实现经济社会发展短期利益与长远利益的统一，既要坚持经济转型，又要守住民生的底线，为人民群众的基本生活排忧解难。另一方面我国还处于社会主义初级阶段，城乡和区域发展差距大，各类困难群众仍有2000多万人，对各类困难群众必须“格外关注、格外关爱、格外关心，时刻把他们的安危冷暖放在心上，关心他们的疾苦，千方百计帮助他们排忧解难”①。

“突出重点”就是要以保障和改善民生的关键领域为抓手和突破口，将就业作为民生工作的重点，将高校毕业生作为保障就业的重点，注重拓宽扩大就业的渠道，鼓励创业就业。在经济发展的瓶颈期和改革期，就业特别是高校毕业生的就业成为民生领域的突出问题。就业是民生之本，必须坚持就业优先，促进就业公平。就业问题无法解决，人民群众的生活就缺乏基本的收入保障；高校毕业生的就业问题无法解决，不但有碍于社会活力的进一步激发，还会对社会稳定与和谐造成不利影响。“创业是就业之源，具有带动就业的倍增效应。”② 在拓宽扩大就业渠道方面，重点是鼓励创业、以创业带动就业，支持中小微企业发展，强化大企业社会责任。“我国每千人拥有的企业数量只有2.5个”③，与发达国家和一般的发展中国家相去甚远，而创

---

① 《习近平总书记系列重要讲话读本》，学习出版社、人民出版社2014年版，第111页。

② 辛鸣：《十八届五中全会后党政干部关注的重大理论与现实问题解读》，中共中央党校出版社2015年版，第188页。

③ 中共中央文献研究室《中国特色社会主义社会建设道路》课题组：《十八大以来习近平关于民生建设的新思想新举措》，《党的文献》2015年第3期。

业恰恰可以弥补我国就业工作的薄弱点，拓宽我国的就业空间和就业容量，推动充分就业；通过扶持中小微企业、强化大企业社会责任，巩固和扩大就业，维护经济发展和社会稳定。

“完善制度”就是依托完善和与时俱进的民生工作体制机制，以改革促民生，坚持全覆盖、保基本、多层次、可持续的方针，加强城乡社会保障体系建设，继续完善养老保险转移接续办法，提高统筹层次①。“完善制度”的意蕴在于依托制度建设实现民生工作的规范化、整体化，整合社会资源，完善收入分配制度，深化社会保险制度改革，加快推进养老制度、医疗保险制度改革，统筹救助体系，促进基本公共服务均等化，克服长期的计划经济体制和城乡二元结构所造成的制度性民生痼疾，解决民生工作地区差异大和制度碎片化的问题，建立更加公平、可持续的民生制度体系。

“引导舆论”就是要把握舆论导向，创造良好的社会舆论氛围，引导人民群众树立勤劳致富的理念，激发人民群众的主动性、创造性，释放人民群众的潜力和活力。习近平强调政府在民生工作中的主要作用是保基本，而提高解决民生问题的关键力量仍是人民群众自身的智慧和劳动。民生工作的“保基本”不能变成政府“包打天下”，不能在错误舆论的误导下盲目满足过高的民生诉求，导致拖累国家长期发展的“福利病”，因此必须发挥舆论在塑造社会方面的优势，在社会中形成“勤劳致富”“智慧致富”的舆论环境。

四、对民生工作关联性的认识

在系统方法论视阈下，对民生工作的认识不能脱离其关联性、结构性，只有科学认识民生与经济发展、民主法治的关系，才能实现民生与经济、法治的有机结合。

1. 民生是全面建成小康社会的制高点

民生问题是全面建成小康社会的重点、难点，是由“总体小康”迈向

① 《人民日报》2012年12月17日。

“全面小康”的重要门槛。当前我国的贫富差距、城乡与区域发展差距和收入差距过大，基尼系数多年在0.45以上，教育、医疗、社会保障、食品安全、住房保障等领域仍有一些难以解决的痼疾，不越过这些门槛，就无法建成“全面小康”。

习近平从全面建成小康社会的全局高度认识民生工作，强调“没有全民小康，就没有全面小康”①。全面小康的重要内容就是让人民共享发展成果，民生水平的提高是全面小康的直接体现。当前，民生领域集中了影响和制约全面建成小康社会的重点、难点，是实现中华民族伟大复兴的关键门槛，是直接体现中国共产党性质和宗旨的“人心工程”，反映人民群众最关心、最直接、最现实的利益诉求。当前，全面建成小康社会追求的已不仅是经济总量和经济增速，更在于解决发展不平衡、不协调、不可持续的问题，在于将日益强大的经济实力和综合国力转化为保障每个人共享人生出彩机会。如果没有民生作为坚实的保障，就谈不上全面建成小康社会。因此，一方面民生问题的解决是全面建成小康社会的制高点，另一方面全面建成小康社会也是保障和改善民生的重要阶段性目标，只有综合体制机制、财政支持、社会动员等多方面的力量，才能为民生问题的解决创造良好环境、提供先决条件。

2. 民生与经济发展相辅相成

民生工作与经济发展必须实现良性循环，否则，既无法实现高品质的民生，也不可能实现经济发展的健康和可持续。从国际上的教训来看，“巴西的国民收入分配极不均衡，一方面国民收入增长落后于经济增长，另一方面贫富差距不断扩大”②，这两方面因素不但造成社会矛盾的激化，更导致中低收入阶层购买能力低下，无法释放工业生产的增长空间，同时中产阶层数量过少，社会结构转换缺乏支撑。民生的落后正是巴西困于中等收入陷阱的重要原因之一，这一教训是当代中国民生工作和经济发展的前车之鉴。

---

① 《习近平总书记系列重要讲话读本》，学习出版社、人民出版社2016年版，第59—60页。

② 马晓河：《“中等收入陷阱”的国际观照和中国策略》，《改革》2011年第11期。

经济发展的最终目的是保障和改善民生，保障和改善民生也能为经济发展提供不竭的动力和活力。在发展经济时唯GDP至上而忽略了人及人赖以生存的环境，将保障和改善民生视为经济发展的累赘，或为了追求“平均”而不顾及“效率”，都是割裂民生与经济发展二者关系的表现。习近平在吉林调研时指出：“要全面把握发展和民生相互牵动、互为条件的关系，通过持续发展强化保障和改善民生的物质基础，通过不断保障和改善民生创造更多有效需求。”一方面做大蛋糕是分好蛋糕的前提。没有较高的经济发展水平、经济增长速度和社会财富总量，改善民生就只能是空中楼阁、画饼充饥。另一方面只有更加公平地分好蛋糕，才能避免财富分配不公造成的矛盾，才能使蛋糕越做越大、越做越好。解决民生问题，能够降低人民群众在就业、创业、消费、教育等方面的后顾之忧，从而释放人民群众在创新、创造和消费上的潜力与积极性，使保障和改善民生成为经济健康持续发展不竭的内生动力。

3. 依靠法治保障民生

保障和改善民生离不开法治，法治建设的缺陷是教育、医疗、食品安全等关乎民生的领域频发事故的重要因素。有学者指出，目前我国民生法治领域存在的问题：一是民生立法不充分，二是立法层级不高、约束力不强，三是法律法规的配套不足，可操作性差①。如果不在法治轨道内解决民生问题，就无法走出当前的民生困境。

“民生的实践品格及权利属性是民生法治化的逻辑基础，法治是解决民生问题、维护民生权利以及发展民生事业的有效手段。”② 脱离社会主义法治体系，就无所谓公平正义，民生就失去保障。党的十八届四中全会通过的决定明确提出：“加快保障和改善民生、推进社会治理体制创新法律制度建设”，通过强化社会组织立法、制定社区矫正法，并通过“完善教育、就业、收入分配、社会保障、医疗卫生、食品安全、扶贫、慈善、社会救助和妇女

---

① 盛清才：《法治视野下的民生建设研究》，《前沿》2011年第3期。

② 韩喜平：《习近平民生思想研究》，《中国特色社会主义研究》2015年第2期。

儿童、老年人、残疾人合法权益保护等方面的法律法规"①。加强公共服务的规范化，为人民群众提供数量更多、水准更高、质量更优、更加公平、配置合理的公共服务，提高运用法律手段管理民生事务、发展民生事业、调解民生矛盾、解决民生问题、满足民生诉求的能力。

总之，民生思想是在中国全面深化改革进入深水区，经济社会发展进入瓶颈期和风险期，面对复杂的国内外新形势的大背景，在对中国经济社会的发展运行进行综合研判中形成的。习近平关于民生的思想以问题意识为先导，把以人民为中心作为根本政治立场，在理论上更加注重方法论的指导作用，目标更加明确，思路更加明晰，遵循科学的方法论，将保障和改善民生放在事关全局的突出地位，综合各个领域的实际问题与具体矛盾，系统分析和部署，并将改革和制度建设作为民生发展的动力，在民生理论和民生工作上都有突破性的创新和发展，开辟了中国特色社会主义民生理论的新天地。

参考文献

[1] 潘允康：《中国民生问题中的结构性矛盾研究》，北京大学出版社2015年版。

[2] 陈洪泉：《民生需要论》，人民出版社2013年版。

[3] 李小宁：《民生论》，人民出版社2015年版。

[4] 李友梅、汪丹等：《改善民生创新治理：社会发展活力的源泉》，上海人民出版社2014年版。

[5] 中共中央文献研究室：《习近平关于协调推进"四个全面"战略布局论述摘编》，中央文献出版社2015年版。

[6] 习近平：《知之深爱之切》，河北人民出版社2015年版。

[7] 全国干部培训教材编审指导委员会组织：《社会主义和谐社会建设》，人民出版社、党建读物出版社2015年。

① 《中共中央关于全面推进依法治国若干重大问题的决定》，《人民日报》2014年10月29日。

[8] 中共西藏自治区委员会宣传部：《十件实事 实事实办》，西藏人民出版社2014年版。

[9] 陶文昭：《习近平治国理政的科学思维》，《理论探索》2015年第4期。

[10] 郑秉文：《“中等收入陷阱”与中国发展道路——基于国际经验教训的视角》，《中国人口科学》2011年第1期。

[11] 何士青：《保障和改善民生的法治向度》，《法学评论》2009年第3期。

[12] 陈伯礼：《民生法治的理论阐释与立法回应》，《法学论坛》2012年第6期。

[13]《十八大以来重要文献选编》上，中央文献出版社2014年版。

[14]《十八大以来重要文献选编》中，中央文献出版社2016年版。

（原载于《马克思主义研究》2016年第11期）

十八大以来社会治理的发展趋势*

党的十八大以来，在以习近平为核心的党中央的领导下，随着党的十八大、十八届三中全会、十八届四中全会、十八届五中全会的召开，社会治理的理论和实践不断发展，出现了一些理论成果和制度成果，这些成果来自中央集体对我国社会治理现实准确而深刻的把握，指导着我们在社会治理现代化进程中继续探索。十八大以来社会治理的发展表现出我们党理论联系实际、与时俱进的品格。系统分析十八大以来社会治理发展的趋势，有助于全面把握党中央社会治理的方略，也有助于社会治理的创新和发展。

一、社会治理的顶层设计不断发展

在计划经济年代和改革开放初期，党和国家没有把社会管理放在社会发展和社会建设科学化的高度考虑，基本上是从单纯维护社会秩序出发，目的是要管控社会。在发展思路上，重经济建设，轻社会管理；在管理主体上，重政府功能，轻多元参与；在管理手段上，重行政强制，轻教育服务；在管理机制上，重单向管控，轻沟通协商；在管理环节上，重事后处置，轻源头

---

* 本文作者：杨平（1967—），男，四川阆中人，陕西师范大学马克思主义学院教授，主要从事政治学、宪法学研究。
基金项目：国家社科基金项目“西北民族地区公民参与社会管理研究”（13BZZ026）。

治理。[①] 随着改革开放的不断深入，许多社会问题相继出现，社会矛盾和冲突增多，社会治理问题受到党和国家更多的关注。

在党的十八大召开以前，我们党就社会管理的体制、格局、社会管理在构建和谐社会中的地位和作用等问题进行了积极的探索和研究。2004 年，党的十六届四中全会在《中共中央关于加强党的执政能力建设的决定》中提出“加强社会建设和管理，推进社会管理体制创新”[②]。2006 年 10 月，党的十六届六中全会在《中共中央关于构建社会主义和谐社会若干重大问题的决定》中提出要“创新社会管理体制，整合社会管理资源，提高社会管理水平，健全党委领导、政府负责、社会协同、公众参与的社会管理格局，在服务中实施管理，在管理中体现服务”[③]。2007 年 10 月，党的十七大报告明确提出，要“更加注重社会建设，着力保障和改善民生，推进社会体制改革，扩大公共服务，完善社会管理，促进社会公平正义，努力使全体人民学有所教、劳有所得、病有所医、老有所养、住有所居，推动建设和谐社会”[④]。

在对我国社会治理理论和实践认识不断深入的基础上，党的十八大进一步明确提出“要围绕构建中国特色社会主义社会管理体系，加快形成党委领导、政府负责、社会协同、公众参与、法治保障的社会管理体制”[⑤]。用“社会管理体制”的提法取代“社会管理格局”不仅仅是概念的变化，还体现出党对社会管理体制建设经过多年的探索实践，初步形成了比较清晰和完整的社会管理理论体系，为十八届三中全会从“社会管理”到“社会治理”

---

① 谢志强、黄磊：《从“社会管理”到“社会治理”演变的历史轨迹》，《中国工商管理研究》2014 年第 1 期。

② 《中共中央关于加强党的执政能力建设的决定》，《人民日报》2004 年 9 月 27 日。

③ 《中共中央关于构建社会主义和谐社会若干重大问题的决定》，《人民日报》2006 年 10 月 19 日。

④ 胡锦涛：《高举中国特色社会主义伟大旗帜　为夺取全面建设小康社会新胜利而奋斗——在中国共产党第十七次全国代表大会上的报告》，《人民日报》2007 年 10 月 25 日。

⑤ 胡锦涛：《坚定不移沿着中国特色社会主义道路前进　为全面建成小康社会而奋斗——在中国共产党第十八次全国代表大会上的报告》，《人民日报》2012 年 11 月 18 日。

的升华打下了坚实的基础。

2013 年 11 月，党的十八届三中全会在《中共中央关于全面深化改革若干重大问题的决定》中明确提出全面深化改革的总目标是完善和发展中国特色社会主义制度，推进国家治理体系和治理能力现代化，使我们对社会治理的认识进入到国家治理体系和治理能力现代化这一更加宏大的战略和更加开阔的视野中。一是十八届三中全会的决定反映出党在社会建设方面实现了由“社会管理”到“社会治理”的转变，明确提出了“创新社会治理体制、提高社会治理水平”的要求，这是我们党在社会管理创新的探索过程中观念和思想的一次大转变；二是十八届三中全会的决定强调“创新社会治理，必须着眼于维护最广大人民的根本利益，最大限度地增加和谐因素，增强社会发展活力，提高社会治理水平，全面推进平安中国建设，维护国家安全，确保人民安居乐业、社会安定有序”，这进一步明确了社会治理创新的方向和目标；三是十八届三中全会的决定指出，要“加强党委领导，发挥政府主导作用，鼓励和支持社会各方面参与，实现政府治理和社会自我调节、居民自治良性互动”，这充分体现出党在社会治理过程中提倡多元主体参与的导向；四是在创新社会治理方式问题上，提出要坚持系统治理、依法治理、综合治理、源头治理。① 另外，十八届三中全会还进一步廓清了创新社会治理的内容和重点领域。可以说，十八届三中全会对党的社会治理理论和顶层设计的发展具有里程碑式的意义。

2014 年 10 月十八届四中全会通过的《中共中央关于全面推进依法治国若干重大问题的决定》。标志着在全面推进依法治国大背景中社会治理的顶层设计得到进一步发展。一是深刻认识到“国家和社会治理需要法律和道德共同发挥作用”，要提高社会治理水平，就必须坚持一手抓法治、一手抓德治，实现法律和道德相辅相成、法治和德治相得益彰。二是明确提出要“加

① 《中共中央关于全面深化改革若干重大问题的决定》，《人民日报》2013 年 11 月 16 日。

快保障和改善民生、推进社会治理体制创新法律制度建设”①。改革开放以来，国家制定了许多法律，社会主义法律体系基本建成，但是，社会保障和社会治理方面的法律还很薄弱，想要提高社会治理的法治化水平，就必须完善社会治理各领域的法律制度。

2016年3月，根据中共中央的建议编制的《中华人民共和国国民经济和社会发展第十三个五年规划纲要》（以下简称《规划纲要》）又进一步丰富了社会治理的内涵。《规划纲要》明确了今后加强和创新社会治理的总体目标：加强社会治理基础制度建设，构建全民共建共享的社会治理格局，提高社会治理能力和水平，实现社会充满活力、安定和谐。明确提出要“改进政府治理方式，充分运用现代科技改进社会治理手段，推进社会治理精细化，加强源头治理、动态管理、应急处置和标本兼治”②。这是继十八大提出社会治理的“法治保障”以来，明确提出创新社会治理的一个新的要求，就是“推进社会治理精细化”，这表明国家对社会治理在提高法治化水平进程中需要克服过去粗放管理的模式，采用精细化管理模式，也表明我们党对社会治理的认识又进入一个新的阶段。《规划纲要》还对增强社区服务功能、发挥社会组织作用、增强社会自我调节功能、完善公众参与机制、健全权益保障和矛盾化解机制等社会治理的重点环节提出了要求。

十八大以来，我们党在对传统的社会管理进行反思的基础上，提出了“社会治理”的全新概念和理论，找到了社会治理规范化、常态化的有效途径。这途径就是法治化，就是不断提高社会治理的法治化水平，而这一治理过程要求我们推进社会治理精细化，在社会治理的各个领域、各个环节不断创新，提高治理的能力和水平，实现社会治理现代化。十八大以来社会治理领域的顶层设计和理论创新又及时反映在党的重要文件和国家的发展规划

---

① 《中共中央关于全面推进依法治国若干重大问题的决定》，《人民日报》2014年10月29。

② 《中华人民共和国国民经济和社会发展第十三个五年规划纲要》，《人民日报》2016年3月18日。

中，这必将促进我国社会治理水平的提高以及党和国家社会治理能力的提高。

二、社会治理各重点领域的制度不断完善

十八大以后，根据党对社会治理创新的要求，国家根据社会治理的实际，出台了一些政策，制定了一些法律，有力地促进了创新社会治理制度化水平的提高。

社会治理领域很宽泛，为了起到管中窥豹的效果，笔者通过对中央人民政府各部门网站、国家法律数据库、北大法意数据库、北大法宝数据库的比对查找，在对社会治理重点领域分类的基础上对相关领域的法律、法规等制度进行了长时段的跟踪和梳理分析，从中可以看出十八大以后，我国社会治理领域的制度保障受到了国家更多的重视，国家密集制定和出台了一些社会治理领域的法律、法规和政策措施，使社会治理各领域的法律制度更加健全。

（一）机构改革和政府职能转变的制度不断强化

2013 年 3 月 14 日，十二届全国人大一次会议审议通过《国务院机构改革和职能转变方案》，2013 年 9 月 26 日，国务院办公厅出台《关于政府向社会力量购买服务的指导意见》。上述国家机关制定的规范性文件，明显体现出如下思路：一是大幅度减少和下放中央政府的审批事项，这些审批事项包括投资、生产经营活动、资质资格许可和认定、专项转移支付和收费等广泛的领域；二是对转变政府职能采取了有力的措施，比如减少部门职责交叉、分散部门职责、改革工商登记制度、逐步推行行业协会商会与行政机关脱钩等，这些措施将有利于实现政社分开，更好地实现政府职能的科学化；三是通过加大政府购买服务的力度，在公共服务领域更多利用社会力量。随着这些制度的落实，将会使政府通过机构改革和职能转变实现自身重塑，为社会治理体制的根本改变创造基础条件。

（二）信访法治化的制度保障不断完善

1. 中央综合性部门制定指导意见

中央综合性部门代表党中央和国务院制定的指导意见（见表一），集中反映了党和国家在十八大以来对信访制度进行改革的总体性思路，特别是对将信访纳入法治化轨道进行了制度设计。从中可以看出以下几个方面的重要思路：一是体现了综合治理的思路。引起大量公民信访的原因是非常复杂的，因此，必须加大保障和改善民生力度、提高科学民主决策水平、坚持依法办事、改进工作作风，着力从源头上预防和减少信访问题发生；信访通道的拥挤不能靠截断这一通道进行“休克治疗”，现阶段还必须通过各种途径和方式，甚至创新信访工作机制来进一步畅通和规范群众诉求表达渠道，使进入信访通道的矛盾纠纷和利益诉求能够最大限度地得到有效解决。二是体现了分类治理的思路。几个指导意见大体按照权利救济类信访和非权利救济类信访两大类信访事项进行分类处理，而对涉法涉诉信访又进一步分为诉与访两类进行分类处理，每一类又进行更细的划分并提出了处理方式。这一变化为信访治理的精细化和规范化奠定了基础。三是体现了多元治理的思路。现代社会治理的重要特征和有效方式是多元主体共治，信访改革的一个重要方面就是组织动员社会力量参与。只有充分发挥国家各个机关、各种角色的公民、各种社会团体和社会组织在信访工作中的作用，才能真正实现对信访的综合治理。四是体现了依法治理的思路。要将信访纳入法治化轨道，就必须对各类信访事项，特别是影响人民群众利益的突出领域的事项有规则、制度可以遵循，目的是更好地保护信访人的权利，维护正常的信访秩序。相关指导意见特别对依法终结信访的事项、标准、终结机构、终结程序做出了明确规定，并且对违法上访行为依法处理，这对于正确引导信访行为，缓解信访通道和平台的压力，使信访逐步回归正常的功能，树立法律权威都具有重要意义。在中央政法委的指导意见中特别强调了作为“法律的明白人”的律师在信访改革中的作用，将信访纳入法治化轨道的导向性明显。

表一

制定部门	时间	名称
中共中央办公厅、国务院办公厅	2014 年 2 月 24 日	《关于创新群众工作方法解决信访突出问题的意见》
中共中央办公厅、国务院办公厅	2014 年 3 月 20 日	《关于依法处理涉法涉诉信访问题的意见》
中央政法委	2014 年 9 月	《关于建立涉法涉诉信访事项导入法律程序工作机制的意见》
中央政法委	2014 年 9 月	《关于建立涉法涉诉信访执法错误纠正和瑕疵补正机制的指导意见》
中央政法委	2014 年 9 月	《关于健全涉法涉诉信访依法终结制度的实施意见》
中央政法委	2015 年 6 月 7 日	《关于建立律师参与化解和代理涉法涉诉信访案件制度的意见（试行)》

2. 中央信访职能部门（国家信访局）制定法规

为落实十八大以来党和国家对信访制度改革的顶层设计，作为中央信访职能部门的国家信访局及时出台了一系列法规（见表二)，这些法规有以下特点：一是分级处理属于职权范围内的信访事项，此举可以有效防止越级上访现象的发生，引导信访人按照不同国家机关的职权范围和法律规定解决信访事项，促进信访活动的规范化。二是高度重视初信初访的记录和处理，目的在于对初次信访群众的诉求及时得到解决，防止矛盾和纠纷久拖不决，有利于大量减少信访案件和提高信访处理的质量。三是普遍采用信息化手段处理信访事项。充分利用网络信息技术，创新信访的处理方式，提高信访事项处理的信息共享程度，方便群众。四是重视提高信访处理效率，无论是采用网上办理手段、简易办理程序还是联合接访方式，最终都会大大提高信访处理效率，避免正义成为迟来的正义。五是重视信访处理过程的监督。上述几个法规中都规定了信访处理过程中的工作责任或纪律，规定了接受信访人监督、上级部门监督的要求，目的在于保证信访处理工作的公平公正。

表二

制定部门	时间	名称
国家信访局	2014 年 4 月 22 日	《关于进一步规范信访事项受理办理程序引导来访人依法逐级走访的办法》
国家信访局	2014 年 10 月 14 日	《关于进一步加强初信初访办理工作的办法》
国家信访局	2015 年 6 月 23 日	《关于进一步加强和规范联合接访工作的意见》
国家信访局	2015 年 10 月 25 日	《信访事项网上办理工作规程（试行）》
国家信访局	2016 年 6 月 28 日	《信访事项简易办理办法（试行）》

3. 中央有关部委制定法规

十八大以后，中央有关部委对涉及本部门或本行业的信访制度进行了完善，在贯彻十八大以后中央有关精神的过程中，这些新出台或者修改的法规（见表三）体现出了如下几个特点：一是对信访事项进行了更细的分类，根据类别的不同采取不同的处理方式，体现出对信访事项分类管理的倾向；二是对信访事项受理的范围做出了更加明确细致的规定，尤其是证监会和保监会的法规非常明确地规定了不受理的各种事项，目的在于界分清楚信访与诉讼、仲裁、行政复议等纠纷解决机制的功能和范围，有利于将涌入信访通道的事项进行科学合理的分流，也有利于多元解决纠纷机制的协调和连接；三是强化了本部门或本系统信访工作的责任，对本部门和本系统内的信访机构和人员在受理、登记、处理、反馈等各个环节的工作职责提出了明确要求和时限，对承担责任的方式也做出了比较明确的规定，反映出中央有关部委对管理本系统的信访活动制度化、规范化的倾向。

表三

制定部门	时间	名称
民政部	2015 年 2 月 15 日	《关于推进通过法定途径分类处理信访投诉请求工作的实施意见（试行）》

续表

制定部门	时间	名称
中国保险监督管理委员会	2013年7月4日	《中国保险监督管理委员会信访工作办法》（修正本）
中国证券监督管理委员会	2014年8月13日	《中国证券监督管理委员信访工作规则》

4. 最高人民法院出台《关于人民法院办理执行信访案件若干问题的意见》

2016年6月27日，最高人民法院发布《关于人民法院办理执行信访案件若干问题的意见》，这一司法解释对办理执行信访案件的基本要求、执行实施类信访案件的办理、执行审查类信访案件的办理、执行信访案件的依法终结等进行了明确规定。司法解释中将执行信访案件分为执行实施类信访案件和执行审查类信访案件两大类，对不同类别的案件提出了不同的要求，规定了不同的程序和处理方式，体现出对信访案件分类管理的思路。尤为重要的是该司法解释对执行信访案件规定了依法终结的程序和条件，有利于防止反复申诉、缠访、闹访等情况的发生。

（三）户籍与人口管理制度更加精细化

户籍与人口管理历来是社会治理的重点领域，也是体现政府社会治理能力的一个重要方面。通过对上述法律、法规、政策（见表四）的分析，可以发现十八大以来我国政府在人口和户籍管理方面的一些导向：一是为适应城镇化的发展，推进户籍制度改革，进一步放宽户口迁移政策，提出全面放开建制镇和小城市落户限制、有序放开中等城市（城区人口50万至100万的城市）落户限制、合理确定大城市（城区人口100万至300万的城市）落户条件、严格控制特大城市（城区人口500万以上的城市）人口规模的分类管理政策，采取不同的落户政策；二是为了应对劳动力短缺和人口老龄化等人口问题，调整计划生育政策，全面实施两孩政策；三是加快实施基本服务常住人口均等化，目的在于为更多农业人口进入城市创造条件，平稳实现国家城镇化建设的目标；四是户籍与人口管理更加精细化、立体化，采取各种方式和手段，更加精准地为各类人群特别是流动人口提供更好的教育、卫生、就业、安全等公共服务，提高户籍与人口管理的水平。

表四

制定部门	时间	名称
国务院	2014 年 7 月 23 日	《关于进一步推进户籍制度改革的意见》
全国人大常委会	2015 年 12 月 27 日	《关于修改〈中华人民共和国人口与计划生育法〉的决定》
国务院	2016 年 7 月 26 日	《关于实施支持农业转移人口市民化若干财政政策》
国务院	2013 年 3 月 1 日	《中国反对拐卖人口行动计划（2013—2020 年）》
国家卫生计生委、国家中医药管理局	2013 年 11 月 19 日	《关于加快推进人口健康信息化建设的指导意见》
国家卫生计生委	2014 年 5 月 4 日	《人口健康信息管理办法（试行）》
国家卫生计生委、中央综治办、国务院农民工办、民政部、财政部	2014 年 10 月 29 日	《关于做好流动人口基本公共卫生计生服务的指导意见》
国家卫生计生委	2016 年 6 月 6 日	《流动人口健康教育和促进行动计划（2016—2020 年）》
国家民委	2016 年 7 月 10 日	《关于确定少数民族流动人口服务管理示范城市的通知》

（四）为社会组织的健康发展营造法治环境

社会组织是创新社会治理的重要主体；社会治理需要多元主体特别是更多社会组织的参与，以实现社会治理效益的最大化。从对国家密集出台的这些制度（见表五）进行分析可以看出，十八大以来，这些制度主要以三个方面为着力点：一是培育更多更强的社会组织，使它们不仅能够有效承接政府职能转变后下放的部分社会管理和公共服务职能，而且能够有能力成为解决一些社会问题的力量；二是规范社会组织的违规行为，净化社会组织发展的生态环境；三是通过制度促进社会组织内部治理创新，增强社会组织的活力。

表五

制定部门	时间	名称
民政部、财政部	2014 年 11 月 5 日	《关于加强社会组织反腐倡廉工作的意见》
中国残疾人联合会、民政部	2014 年 11 月 19 日	《关于促进助残社会组织发展的指导意见》
财政部、民政部	2014 年 11 月 24 日	《关于支持和规范社会组织承接政府购买服务的通知》
民政部	2015 年 5 月 12 日	《关于探索建立社会组织第三方评估机制的指导意见》
民政部	2015 年 11 月 2 日	《关于加强和改进社会组织教育培训工作的指导意见》
民政部	2016 年 3 月 15 日	《社会组织登记管理机关行政执法约谈工作规定（试行）》
民政部	2016 年 5 月 23 日	《关于推动在全国性和省级社会组织中建立新闻发言人制度的通知》
民政部	2016 年 8 月 14 日	《社会组织登记管理机关受理投诉举报办法（试行）》
中共中央办公厅、国务院办公厅	2016 年 8 月 17 日	《关于改革社会组织管理制度促进社会组织健康有序发展的意见》

（五）社会治安管理制度不断完善

2012 年 10 月 26 日，十一届全国人大常委会第 29 次会议修订了《中华人民共和国治安管理处罚法》；2015 年 4 月 12 日，中共中央办公厅、国务院办公厅发布《关于加强社会治安防控体系建设的意见》；2016 年 2 月 26 日，中共中央办公厅、国务院办公厅发布《健全落实社会治安综合治理领导责任制规定》。通过这些法律和制度的完善，能够更好地适应社会治理的新形势，创新立体化社会治安防控体系，依法严密防范和惩治各类违法犯罪活动，强化和明确各级领导在社会治安综合治理方面的责任，有效应对影响社会安全稳定的突出问题，全面推进平安中国建设。

（六）社区建设的制度更加规范

社区是社会治理的基层单位和基础。十八大以来，社区治理得到中央和地方更多的关注，对上述出台的制度（见表六）进行分析可以看出以下倾向：一是社区成为更多国家机关履行其社会治理职能的场所，社区的社会治理功能增加，比如，国家期望通过全面推进社区矫正工作实现社会和谐的目标；二是更加重视社区的规范化建设，以期通过建设更多规范化的示范社区，实现更好服务城乡社会治理的目标；三是通过社区的民主协商，调动更多的人参与社区治理活动，发扬基层民主，增强社区活力。

表六

制定部门	时间	名称
最高人民法院、最高人民检察院、公安部、司法部	2014 年 8 月 27 日	《关于全面推进社区矫正工作的意见》
中共中央办公厅、国务院办公厅	2015 年 5 月 28 日	《关于深入推进农村社区建设试点工作的指导意见》
中共中央办公厅、国务院办公厅	2015 年 7 月 19 日	《关于加强城乡社区协商的意见》
国家档案局、民政部	2015 年 11 月 22 日	《城市社区档案管理办法》
国家卫生计生委、国家中医药管理局	2015 年 11 月 16 日	《关于进一步规范社区卫生服务管理和提升服务质量的指导意见》

值得强调的是，2014 年 7 月 9 日全国社区建设部际联席会议制度得到国务院批复而建立，该制度将有力加强对全国社区建设工作的组织领导，强化部门间的协调配合。联席会议包括民政部、中央组织部、中央综治办、工业和信息化部、公安部、司法部、财政部、人力资源社会保障部、住房城乡建设部、农业部、文化部、卫生计生委、体育总局等 13 个部门和单位组成，民

政部为牵头单位。① 这一措施表明，随着国家对社区治理的重视，各部门加大在社区治理中的协同合作，以增强在社区治理中的合力，使社区治理能够更好地发挥在基层社会治理中的作用。此外，国家行政学院和人民日报社人民网近年来还通过推介和表彰“中国社区治理十大创新成果”等方式，积极推广各地社区治理的经验，促进了各地社区治理的创新活动。

三、社会治理的方式不断创新

十八大以来，随着社会治理体制的改革不断深入，社会治理的目标越来越明晰，各地不断探索创新，社会治理的机制更加健全。各地创新社会治理方式的领域非常广泛、运用非常灵活，示范性很强。本文选取国家行政学院和人民日报社人民网近年来评选出的全国创新社会治理部分典型案例进行分析②，发现十八大以来我国社会治理方式的变化有以下趋势。

（一）协调联动的方式多种多样

各地在创新社会治理方式的过程中，面临一个共同的问题，那就是如何从过去社会管理的条块分割中重新整合力量，协同工作，使这些力量在社会治理过程中发挥合力。各地针对社会治理的不同领域和不同任务，采取了不同的协调联动方式。比如，福建省邵武市通过“民生 110”的方式，前台以“110”一个号码直接对接群众的反馈和诉求，后台以民生 110 中心一个结构协同调度，对群众反映的事项进行统一收集与分门别类，再分别交予相关职能部门、基层管理组织、专业服务机构逐项落实。“民生 110”是在原有组织、制度、奖惩机制没有太大变化的前提下探索一种能够协同解决群众复杂问题的方式。例如，南京市浦口区探索建立区、街道、社区（村）三级联动工作平台和区街两级联勤指挥工作体系，以整合资源为抓手，以信息化手段

① 《国务院同意建立全国社区建设部际联席会议制度》，http：//politics. people. com. cn/n/2014/0709/c1001 – 25260096. html.

② 文中典型案例资料来源：《2014 全国创新社会治理典型案例》，http：//leaders. people. com. cn/GB/356819/382918/index. html；《2015 全国创新社会治理典型案例》，http：//leaders. people. com. cn/GB/356819/395832/.

为支撑，建立了卓有成效的“大联勤”社会治理机制。从各地创新社会治理的经验来看，加强原有部门和组织的协同是社会治理方式不断创新的重要内容，这种方式的创新大都并没有增加较多新的机构和人员，而社会治理的效果却大大提高。

（二）信息化技术手段受到青睐

在社会治理方式的创新过程中，处处可以发现信息化技术手段被基层政府和组织大量运用，成为社会治理方式创新的重要支撑。比如，天津市司法局加强社区矫正信息化建设，开发了社区服刑人员动态管理系统，实现“矫正人员网上管理、矫正执法网上审批、矫正过程网上监督”，打造“数字执法”基础平台，实现了社区服刑人员管理的无缝衔接，提高了社区矫正工作的办公效率，强化了社区服刑人员监管科技化。再比如，广东省佛山市禅城区推行一门式政务服务改革，通过推进“一口受理、系统优化、业务协同、信息共享、数据沉淀”的政务服务改革，提升行政效能和水平，促进公共服务标准化和均等化，更畅通了政府和群众联系的渠道，提高了社会治理的科学性和精准度。信息化技术手段的大量运用是十八大以来各地地方政府在社会治理领域大力推进和倡导的结果，也是未来社会治理的发展趋势。

（三）社会治理的方式更加亲民

创新社会治理方式不仅要对传统的社会管理方式存在一些机制体制上的弊端进行反思，还要反思传统社会管理方式生硬、刻板、缺乏人文关怀的缺陷，要使社会治理方式更加人性化，成为能够为民众更容易接受的方式，不少地方在这方面都有创造性的表现。比如，珠海市香洲区前山街道福石社区在创新基层社会治理中，创造性地开展富有社区特色的“四门行动”，即敲门、串门、启门、守门行动：常敲空巢老人门，嘘寒问暖送爱心；常串困难群众门，排忧解难送贴心；常叩“意见人士”心灵之门，沟通疏导送舒心；常守居民小区门，安全防护送安心。这些活动使社区的关怀零距离覆盖到每一位居民，极大地激发了社区居民对社区的认同感和归属感。

（四）针对特殊群体采取不同的服务方式

在社会治理方式的创新实践中，不同社会群体的特点、不同的需求引起了各地政府和社会组织较多的关注，在社会治理过程中，精准地把握不同社会群体的需求，为他们量身定做有效的服务，是社会治理精细化的重要表现。比如，广东省珠海市将12355青少年综合服务平台建设纳入平安创建重点项目，通过购买社会服务、引进专职社工的方式，将12355热线打造成青少年权益战线的指挥中枢，统筹47个实体化服务门店为青少年提供成长指导、教育引导、心理疏导以及法律援助、困难帮扶等服务，为家长提供支持和指导。再比如，南京市鼓楼区养老服务组织党建联盟创新养老服务事业，通过“1+6+N”的运行模式（“1”是成立党建联盟，“6”是设立6个联盟分会，“N”是各个养老服务组织及志愿者服务组织）搭建了基层党建工作崭新平台，促进了全区养老服务业健康发展。

四、社会治理的机制不断改进

（一）积极探索符合实际的社区治理机制

社区是社会治理的基层单位。2014年3月，习近平总书记在全国人大上海代表团会议上听取了基层社区居委会干部的发言后明确指出：“基础不牢，地动山摇。社会治理的重心必须落到城乡社区，社区服务和管理能力强了，社区就实了。”① 不少地方在探索社区治理的过程中，从影响社区治理效果的体制机制上找问题，不断提高社区治理的水平。比如，贵阳市开展了城市基层管理体制改革，撤销了原有的49个街道办事处，设立了94个新型社区。在新型社区实行“一委一会一中心”治理模式：“一委”，即社区党委，为区域性建制党委，是新型社区的领导核心；“一会”，即社区居民议事会，为社区议事协商机构，代表居民群众和驻区单位对社区内的各项事务进行民主决策、民主管理、民主监督；“一中心”，即社区服务中心，是政府在社区开展

① 陈锡喜：《平易近人——习近平的语言力量》，上海交通大学出版社2014年版，第128页。

公共服务和管理的平台。由此形成了一个以社区党委为核心，社区服务中心、居民议事会、居委会、机关企事业单位、社会组织、社区居民等各个层面共同参与的“一核多元”治理体系。① 各地在社区治理过程中探索形成了不同的治理机制，有的是在充分发挥原有街区制和居委会制作用的基础上引入社会组织参与社会治理；有的则如同贵阳市一样对原有街区制进行了比较大的调整和创新。这些都反映出各地在建立符合当地实际的社区治理机制方面具有较大的灵活性。

（二）积极探索公众参与社会治理的有效机制

多元参与是社会治理创新的重要内容，也是社会治理的应有之义，只有多元主体特别是社会公众积极参与到社会治理中去，才能够有效和低成本地实现社会治理的目标。在社会治理创新实践中，把志愿者和社会组织服务引入社会治理是不少地方创新社会治理机制的重要举措。比如，广东省珠海市香洲区公安分局创建“志愿警察”项目，通过安排志愿警察与民警开展巡逻、社区警务、防范宣传等工作，提高辖区巡逻防控能力和见警率，同时亦有效缓解警力不足的情况，也让志愿者实现成为一名“警察”的人生梦想和服务社会、无私奉献的人生价值。再比如，广东省中山市以推进社会包容性发展、提升全民改革发展的获得感为主要目标，开展全民修身、全民创文、全民治安、全民创业、全民禁毒、全民公益等十多项全民参与社会治理行动，初步形成全民齐参与、愿参与、能参与、真参与和常参与的治理模式。

（三）积极探索建立重大事项社会稳定风险评估机制

社会稳定是社会发展的前提，也是衡量社会治理成效的重要指标，各地在落实中央对重大事项进行社会稳定风险评估的过程中，根据本地实际和重大事项性质对社会稳定风险评估机制的建立和完善进行了积极的探索。比如，四川省遂宁市在探索建立重大事项社会稳定风险评估机制过程中，引入第三方评估机制、开展行业专项评估、创新评估工作管理模式，对全市重大

---

① 余红、张元湖、罗懿丹：《贵阳社会治理体系与治理能力现代化的实践与思考》，《理论与当代》2016 年第 1 期。

事项开展了社会稳定风险评估，经风险评估的重大事项未发生影响稳定的事件，连续9年荣获四川省经济社会发展目标考核一等奖，连续9年被四川省委、省政府评为维稳、综治工作先进集体，连续两届荣获全国社会治安综合治理优秀市。各地开展社会稳定风险评估，有利于妥善解决重大事项实施中出现的不稳定问题，最大限度地增加和谐因素，最大限度地减少不和谐因素，有利于提高社会治理活动的预见性和实效性。

（四）积极探索将市场机制引入社会治理活动

市场化运作的模式如果运用得当，能够激发参与者的积极性，从而整体提升社会治理的水平，提高社会治理效率，降低成本。比如，广东省茂名市茂南区在立体化打防管控体系建设过程中，按照群众自愿参加、市场运营的模式，采取类众筹模式。其中视频建设项目政府与社会投入比例为1：25，各单位及市民以每个点120元的价格按月租用，通过市场化运营的方式操作，通过市场化运营，低成本投入，破解了视频建设“推广难”的困局。

（五）积极推行探索网格化管理机制

网格化管理是近年来基层社会治理中涌现出的有效管理机制，得到了中央的肯定并且出现在中央相关文件中。十八大以来，各地在创新社会治理的实践中，以不同的方式推行网格化管理机制，使社会治理更加精细化。比如，青岛市西海岸新区通过网格化社会治理体系建设，以网格为载体、以信息化为支撑、以法治化为保障，通过推进任务细分化、工作流程化、标准定量化、运行信息化，着力实现安全隐患在“格”中整治、社会治安在“格”中加强、矛盾纠纷在“格”中化解、社情民意在“格”中掌握、便民服务在“格”中开展，从而带来了很好的社会效益。从十八大前后各地推行网格化管理的实践来看，并没有统一的模式和机制，没有搞“一刀切”，这有利于基层的积极创新，因地制宜、因事制宜、因人制宜，采用有效的网格化管理机制。

总之，十八大以来我国社会治理的发展呈现良好的发展趋势。对我国社会治理顶层设计的分析能够为社会治理的理论研究提供方向和思路，对各地的社会治理创新实践进行指导，也是衡量地方社会治理创新实践的重要标准；对社会治理重点领域的法律法规和制度、政策进行分析研究，能够使我们准确地把握我国社会治理的制度发展水平，还有利于发现制度漏洞并加以完善，为社会治理实践提供更有效、更合理的制度保障；对各地社会治理方式的考察和分析，能够为我们及时总结经验，发现社会治理实践中的问题，不断完善社会治理方式和手段，增强社会治理的实效；对各地社会治理机制的分析和研究，有利于发现社会治理在体制机制方面的问题，通过考察各地在解决这些问题时所采取的有效做法和措施促进社会治理体制机制的创新。因此，这些方面也是考察我国社会治理发展状况的主要观测点，对它们及时的分析研究还需要不断深入。

（原载于《江汉大学学报》2017 年第 1 期）

政社互动：十八大以来农村社区社会组织的发展路径*

创新社会治理，理顺政府与社会组织的关系，是推进国家治理体系和治理能力现代化的必然要求。党的十八大以来，政社互动作为基层社会治理创新模式和内在驱动，为实现政府治理与基层社会自治有机衔接和良性互动探索出了一条有效途径。进一步而言，本文所指的政社互动是以组织形式呈现的政府与社会组织共同参与社会治理，形成政府与社会协同配合、良性互动治理模式的概括。一直以来，学界对基层社会治理的研究始终没有离开国家与社会关系这根主线，整体上呈现以政府作用或国家影响为中心的研究特征。就政社互动关系而言，学界存在两种不同观点：一种观点认为，分类控制体系是政社关系的“理想类型”①，两者之间有矛盾但不能彼此分开，在

---

* 本文作者：唐鸣（1957—），男，湖北武汉人，华中师范大学政治学研究院院长，教授，博士生导师，中国农村综合改革协同创新研究中心研究员，主要从事村民自治与农村法制建设研究；陈鹏（1988—），男，湖北荆州人，华中师范大学政治学研究院博士研究生，中国农村综合改革协同创新研究中心研究人员，主要从事城乡基层治理研究。

基金项目：2012年度国家社会科学基金一般项目“科学发展观视域下构建城乡社会和谐稳定管理机制研究”（12BKS041）；2014年度华中师范大学中央高校基本科研业务费项目资助“中国地方治理现代化及国际比较研究”（CCNU14Z02008）；2016年华中师范大学优秀博士学位论文培养计划资助项目（2016YBZZ137）。

① 康晓光、韩恒：《分类控制：当前中国大陆国家与社会关系研究》，《社会学研究》2005年第6期。

“和而不同”中共同发展①；另一种观点则认为，社会组织并不必然完全依附于政府，以积极的姿态参与公共治理，能与政府之间形成一种稳定的合作互动关系②。但无论从理论角度还是现实层面，学界普遍认同培育和发展社会组织对政社互动关系的积极影响。党的十八大指出：“加快形成政社分开、权责明确、依法自治的现代社会组织体制。”十八届三中全会通过的《关于全面深化改革若干重大问题的决定》提出：“正确处理政府和社会关系，加快实施政社分开，推进社会组织明确权责、依法自治、发挥作用。适合由社会组织提供的公共服务和解决的事项，交由社会组织承担。”可以说，体制突破、法制建设与制度推进为我国社会组织这一自治主体在治理体系建构下迎来了历史性发展，而政社互动则作为一种治理模式，被赋予了增强社会组织活力的功能。值得关注的是，农村社区社会组织作为金字塔式社会治理结构的重要基石，其发展和创新不仅能够壮大社会组织力量，而且能够激发农村社区多元治理主体的参与活力。尤其在深入推进农村社区建设的背景下，发展农村社区社会组织对创新农村基层社会治理，提升农村公共服务水平，促进城乡一体化建设具有重要意义。正是在这个意义上，农村社区社会组织发展的好坏直接影响社会治理体系和治理能力现代化水平。由此，在政社互动导向下，从农村社区发展的实际出发，总结农村社区社会组织发展的新成效和新经验，探讨农村社区社会组织发展路径，不仅是加快农村社区建设的基础和前提，更是基层治理体系和治理能力现代化的迫切需要。

一、十八大以来农村社区社会组织发展的成效

一个国家的社会治理状况，既取决于政府对社会生活的管理能力，更取决于公民的自我管理水平。③ 十八以来，行政体制改革加快了政府职能转变，

① 杨敏：《当代社会变革中的“国家—社会”新型关系》，《华中师范大学学报（人文社会科学版）》2012 年第 5 期。

② 周俊、郁建兴：《中国公民社会发展的温州模式》，《浙江社会科学》2008 年第6 期。

③ 俞可平：《敬畏民意：中国的民主治理与政治改革》，中央编译出版社 2012 年版，第 33 页。

社会活力被逐步激发，政府与多元治理主体良性互动成为制度变革的典型特征。在政社互动导向下，农村社区社会组织涉及政治、经济、文化、社会、党建等多个领域，其影响力和作用力逐步增强。因此，在社会治理创新等因素的共时作用下，关于农村社区社会组织的研究正逐步走向深入。以党的十八大为时间分野，学者们研究的重点从农村社区社会组织的概念、性质、分类、特征、功能等基本的理论问题，转向国家、市场、社会组织的互动合作问题，如何通过优化农村社区社会组织生存的制度环境来实现包容性发展与协同治理问题，如何在现有制度安排下通过自身优化与组织团结实现角色期待复归等内涵深刻的问题。正如学者指出，对当前的中国现状来说，这个问题主要不是理论问题，而是观念性的、操作性的问题。① 此外，党的十八大提出要“引导社会组织健康有序发展，充分发挥群众参与社会管理的基础作用”。在国家治理现代化的语境下，党的十八届三中全会将“激发社会组织活力”作为加快传统社会管理向现代社会治理转变的重要内容。这一方向性定位对农村社区社会组织的实践发展和治理创新起到了引领作用，对重塑和构建政社互动格局奠定了重要基础。可以说，十八大以来，在社会组织勃兴的时代环境下，农村社区社会组织发展取得了初步成效。

（一）农村社区社会组织的政策法规与管理机制不断完善

萨缪尔·亨廷顿曾指出：“组织是通往政治权力之路，也是政治稳定的基础，因而也是政治自由的前提……当今世界，谁能组织政治，谁就能掌握未来。”② 社会组织化程度的高低成为衡量一个国家现代化水平的标尺。然而，决定社会组织能否真正独立和强大的关键因素不在于社会需求本身，而在于能否形成关于公民社会组织发展的国家意识，即国家关于公民社会组织

① 文军：《中国社会组织发展的角色困境及其出路》，《江苏行政学院学报》2012 年第 1 期。

② ［美］萨缪尔·亨廷顿：《变化社会中的政治秩序》，王冠华、刘为等译，上海人民出版社 2008 年版，第 382 页。

发展的政治纲领、法律体系和社会政策。① 十八大以来，改革成为社会组织发展的优先主题并成为不可逆之势，由以往的忽视抑或抑制走向大力扶持与鼓励。具体来看，在社会组织管理制度的调整与改革上，《国务院机构改革和职能转变方案》的5年期间72项任务清单中，有关社会组织管理制度的就有10项。其中，在社会组织登记注册改革方面，成立行业协会商会类、科技类、公益慈善类、城乡社区服务类社会组织，可直接向民政部门依法申请登记，不再需要业务主管单位审查同意，这一政策宣告双重登记管理体制开始全面突破，有力促进了基层政府对游离于体制外农村社区社会组织的吸纳。与此同时，打破了社会组织的垄断格局，明确提出要探索一业多会，引入竞争机制，形成政社分开、权责明确、依法自治的现代社会组织体制，这对形成良性政社互动关系，激发农村社区社会组织活力，优化农村社区社会组织内部治理结构，建立现代农村社区社会组织管理体制具有重要的推动作用。然而，在加快进行社会组织管理制度调整与改革的同时，社会组织政策体系也在同步更新。十八大以来，由20多个部委参与制定和设计的文件主要包括：《关于加强社会组织党的建设工作的意见》《政府向社会力量购买服务的指导意见》《社会组织管理制度改革指导意见》《行业协会与行政机关脱钩总体方案》《国家社会组织发展规划》《社会组织人才队伍建设》《社会组织转移职能目录指引》《社会组织税收减免制度》《等级管理机关的职能调整和四类社会组织直接登记办法》等，并着手修订《社会团体登记管理条例》的主要条款。

在中央政策引领下，地方政府纷纷出台了促进社会组织发展的规定或政策意见，大多省份以“规定”“办法”“通知”“意见”“制度”“指引”“方案”等形式对社会组织的发展、管理、监督进行了规定和完善，有力地促进了农村社区社会组织的培育和发展。从中央和地方有关部门发布的一系列文件来看，十八大以来，政府与社会组织的关系格局发生了显著变化，政府对

① 葛道顺：《中国社会组织发展：从社会主体到国家意识》，《江苏社会科学》2011年第3期。

社会组织的大力支持与积极扶持促进了农村社区组织的增量提效，对农村社区建设和社区治理起到了很好的推动作用。

（二）农村社区社会组织增速加快且结构渐趋优化

十八大以来，农村社区社会组织在推动居民参与、提升服务增效、实现治理优化、拓宽公共空间等方面形成了较为广阔的社会舞台，其广度和深度的延伸使得农村社区的结社生态系统日趋完善，日益成为农村社区治理的重要主体。就自身发展状况而言，农村社区社会组织不仅在数量上有了明显增长，且在结构上也渐趋优化。在农村社区中，农村社区社会组织的数量上日益增多，成为最具潜力的社会组织类型。与2012年数据相比，截至2015年四季度，社会组织总量由46.6万个增长到65.7万个，增长40.99%。① 同时，根据学者研究表明，大量草根的农村及农村社区社会组织总量至少达300多万个（无具体数据统计），且以年均30%的速度增长②，这占全国社会组织总量的2/3以上，保持较高的增长势头。农村社区社会组织在数量增长的同时呈现出结构优化的趋势。这一方面表现为农村社区社会组织的类型日益丰富，如公益类、慈善类社区社会组织在政策推动下迅猛发展，基金会等资助型组织、支持型组织也呈现增长的势头。另一方面则表现为农村社区社会组织与基层政府、社区以及其他社区社会组织之间的互动日益增多，其外显样态和内潜功能呈现出本土化、现代化和服务化的发展特征。在政社互动导向下，政府向社会力量购买服务的实践中，迫使农村社区社会组织在角色意识、治理结构、资源运作、服务提供等方面逐步转型与优化，促使其与其他治理主体之间横向联系日益增多。而在这一过程中，农村社区社会组织发展和优化逐步呈现出对传统组织要素解构与整合的发展趋势，其治理结构表现出很强的服务性特征，且社会资本与社区资源逐步向服务性农村社区社会

---

① 民政部全国社会服务统计数据：中央政府门户网站，http：//www.mca.gov.cn/article/sj/。

② 王名：《走向公民社会——我国社会组织发展的历史及趋势》，《吉林大学社会科学学报》2009年第3期。

组织倾斜，这也促使各类农村社区社会组织快速发展。如江西九江市在推进农村社区治理过程中，依靠和支持“五老”（老党员、老干部、老农民、老教师、老退伍复员军人）成立了“一会五站”，设立以德高望重、影响力和组织管理能力较强的“五老”人员为主体的志愿者协会，协会下设社会救助站、卫生环境监督站、民间纠纷调解站、文体活动联络站、科技信息传递站。目前，该市成立了3827个村落社区志愿者协会、19135个工作站，聚集了20余万名“五老”志愿者。

（三）农村社区社会组织与多元治理主体关系格局显著变化

当前，政府职能转变成为进行全面深化行政体制改革的核心，这不仅要求政府简政放权，而且需要社会增效回收。在这一新情势下，提升农村社区公共服务效能作为农村社区建设和统筹城乡发展的关键任务，不仅是农村社区社会组织发展的动力所在，也是构建服务型政府的时代内涵。十八大以来，政府正快速推进向社会组织购买服务，促使社会组织与政府的关系正处于由依附、相对独立到共同合作、协作的复杂动态发展过程中①，政社关系由“分类控制”② 转向社会协同，并通过社区多元主体建构共生、互栖、互动的农村社区公共治理体系。在这一合法性的支持下，农村社区社会组织的发展则表现出多方扶持发展的倾向，与多元治理主体的合作伙伴关系正逐步形成。一是在农村社区居委会的支持下直接成立社区社会组织，减轻村（居）委会负担，服务社区居民。如贵州省遵义市以美丽乡村创建为契机，通过“一村一社区”的农村社区建设模式建立了“两委”—社区中心（综合服务大厅）、农民专业合作经济组织和社区志愿者协会。二是通过政府出资建立农村社区社会组织孵化基地、培育中心、枢纽型组织等支持机制，积极培育社会组织。如江苏省在13个市（区）和82%的县（市、区）共建立

---

① 王玉良、沈亚平：《公共服务领域互动嵌入型政社关系：现实困境与建构路向》，《学习与实践》2015年第11期。

② 康晓光、韩恒：《分类控制：当前中国大陆国家与社会关系研究》，《社会学研究》2005年第6期。

社会组织孵化基地323个，其中乡（镇）、农村社区级206个，依托孵化基地对初创期社会组织予以资金、项目、人才、场所等多方面扶持，促进了农村社区社会组织的快速发展。三是以企业家和富人为主体的非公募基金会呈现较快增长趋势。如2014年，深圳首个社区级非公募基金会在南坑成立，成为社区内企业家捐资、居民捐赠款的主要流向方，让更多社会资金直接服务社区。四是在村庄政治精英、经济精英和社会精英的带动下成立社区社会组织的现象也日益增多。如在山西省祁县的农村社区精英，在政府政策与技术的支持下积极成立专业合作社。2012年以来，共注册农民专业合作社985个，涵盖了种植、养殖、农副产品加工等10多个主导产业。

（四）农村社区社会组织参与社区治理效能逐步提升

改革开放以来，我国政府依然习惯于通过强制权力的运作来支配社会，并赋予其价值的优先性，为了防止社会组织公共性生长所产生的公共影响力量削弱或挑战政府权威，政府对社会组织的发展构筑了比较高的准入门槛，施加了比较严格的限制，由此而形成了对社会组织的“控制型管理”模式。① 十八大以来，尤其是十八届三中全会的召开，社会管理向社会治理转型的改革要求，迫切需要政府将基层社区社会组织由消极性排斥转化为积极性的参与力量。农村社区社会组织以其独特的优势在社区治理和公共服务方面发挥着日益重要的作用，由以往游离于政府之外进行一些边缘性的替代转向政社互动导向下的广泛参与，并通过组织化方式带动社区居民广泛参与社区公共事务，共建共享的现实图景初步显现。其主要表现为：一是在农村社区社会组织参与下社区治理与公共服务实效逐步提升。社会组织登记管理制度改革，促使农村服务类社会组织广泛发展，并成为农村社区服务的有益补充。各地积极探索社区服务中心、社区社会组织、驻村企业等多元主体的联动合作，有力地促进了社区治理体系和治理能力现代化。如江苏省张家港市永联村积极探索社会管理服务中心、社区、村经济合作社、驻村企业、社会

---

① 唐文玉：《政府权力与社会组织公共性生长》，《学习与实践》2015年第5期。

组织“五位一体，共融分治”的社区治理新格局，有力地增强了社区治理能力。南京市浦口区侯冲村积极探索建立种养殖、助弱扶贫协会和老党员、老干部议事协调小组等“六会一组”的治理构架，在增强社区公共服务方面取得了实效。二是农村社区社会组织参与社区协商的形式不断创新，组织内党建工作稳步推进。2015 年，《关于加强城乡社区协商的意见》出台，确立了农村社区社会组织的协商主体地位，促进了农村社区民主建设的有效实现。在党领群治型协商、政社对话型协商、居民议事型协商、多元共治型协商等多元协商形式下，农村社区社会组织与多元协商主体协商的能力逐步增强，在解决居民实际困难、化解矛盾纠纷、社区公共服务、村（居）务监督等上发挥了重要作用。三是农村社区社会组织参与社区资源整合的能力逐步增强。随着社区治理结构的转型与优化，农村社区社会组织成为社区资源配置的主体之一，在政社互动中农村社区社会组织在活化和整合社区资源能力方面逐步增强，在动员居民参与、促进社区自治与社会共治方面显示出优越性。

二、政社互动：十八以来农村社区社会组织发展的新经验

十八以来，我国社会领域经历了“管理”向“治理”的转型，社会组织发展完善成为影响社会治理结构转型优化的重要条件。在这一过程中，我国根据治理现代化的客观要求提出了社会组织的发展方向、原则、目标，并以政社互动和活力激发为落脚点明确了社会组织发展的工作议程和改革重点，这为农村社区社会组织增效发展提供了良好的政策环境。在社会组织增速发展期，农村社区社会组织与新型城镇化、农业现代化、社区治理、基层政府职能转移、农村经济发展以及社会和谐稳定的关联度得到了不同程度的提升。因此，在中央政策引领和地方实践推动下，我国农村社区社会组织的发展取得了革故鼎新的新经验。

（一）突出政策引领，明确社会组织发展目标

农村社区社会组织的有序发展和健康成长，离不开政策的支持与引导。

十八大以来，我国通过政策支持与实践探索为农村社区社会组织的创立和发展保驾护航，对其生存和发展起到了重要作用。就社会组织发展的整体思路而言，早在十二五规划纲要中就明确指出："坚持培育发展和管理监督并重，推动社会组织健康有序发展，发挥其提供服务、反映诉求、规范行为的作用"，并提出要"改进社会组织管理，建立健全统一登记、各司其职、协调配合、分级负责、依法监管的社会组织管理体制"。十八大以来，我国围绕这一整体思路对社会组织培育、发展、监管以及发展目标进行了整体性探讨，为其法治保障和功能实现进行了规定和部署。2013 年 3 月国务院颁布的《国家行政机构改革和职能转移方案》，明确提出"重点培育、优先发展协会商会类、科技类、公益慈善类、城乡社区服务类组织。成立这些民间组织，直接向民政部门依法申请登记，不需要业务主管单位审查同意"。因此，在中央政策指导下，地方政府开始进行农村社区社会组织直接登记的探索。过去，"草根"农村社区组织往往因找不到业务主管单位而无法获得合法身份，而突破"双重管理体制"的改革开展为"草根"社区组织的发展打开了制度空间，增强了农村社区社会组织的合法性。党的十八大、十八届三中及四中全会提出建立现代社会组织管理体制、激发社会组织活力、加快建设社会主义法治等要求，进一步明确了农村社区社会组织发展的方向和重点。与此同时，基层政府对农村社区社会组织的重视也是其快速发展的关键。一方面，地方政府在中央号召下，积极开展农村社区社会组织直接登记管理工作，根据实际情况放宽对其管理政策；另一方面，地方政府为农村社区社会组织发展在场地、经费、人力等方面提供帮助，在组织人才、社工人才、助工队伍培养等方面提供政策扶持。概括来讲，政府对农村社区社会组织的重视和支持，是其逐步进入政府服务管理的有效视域，并由零散、非正式化逐步向整体和组织化方向发展的重要基础。

（二）政府主导式治理，营造"一核多元"的治理生态

在农村社区治理中，党和政府拥有的权力和资源决定其在治理网络中占据主导地位，而社区社会组织在社会治理目标上的契合决定了其参与角色。

就农村社区治理生态来看，坚持发挥社区党委的核心作用，党员带动作用，突出社会协同与联动，促进居民互动与自治，实现“一核为主，多元共治”的治理氛围，为农村社区社会组织发展营造了良好的发展环境。社区党委是社区坚强的战斗堡垒，在社区治理中起核心领导作用。在农村社区治理实践中，党委通过发挥其核心领导作用，将各种社区治理力量紧紧凝聚在党组织周围，形成了党组织领导下的凝聚力、向心力，并保持了党与群众有机联系。而在《关于加强社会组织党的建设工作的意见（试行）》的指引下，社会组织的党建工作也逐步开展，农村社区党员的积极性被调动起来，这对规范农村社区社会组织参与活动，引导农村社区社会组织健康有序发展起到了积极作用。十八大以来，通过党政分开、政社分离，厘清党委、政府、社区、社会组织等多元参与主体的各自职责，营造了社区自治自管、多元主体共治共建的氛围。

十八大以来，政府向社会力量购买服务成为普遍现象。农村社区社会组织非营利性、公益性等特征与优势，决定了其参与提供社区公共服务的可能性和必要性。同时，政府通过购买服务的方式，促使更多社会组织参与社会事务，有力地推动了政社互动合作关系的发展。一方面，政府通过培育农村社区社会组织，提高其承接公共服务的能力，不仅增加了农村社区公共服务的实效，而且增强了社会组织造血功能，进而提升了农村社区服务的社会化、专业化水平。另一方面，在政府职能转移过程中，政府搭建起“社会化”合作服务平台，购买服务的主体逐步向公益类、慈善类、服务型农村社区社会组织倾斜，公益服务类、社会事务类、文体健身类、慈善救助类及法律援助类农村社区社会组织成为高效承接社区公益服务、公共服务和自治服务的重要载体，并成为社区治理体系建设的重要内容。不仅如此，农村社区社会组织在公共服务领域的积极作用，可以激励那些抱有质疑态度、处于观望状态的社区居民主动加入，积极配合和参与社区社会组织的活动，为社区社会组织的持续发展注入新的活力和充足后劲。①

（三）吸纳式社会参与，突出社会组织发展的本土特色

多元主体互动共治需要解决农村社区所在区域的社会性及公共利益问题，必须拆除条块分割的界限，吸引社会广泛参与。农村社区社会组织的发展既要利用政府拓展其发展空间的机会，而获得政府的支持和认可，又要学会利用本土资源扎根农村社区，保持与政府的合作互动关系。十八大以来，农村社区社会组织就是利用这种现实路径实现了自身发展。一是政府吸纳社会组织参与农村社区治理。政府通过改革“双重管理”体制、转移政府职能、建立孵化机制、创新农村社区协商形式、建立社会监督体系等措施，为农村社区社会组织发展提供资源，重塑了农村社区社会组织的合法性，让渡了政府部分服务管理职能，吸纳其广泛参与社区治理。此外，在农村社区发展的基础上，以居民实际需求为导向培育和发展农村社区社会组织的做法，增强了其可持续发展的可能。二是社会组织吸纳农村社区本土资源。一方面，吸纳农村社区精英。农村社区社会组织将信息灵、懂技术、会经营、能管理的居民、那些主动关心社区发展的党员、居民代表、驻区企业党政负责人等吸纳为组织成员，参与社区公共服务提供，协商解决社区治理难题，参与社区重大决策和重要活动，促进了资源共享与优势互补。另一方面，吸收农村社区本土资源，发展多种形式的农村社会组织，并以此开展特色活动。如结合当地风俗习惯和社区特色，成立秧歌队、腰鼓队、健身队、广场舞队、书画协会、麻将协会、桥牌协会等各种文体情趣类社会组织，开展社区农民喜闻乐见的各种文体活动，进而陶冶农民的情操，革除农村的陈规陋习，丰富农民的文化精神生活。又如重庆巫溪、辽宁鞍山等地，基层党政部门在推进社会治理创新实践中注意发展多种形式的社会组织，包括村民互助

---

① 孙迪亮：《农村社区社会组织参与提供社区公共服务的理据与价值》，《天津行政学院学报》2015 年第 3 期。

会、村民维稳协会、拆迁矛盾调处协会、积案化解协会等。①

（四）自主式发展，提高农村社区社会组织自身发展能力

社会组织要获得良好发展，需要平衡来自政府和社会的资源与约束，既要学会综合利用两种资源，但也要在社会自主性和行政约束之间保持平衡，最大限度地保持社会组织“依法自治”的独立性。② 政府如果对农村社区社会组织的管理干涉过多，就会使其更加依赖于政府，成为政府管理部门的附属，而无法发挥其积极性和主动性。十八大以来，鉴于对这一点的高度认识，政府不断创新对农村社区社会组织的培育思路，遵循其自身发展规律。一方面，积极实行政社分开，管办分离。在“政社分开”的政策要求下，各地分类推进农村社区社会组织在机构、人员、职能、资产、财务等方面与行政机关脱钩，其目的就是为了激发社会组织活力，重新定位政社双方的角色，强化社会组织自主地位，逐步发挥社会组织在承接社会服务方面的优势。另一方面，逐步加强农村社区社会组织自身能力建设。农村社区社会组织开始逐步建立以组织章程为核心的内部管理制度，健全权责明晰、运转协调、有效制衡的法人治理结构，以此逐步规范农村社区社会组织的内部治理。如江苏、浙江、安徽、湖南、湖北、深圳等地纷纷出台了关于社会组织自身能力建设的意见和政策，在加强社会组织自身建设方面取得一些有益经验，在健全农村社区社会组织治理机制，完善农村社会组织监管制度，规范农村社区社会组织行为，加强社会组织自律诚信建设上取得了普遍共识，有力推进了农村社区社会组织自我形象和自身能力建设。

三、政社互动导向下进一步加快农村社区社会组织发展的路径探讨

面对全面深化改革和全面推进依法治国的新局面，农村社区社会组织开

---

① 王名、丁晶晶：《社会组织参与社会管理创新的基本经验》，《中国行政管理》2013年第3期。

② 胡微：《双轨制：中国社会组织发展的现实路径分析》，《中国行政管理》2013年第6期。

启了制度化进入公共治理的全新通道并成为社区治理的重要主体。在社会治理创新语境下，维护公共利益，提升公共服务水平成为“政社互动”的基本目标，政府与社会组织之间的合作互动关系成为其基本价值内涵。党委、政府与社会组织的关系作为社会治理创新的关键变量，迫切需要稳定、巩固和可持续发展，以促进农村社区社会组织健康有序发展。因此，为形成“以政社分开为前提、政府职能转变为基础、政府购买服务为纽带”① 的新型政社关系，以及政府和社会组织相互依赖、边界清晰的善治格局②，达到社会组织发展的政策目标与自主发展的愿景，应当按照十八大、十八届三中全会以及政府机构改革和职能转变的精神和要求，聚焦农村社区社会组织发展的实际与挑战，进行全面深入的改革和创新。为此，农村社区社会组织的发展今后可从以下几个方面着手。

（一）推进社会组织管理的法律法规框架体系建设

完备统一的法规体系对巩固现有的发展成果，规范农村社区社会组织的行为具有重要的意义。为此，在社会组织飞速发展的今天已经存在广泛的立法舆论意见。鉴于此，要加快完成《社团登记管理条例》《基金会管理条例》和《民办非企业单位登记管理暂行条例》的修订，积极推动全国人大立法，在充分结合全国城乡社会组织发展实际的基础上，根据立法价值进行充分讨论制定具有统领作用的《社会组织法》。同时，对社会组织纷繁杂乱的规范性文件进行集中统一梳理，逐步消除不同条例之间相互冲突的条款，努力建立协调统一、反映整体地位的法律框架体系。此外，针对农村社区社会组织发展的实际情况，可以对优先发展的新型农村社区社会组织制定针对性的专门法规，以回应农村社区建设的发展要求。如为农村社区相关行业协会、公益慈善类等发展迅速的社会组织提供法律依据，以满足不同类型农村社区社会组织发展的实际需求，为其创造更大的发展空间。当前，北京、上海、深

① 方国平：《新型政社关系的重构——上海市的探索与实践》，《中国行政管理》2010年第4期。

② 吴辉：《政社关系的探索与前瞻》，《中国党政干部论坛》2013年第5期。

圳、山东、甘肃、四川、江苏、广西等地都出台了相应的政策意见和暂行办法，以降低基层社会组织准入门槛，简化登记手续，扩展基层社区社会组织的发展空间。

（二）优化农村社区社会组织登记备案与监督管理制度

社会组织登记备案与监督管理是社会组织稳健发展的关键。为此，面对不同规模、不同功能、不同性质的农村社区社会组织，应该对旧的登记备案和监督管理进行制度优化和方式创新，以营造良好的管理氛围。一方面，针对农村社区社会组织设立规范统一的登记管理程序，厘清登记标准和程序，减少登记工作人员的自由裁量权。同时，按照登记主体的不同实行不同的登记备案方式，为农村社区社会组织的直接登记创造统一、公平、公正的环境。另一方面，建立健全农村社区社会组织规范监督管理制度。首先，转变监督管理理念。就准入管理而言，继续深化改革现有的准入管理制度，将管理的重心逐步后移，侧重事中和事后管理。其次，分类管理农村社区社会组织，监督力度与社会组织分流集散社区资源的能力和大小相适应。最后，优化农村社区社会组织的监督管理体制。构建社会组织利益相关者监督制度，明确捐赠人和受益人的监督权。同时，通过法规和政策文件明确监管部门对农村社区社会组织的主管地位和监管职责，并完善不同部门之间的协调机制，以建立健全统一登记和全面负责，行业监管、职能主管以及各级分工协调的管理体制。如厦门通过加强对社会组织负责人、资金、活动的监管，强化发起人责任，建立了社会组织综合监管体系，并逐步建立完善了社会组织登记管理信息制度和信用档案制度。

（三）深化基层政府与农村社区社会组织互动关系调整

在公共服务领域，政府与社会组织是合作伙伴关系，政府是公共服务资金的提供者和监管者，社会组织则是公共服务的提供者，两者的角色和分工虽不同，但双方地位平等。① 因此，在政社双方平等、合作的基础上，应细

---

① ［美］莱斯特·M. 萨拉蒙：《公共服务中的伙伴——现代福利国家中政府与非营利组织的关系》，田凯译，商务印书馆 2008 年版，第 109 页。

化落实政社互动、政社分开的政策，正确发挥政府在农村社区社会组织中的领导作用，端正政府的角色。根据农村社区社会组织的发展趋势与规律，政府应该通过政策支持、引导与落实，改善农村社区发展环境、扩大农村社区公共治理空间以及培育和发展农村社区社会组织。与此同时，农村社区社会组织在增强自身能力的基础上，也要转变思路，改变依附、依赖行政机关的传统观念，坚决抵制“以政代社”“以政干社”“过度投入”等不合理、不合法的行为，在法律、法规和相关政策允许范围内根据组织章程和社区居民实际需求自主地开展服务活动。而在政社互动关系上，应在坚持社区社会组织独立性的基础上，根据社会组织和公共服务的类型确定不同的合作模式，选择合适有效的合作机制。在这一方面，浙江湖州市德清县以城乡体制改革为契机，积极培育发展社区内的“乡贤参事会”，总结和整合社区自治组织的草根经验，着力构建城乡融合的法治、德治、自治“三位一体”的治理标杆，形成了以村党组织为核心、村民自治组织为基础、村级社会组织为补充、村民广泛参与的农村社区治理新格局，有力促进了政社互动。此外，应加大政府职能转移与购买服务的力度，构建综合性政府支持体系。将购买服务的主体向农村社区公益类、慈善类、服务类社会组织倾向，创新政府向农村社区社会组织进行职能转移的方式，有条件的开放更多公共资源，形成农村社区社会组织发展的综合支持体系。

（四）建立合理的现代农村社区社会组织培育发展模式

农村社区社会组织的增量提效需要合理的培育发展模式。政府应根据农村社区居民的实际需求，通过合理可行的政策孵化相应的农村社区社会组织。首先，继续推动农村社区社会组织由行政性向社会型培育模式转变。限制和减少行政性较强的各类农村社区社会组织的培育，将其逐渐放权于其他社会治理主体。如江苏、浙江、四川、湖北等地积极开展公益创投，以居民需求为导向促进社会组织培育和发展。而在培育的方式上，要强化信息化、网络化等新型培育手段，激发社会力量参与农村社区社会组织培育的积极性。如广东省通过建立统一开放慈善信息管理平台，将慈善组织网络基本覆盖城乡社区，积极探索培育网络捐赠等新的慈善形态，引导和规范其健康发展。其次，努力培育农民合作类、公益慈善类、社区服务类、文体娱乐类等农村社区社会组织，在资金和人才配备上给予倾斜，并在发展的不同阶段对其进行有条件的支持。同时，增强政策供给的公开性和透明性，保障农村社区社会组织培育发展的决策权威。最后，建立农村社区社会组织的第三方评估制度，规范第三方评估机构的设立条件及资格认定，构建科学合理的评估指标体系及公平、公正、公开的评估程序；健全农村社区社会组织信息披露制度，实行社会组织披露为主、政府披露及第三方披露为辅模式，明确信息披露内容、方式及责任。

（原载于《社会主义研究》2016 年第 4 期）

十八大以来社会建设的新探索*

党的十八大以来，中央领导集体提出中国梦的全新理念，为社会建设构筑起新的目标体系与社会愿景。实现中国梦，就是要在实现经济发展、政治昌明、文化繁荣的同时，还要实现社会和谐，让中国人民过上更加富裕、更有尊严的生活。正如2013年3月17日习近平在第十二届全国人民代表大会第一次会议上的讲话中指出："中国梦归根到底是人民的梦，必须紧紧依靠人民来实现，必须不断为人民造福"，我们要"维护社会公平正义，在学有所教、劳有所得、病有所医、老有所养、住有所居上持续取得新进展，不断实现好、维护好、发展好最广大人民根本利益，使发展成果更多更公平惠及全体人民，在经济社会不断发展的基础上，朝着共同富裕方向稳步前进"。①在具体政策与实践领域，十八大以来的社会建设改革主要集中于以多元化协商共治为趋向的社会治理体制改革；以调解社会矛盾、保障国家安全和社会安定为主体任务的公共安全体制改革；以公共服务均等化为价值目标的社会事业改革。

---

* 本文作者：陈位志，广东工业大学政法学院副教授。

① 习近平：《在第十二届全国人民代表大会第一次会议上的讲话》，《人民日报》2013年03月18日。

一、以多元化协商共治为趋向的社会治理体制改革

"多一些治理，少一些统治"是21世纪世界主要国家政治社会变革的重要特征。① 十八大后，中央以"社会治理"代替原来的"社会管理"，反映了中央顺应全球治理潮流、推进社会体制现代化的全新规划。从2004年十六届四中全会提出"建立健全党委领导、政府负责、社会协同、公众参与的社会管理格局"②，到2013年十八届三中全会强调要"加强党委领导，发挥政府主导作用，鼓励和支持社会各方面参与，实现政府治理和社会自我调节、居民自治良性互动"③，明确了要在党政主导的前提下扩大社会参与，形成多元化协商共治的基本改革趋向。

1. 在政府向社会组织购买公共服务上迈出实质性步伐，成为社会体制改革的重要突破口

从世界范围来看，政府管理与社会自治相结合是达成善治的基本路径。新公共服务理论提出"参与式国家"的治理模式，主张充分发挥社区与非政府组织在公共管理中的作用。④ 一批中国学者将国际上通行的治理理论引入国内，探讨在中国社会转型时期如何处理政府管理与社会自治的关系问题。

改革开放特别是进入21世纪以来，随着我国各种民间组织、社会团体及民办非企业单位逐渐增多，社会组织在公共服务领域的作用越来越显著。2013年7月31日，国务院常务会议研究推进政府向社会力量购买公共服务，部署加强城市基础设施建设。2013年9月30日，国务院办公厅发布《关于政府向社会力量购买服务的指导意见》，对政府购买服务的重要性、总体方向、工作机制、保障机制等问题做出详尽规定。十八届三中全会通过的《中

---

① 俞可平：《论国家治理现代化》，社会科学文献出版社2014年版，第2页。

② 《中共中央关于加强党的执政能力建设的决定》，《人民日报》2004年09月27日。

③ 《中共中央关于全面深化改革若干重大问题的决定》，《人民日报》2013年11月16日。

④ 李军鹏：《政府购买公共服务的学理因由、典型模式与推进策略》，《改革》2013年第12期。

共中央关于全面深化改革若干重大问题的决定》（以下简称《决定》）提出，要“推广政府购买服务，凡属事务性管理服务，原则上都要引入竞争机制，通过合同、委托等方式向社会购买”①，这是执政党第一次将政府购买公共服务提高到国家改革战略层面。具体包括：教育事业要“健全政府补贴、政府购买服务、助学贷款、基金奖励、捐资激励等制度，鼓励社会力量兴办教育”，就业要“政府购买基层公共管理和社会服务岗位更多用于吸纳高校毕业生就业”，医疗卫生体制改革要“鼓励社会办医，优先支持举办非营利性医疗机构”。② 在2014年《政府工作报告》中，李克强再次强调：“注重运用法治方式，实行多元主体共同治理”“更好发挥社会组织在公共服务和社会治理中的作用。”③ 政府购买服务已由局部试点发展为国家共识。

党和国家从战略和实践层面推行“政府购买服务”，必将有效调动起政府、社会和公民等多方资源，极大提高社会治理效率。从政府角度来说，向第三方购买服务有利于统筹社会建设全局，避免统包统揽；对社会来说，各种非政府组织、非营利性组织为公众提供优质高效的公共服务，不仅体现了社会组织的存在价值，也有利于社会组织走向更高水平的专业化。

2. 不断完善社会组织登记管理制度，提高社会组织的独立性和自主性

当前中国的社会组织已形成一定规模，公民社会已初步成型。从管理现状看，独立性不强、行政色彩浓厚一直是阻碍社会组织健康发展的重要因素。我国一直实行“分级登记，双重管理”的基本管理模式，对社会组织构造起到从上到下、从全国到地方的网络化管理的作用，社会组织要同时接受民政部门和业务主管部门的双重领导。

进入21世纪以来，党和国家对社会组织的称谓从原来的“社会团体”“民办非企业”到“民间组织”，逐渐过渡到现在较为统一的“社会组织”，更加突出社会组织的“社会性”。从管理上，十八大报告中提出要“加快形

① 《中共中央关于加强党的执政能力建设的决定》，《人民日报》2004年09月27日。
② 《中共中央关于加强党的执政能力建设的决定》，《人民日报》2004年09月27日。
③ 李克强：《政府工作报告》，《人民日报》2014年03月15日。

成政社分开、权责明确、依法自治的现代社会组织体制"①。十八届三中全会强调，要贯彻政社分离原则，使社会组织与行政机关脱钩，逐步实现对社会组织依法直接登记和依法进行管理。从实践方向来看，未来社会组织管理改革趋势包括：一是降低登记门槛，减少社会组织对政府部门的依赖性。应尽可能通过"备案制"将那些未登记注册的社会组织纳入管理体系。二是通过降低资产标准、取消地域数量限制、简化注册手续、加快审批速度等方式，为社会组织的成长提供更大的空间。三是允许社会组织之间开展竞争，允许同一区域内不同的社会组织共存。2013 年《国务院机构改革和职能转变方案》提出了降低社会组织的注册门槛、改变现行的"限制竞争"政策等方面的要求。② 四是优化监管制度，尽快成立统一的社会组织管理部门，出台统一的管理法规，尽量减少行政干预，形成制度健全、边界清晰、规范有序的监管体系。

3. 积极支持和培育公益慈善类、志愿类社会组织

从我国社会组织的构成来看，行业协会、商会偏多，而公益性、慈善性、服务性的社会组织偏少，根据 2011 年民政部的相关统计，社会服务类的社会团体和民办非企业分别占总数的 13% 和 14% ③，这对我国社会组织的公信力与影响力产生了一定的消极影响。

十八届三中全会提出，要"支持和发展志愿服务组织。限期实现行业协会商会与行政机关真正脱钩，重点培育和优先发展行业协会商会类、科技类、公益慈善类、城乡社区服务类社会组织，成立时直接依法申请登记"④。自 2013 年以来，中央和地方各级政府对公益慈善类组织的扶持与管理制度改

---

① 胡锦涛：《坚定不移沿着中国特色社会主义道路前进，为全面建成小康社会而奋斗——在中国共产党第十八次全国代表大会上的报告》，《人民日报》2012 年 11 月 18 日。

② 张杰：《我国社会组织发展制度环境析论》，《广东社会科学》2014 年第 2 期。

③ 夏建中、张菊枝：《我国社会组织的现状与未来发展方向》，《湖南师范大学社会科学学报》2014 年第 1 期。

④ 《中共中央关于加强党的执政能力建设的决定》，《人民日报》2004 年 09 月 27 日。

革进行了有益探索，主要包括：一是先后有广东等19个省、市政府取消主管部门由双轨制向单轨制转变的登记制度，该尝试主要在公益领域进行，意味着公益慈善组织登记管理制度改革迈出重要步伐。二是广东省社工委开始探索官办公益组织去行政化改革。三是云南省委、省政府与民政部在云南召开社会管理创新座谈会，宣布政府推出公益募捐市场，为公益领域由市场配置资源迈出关键性步伐。四是广东、上海、山东等地通过文件宣布政府增加公益慈善领域的政府购买服务，并试点程序公开。2013年各地用于购买服务的资金达到150亿元。① 政府对公益慈善类组织的鼓励与扶持，必将对此类社会组织的发展与壮大起到直接的推动作用。

二、以调解社会矛盾、保障国家安全和社会安定为主体任务的公共安全体制改革

十八大以来，党中央提出国家治理体系与治理能力现代化的重大课题，突出强调以法治思维进行矛盾与风险治理，通过完善的预防与应急等机制建设来保障国家安全与社会安定。

1. 以法治化思维提高社会矛盾协调能力

当前中国处于发展的重要战略机遇期，同时又处于社会矛盾凸显期。② 十八届三中全会提出要改革和完善矛盾协调机制：首先，创新有效预防和化解社会矛盾的体制机制。包括要健全重大决策社会稳定风险评估机制，建立畅通有序的诉求表达、心理干预、矛盾调处、权益保障机制，使矛盾得到有效化解。其次，完善人民调解、行政调解、司法调解的联动工作体系，建立调处化解矛盾纠纷综合机制。最后，改革信访工作制度。包括实行网上受理信访制度、把涉法信访纳入法治轨道解决、建立涉法涉诉信访依法终结制度

---

① 何道峰：《公益慈善力代表国家现代化与文明程度》，《南方都市报》2013年05月25日。

② 吴忠民：《中国现阶段社会矛盾凸显的原因分析》，《马克思主义与现实》2013年第6期。

等。2014 年习近平在中共中央政治局第十四次集体学习时强调，对各类社会矛盾，要引导群众通过法律程序、运用法律手段解决，推动形成办事依法、遇事找法、解决问题用法、化解矛盾靠法的良好环境。总之，法治化和综合治理已成为党应对和化解社会矛盾的全新思路。

2. 将国家安全上升到国家战略高度，总体国家安全观逐渐形成

进入 21 世纪以来，我国暴力恐怖袭击活动时有发生，严重威胁到国家安全和社会稳定，对公众心理造成巨大冲击。十八届三中全会首次提出要设立国家安全委员会，完善国家安全体制和国家安全战略。2014 年 3 月李克强在《政府工作报告》中强调："加强社会治安综合治理，坚决打击暴力恐怖犯罪活动，维护国家安全，形成良好社会秩序。"① 2014 年 4 月 15 日，习近平在中央国家安全委员会第一次会议上强调，要坚持总体国家安全观，走中国特色国家安全道路。4 月 25 日在中共中央政治局第十四次集体学习时习近平再次强调，反恐怖斗争事关国家安全、群众切身利益和改革发展稳定全局，必须建立健全反恐工作格局，完善反恐工作体系，加强反恐力量建设。十八届四中全会进一步强调要加快国家安全法制建设，抓紧出台反恐怖等一批急需法律，推进公共安全法治化。党中央从建立国家安全委员会、推动反恐法律制定、完善各种应急工作机制，再到有效处理民族问题、宗教问题和贫富差距问题，新的国家安全观和完善有效的公共安全体制正在形成。

3. 构建新的网络安全观

为应对网络虚拟社会存在的各种潜在风险，党中央从国家安全战略高度重视互联网安全建设。2014 年 2 月 27 日，中央网络安全和信息化领导小组正式成立，习近平在小组成立的第一次会议上强调，没有网络安全就没有国家安全。2014 年习近平在世界首届互联网大会致辞中强调，互联网发展对国家主权、安全、发展利益提出了新的挑战，迫切需要国际社会认真应对、谋求共治、实现共赢。十八届三中全会提出要健全网络突发处置机制，形成正

---

① 李克强：《政府工作报告》，《人民日报》2014 年 03 月 15 日。

面引导和依法管理相结合的网络舆论工作格局。十八届四中全会进一步明确要加强互联网领域立法，完善网络信息服务、网络安全防护、网络社会管理的法律法规。

4. 对腐败、食品安全、生产安全等问题的有效治理，直接应对和缓解公众高度关注的矛盾议题

腐败既是一个政治毒瘤，也是造成干群关系紧张、破坏社会和谐的重要因素。十八大以来，党中央出台中央八项规定，在党内开展大规模的群众路线教育实践活动，强调将权力关进制度的笼子里，强化对腐败"零容忍"的反腐规则，以巡视组进行重点领域的巡查反腐并形成常态机制，造就"老虎苍蝇一起打"的高压反腐态势，彰显中央以壮士断腕的气魄来遏制腐败高发的坚定决心。反腐风暴带来了良好的社会效应，社会风气得以好转，公众对党和政府的满意度和信心迅速提升。针对公众高度关注的食品安全、生产安全、环境污染等问题，十八届三中全会集中强调要以完善食品监管制度、强化安全预防控制体系、健全防灾减灾机制、加强治安综合治理体系等来有效应对。加强预防、健全应急管理机制、注重事后责任追究与改进，突出综合治理、全程治理，这将成为未来中国社会在风险和危机防控体系建设上的基本内容与特色。

三、以公共服务均等化为价值目标的社会事业改革

社会事业关系到民生利益，是当前中国社会建设的主体内容。十八届三中全会第一次明确当前我国的社会事业包括教育、就业、收入分配、社会保障和医疗卫生五大领域，体现了党对当前社会建设和民众期待的准确把握。在此基础上，党将均等化作为社会事业改革的基本目标，不断强化社会事业的公正性与共享性。2012 年通过的《国家基本公共服务体系"十二五"规划》中明确提出："建立健全基本公共服务体系，促进基本公共服务均等

化。"① 2013 年第十二届全国人大第一次会议上，习近平进一步强调要使发展成果更多更公平惠及全体人民，在经济社会不断发展的基础上，朝着共同富裕方向稳步前进。十八届三中全会同样强调社会事业的改革方向应该是"紧紧围绕更好保障和改善民生，推进基本公共服务均等化"②。从具体制度设计和实际成效来看，社会事业改革的重要突破包括以下方面。

1. 大力促进教育公平

十八大报告强调，要大力促进教育公平，合理配置教育资源，重点向农村、边远、贫困、民族地区倾斜，提高家庭经济困难学生资助水平，积极推动农民工子女平等接受教育，让每个孩子都能成为有用之才。十八届三中全会进一步提出要健全家庭经济困难学生资助体系、利用信息化手段扩大优质教育资源覆盖面、统筹城乡义务教育资源均衡配置、打破择校难题、改革考试招生制度等切实可行的措施，进一步实现教育公平。从实践来看，全国各地进城务工人员随迁子女接受义务教育后在当地参加升学考试政策陆续出台，特别是 2014 年后各地的异地高考、异地中考都已初步试行，一定程度上解决了教育资源不能共享的难题。各地和相关高校也相继出台诸如"面向贫困地区定向招生专项计划"等措施，确实保障更多优质高等教育资源惠及农村、边远、贫困和民族地区。2014 年《政府工作报告》提出，国家将启动教育扶贫工程，实施农村义务教育薄弱学校改造计划，学生营养改善计划惠及 3200 万孩子。对集中连片特困地区乡村教师发放生活补助，贫困地区农村学生上重点高校人数比上年增长 8.5%。③ 总之，要以教育公平为起点，为公共资源与公共服务均等化提供基本动力。

2. 建立更加公平和可持续的社会保障制度

社会保障是现代社会中政府履行公共职责、提供公共服务的基本内容之一，公平与共享是现代社会保障的核心价值。十八届三中全会强调，要建立

---

① 《国家基本公共服务体系"十二五"规划》，《人民日报》2012 年 07 月 20 日。

② 《中共中央关于加强党的执政能力建设的决定》，《人民日报》2004 年 09 月 27 日。

③ 李克强：《政府工作报告》，《人民日报》2014 年 03 月 15 日。

更加公平和可持续的社会保障制度。2014 年颁布的《国务院关于建立统一的城乡居民基本养老保险制度的意见》，强调以增强公平性、适应流动性、保持可持续性为重点，解决养老保险城乡分割问题，在2020 年前全面建成公平统一的城乡居民养老保险制度。2015 年 1 月国务院颁布的《关于机关事业单位工作人员养老保险制度改革的决定》，直接针对养老保险存在的体制内外双轨制问题提出解决办法，是我国养老保险体系建设的一项重大突破，有利于统筹推进城乡养老体系建设，更大限度地体现制度公平与规则公平。在最低生活保障问题上，城乡补助标准差距进一步缩小，相互衔接、运行有效、保障特困群众的兜底制度也在构建，保障制度不再碎片化。另外，最低生活保障正在实现与医疗、教育、住房等救助制度的无缝对接。① 可以预见，公平与共享将在社会保障领域得到进一步体现。

3. 推进城乡基本医疗保障制度整合

十八届三中全会提出要打造全民医保、人人享有基本医疗服务的医疗服务格局，真正实现“病有所医”。2013 年、2014 年国务院先后颁布《深化医药卫生体制改革 2013 年主要工作安排》和《深化医药卫生体制改革 2014 年重点工作任务》，强调要着力加快健全全民医保体系，巩固完善基本药物制度和基层医疗卫生机构运行新机制，统筹做好基本公共卫生服务均等化等工作安排，推进城乡基本医疗保障制度整合。我国医疗改革已进入打破原有利益格局、真正迈向共享的攻坚阶段。

4. 深化收入分配制度改革

十八大提出要实现发展成果由人民共享，必须深化收入分配制度改革的历史性任务。2013 年国务院批转发改委等部门通过的《关于深化收入分配制度改革的若干意见》中，着重针对我国收入分配领域存在的城乡区域差距、居民内部差距过大、隐性收入和非法收入问题突出、部分低收入者生活困难等难题，强调要调整收入分配结构、创造公正体制环境、完善初次分配和再

---

① 《温暖民心的幸福乐章——十八大以来民生改善成果述评》，《人民日报》2013 年 11 月12 日。

分配调节机制、缩小收入差距，形成合理的收入分配格局。十八届三中全会进一步提出，要保护合法收入，调节过高收入，清理规范隐性收入，取缔非法收入，增加低收入者收入，扩大中等收入者比重，逐步形成橄榄型分配格局。作为民生之源的分配改革已有了清晰的目标和原则，而后的改革将集中于构建完善的收入调节机制和有效规范的法律法规。

5. 推进户籍制度改革

我国的户籍制度不仅是一种人口管理制度，更形成实质性的身份认同政策，由此形成在教育、就业、医疗、社会保障等系列问题上的城乡区别。十八大后，户籍制度改革成为党推动全面深化改革、努力消除城乡二元体制区别的重要突破口之一。2014 年 7 月国家正式颁布《国务院关于进一步推进户籍制度改革的意见》，对新时期的户口迁移政策、人口管理、农业转移人口及其他常住人口合法权益保护等问题出台系列新的规定，解决传统户籍制度存在的矛盾与问题：一是取消“农业户口”和“非农业户口”的身份差别，社会对农业户口的身份歧视将逐渐消失。二是农业转移人口在取得居住证或具备落户条件后，将在子女入学、就业、就医和社保方面享受居住地同等的待遇，自此公共服务领域存在的双轨制问题将得到进一步解决。另外，户籍制度改革将对改善流动人口管理、缓解就业压力和推动城镇化建设等产生深远影响。

从十八大后我国社会领域的一系列改革措施来看，公正、可持续、均等化等原则正逐渐得以付诸实践，我国的社会事业正迈向更高水平、更加公平、更可持续的现代化发展阶段，这一系列全新理念与价值的实现必将对我国社会建设改革与发展产生深远影响。

（原载于《中国特色社会主义研究》2015 年第 1 期）

从社会管理到社会治理：十八大以来党的社会建设方略的演进*

党的十八大以来，在习近平总书记领导下，十八届三中、四中、五中全会提出一系列新理念新思想新战略，形成了“四个全面”战略布局和“五大发展理念”。在推进理论创新的同时，党中央高度重视社会建设与经济发展不相适应的状况，积极进行以社会管理、社会治理为重要内容的社会建设方略创新，不断赋予其新的内涵。本文拟从党的历史的角度，以社会管理—社会治理的变化为重点，来探讨党的社会建设方略演进，以及这些演进与党的理论创新之间的关系，以求教于学界同仁。

一、十八大：在“全面建成小康社会”战略指导下，提出“构建中国特色社会主义社会管理体系”

十八大召开之前，党中央根据我国国民经济和社会发展的需要，不断探索适应我国国情的社会建设体制机制，就加强和改进社会管理提出一系列方针政策，推动了社会管理工作领导体系的建立、社会管理组织网络的构建，以及社会管理基本法律法规的制定，初步形成“党委领导、政府负责、社会协同、公众参与”的社会管理格局。

---

* 本文作者：苏若群，中国人民大学马克思主义学院博士后流动站研究人员。

2011 年 5 月 30 日，中共中央政治局专题研究加强和创新社会管理问题，提出党的社会建设方略的重要部署是“全面提高社会管理科学化水平”“积极推进社会管理理念、体制、机制、制度、方法创新，完善党委领导、政府负责、社会协同、公众参与的社会管理格局，加强社会管理法律、能力建设，完善基层社会管理服务，建设中国特色社会主义社会管理体系”①。同年 7 月，中共中央和国务院颁布《关于加强和创新社会管理的意见》，就加强和创新社会管理的指导思想、基本原则和目标任务，加强和完善社会管理格局、制度建设等，提出了指导性意见。此后，以“创新”为核心推进社会管理，成为社会建设的重要内容。

2012 年 10 月召开的党的十八大，提出“全面建成小康社会”的战略任务，为中国特色社会主义的全面进步与继续发展，明确了奋斗目标，规划了整体布局。全面建成小康社会战略任务的提出，凸显了以民生和社会管理为核心的社会建设的重要性，因而党的十八大报告以专门篇章，阐述“在改善民生和创新管理中加强社会建设”，指出“要围绕构建中国特色社会主义社会管理体系，加快形成党委领导、政府负责、社会协同、公众参与、法治保障的社会管理体制，加快形成政府主导、覆盖城乡、可持续的基本公共服务体系，加快形成政社分开、权责明确、依法自治的现代社会组织体制，加快形成源头治理、动态管理、应急处置相结合的社会管理机制”②。

这是党的历史上第一次鲜明地提出“构建中国特色社会主义社会管理体系”的重要战略思想。十八大报告围绕这一战略思想而提出的四个“加快”，实际上明确了中国特色社会主义社会管理体系的基本架构，即这一体系由社会管理体制、基本公共服务体系、现代社会组织体制、社会管理机制四个部分构成。进一步综合分析这四个构成部分的各个要素可以看出，其中已经体现出党的现代国家的治理理念具有明显的由“政府主体”向“多元主体”转

---

① 《中共中央政治局召开会议　研究加强和创新社会管理问题》，《人民日报》2011 年 5 月 31 日。

② 《十八大以来重要文献选编》上，中央文献出版社 2014 年版，第 27 页。

变的趋向。“中国特色社会主义社会管理体系”的提出及其架构的形成，体现了党探索中国特色社会主义社会管理的重大成就，是党的社会建设方略演进史上浓墨重彩的一笔，同时也为党的“社会治理”理念形成做了重要铺垫。

二、十八届三中全会：在“全面深化改革”战略指导下，“社会管理”演进为“社会治理”

作为社会管理的主要力量，各类社会组织在十八大前就开始快速增多。截至2012年年底，全国共有各类登记注册的社会组织49.9万个，其中社会团体27.1万个、民办非企业单位22.5万个、基金会3029个。① 然而，政社不分现象依然存在。由于政府管理过多过死，导致社会组织活力不足，作用发挥不够，公众参与社会管理意识不强。

十八大后，以习近平同志为总书记的党中央锐意探索和解决社会建设领域出现的新矛盾新问题，积极推进社会管理创新。针对政社不分的问题，提出以“简政放权”为核心“转变政府职能”②，提出“创新行政管理方式，增强政府治理能力，健全公共服务体系，提高政府效能，建设现代政府”③的任务。在实践上，以国务院机构职能转变为起点，以“减政放权”为抓手，以“服务经济社会发展、服务人民群众”为目的，全力推进政府职能转变。这一举措被视为“我国社会组织迎来了发展的春天”④。而从“全能政府”向“有限政府”的转变，则在客观上促使党的社会管理理念必须更新，这就为社会治理理念的形成奠定了实践基础。

2013年7月，习近平总书记在湖北考察时首次提出“全面深化改革”的

---

① 宋贵伦：《中外社会治理研究报告》，中国人民大学出版社2015年版，第44－45页。

② 《十八大以来重要文献选编》上，中央文献出版社2014年版，第252页。

③ 《十八大以来重要文献选编》上，中央文献出版社2014年版，第299页。

④ 李爱青：《我国社会组织迎来了发展的春天》，《中国社会组织》2013年第3期。

战略要求，并论述了全面深化改革需要处理好的五个重大关系①。此后，他又提出六个“进一步”作为全面深化改革的抓手，即“进一步形成公平竞争的发展环境，进一步增强经济社会发展活力，进一步提高政府效率和效能，进一步实现社会公平正义，进一步促进社会和谐稳定，进一步提高党的领导水平和执政能力”②。这六个“进一步”无一不与社会建设息息相关，意味着在党的全面深化改革战略布局中，社会建设的改革占有重要地位，也预示着党的“社会治理”理念将呼之欲出。

经过一年的探索，2013 年 11 月召开的党的十八届三中全会即提出“全面深化改革”的战略思想，把“完善和发展中国特色社会主义制度，推进国家治理体系和治理能力现代化”③ 确定为全面深化改革的总目标，并直接提出“加快形成科学有效的社会治理体制”④ 的任务。至此，“社会治理”取代了“社会管理”，成为党的治国理政理念升华后对社会建设提出的基本要求。

“社会管理”到“社会治理”仅一字之差，但内涵却发生了质的变化。在观念上，实现了由传统的国家管理理念向现代的国家治理理念的转变；在主体上，实现了由政府主体向多元主体的转变；在过程上，实现了由单向度的自上而下向多向度的协商与合作的转变；在内容上，实现了由政府管理向政府与社会、公民合作共治的转变。从政府的角度来说，从管不好和不该管的领域中退出，建设“有限政府”和“服务型政府”，并对社会进行引导和适度干预；从公民和社会的角度来说，则要主动实现自我组织和自我管理，积极参与维护社会稳定和社会秩序。总之，以社会治理取代社会管理，意味着维护社会秩序不再是政府单方面的事务，而是政府与公民及社会共同的事务。毫无疑问，社会治理理念的提出，在中国特色社会主义社会建设史上具

---

① 即“解放思想和实事求是的关系、整体推进和重点突破的关系、顶层设计和摸着石头过河的关系、胆子要大和步子要稳的关系、改革与发展稳定的关系”。

② 《十八大以来重要文献选编》上，中央文献出版社 2014 年版，第 496 页。

③ 《十八大以来重要文献选编》上，中央文献出版社 2014 年版，第 512 页。

④ 《十八大以来重要文献选编》上，中央文献出版社 2014 年版，第 513 页。

有十分重要的意义。

十八届三中全会把创新社会治理体制作为推进国家治理体系和治理能力现代化的重要内容，并从改进社会治理方式、激发社会组织活力、创新有效预防和化解社会矛盾体制、健全公共安全体系四个方面，确定了创新社会治理体制的任务，具有很强的战略指导性和问题针对性，也为党在推进全面深化改革的过程中继续探索国家治理体系和治理能力现代化、探索中国特色社会主义社会建设，确定了新的目标。

三、十八届四中全会：在“全面依法治国”战略指导下，提出“提高社会治理法治化水平”

改革无止境，探索就无止境。十八届三中全会提出全面深化改革的战略任务后，习近平总书记即告诫说，推进改革必须一鼓作气、坚定不移，要“敢于啃硬骨头，敢于涉险滩，以更大决心冲破思想观念的障碍、突破利益固化的藩篱”①。他指出，“相比我国经济社会发展要求，相比人民群众期待，相比当今世界日趋激烈的国际竞争，相比实现国家长治久安，我们在国家治理体系和治理能力方面还有许多不足，有许多亟待改进的地方。”② 影响改革难以全面深化的重要问题之一，就是法治建设存在不足，有的法律法规未能全面反映客观规律和人民意愿；执法体制权责脱节、多头执法、选择性执法；一些领导干部知法犯法、以言代法、以权压法、徇私枉法；部分社会成员尊法信法守法用法意识不强等。改革是由问题倒逼而产生，又在不断解决问题中而深化。党以问题为导向，开始了新的探索。

2014 年 10 月召开的十八届四中全会提出“全面依法治国”的战略思想，明确指出“依法治国，是坚持和发展中国特色社会主义的本质要求和重要保

---

① 中共中央文献研究室：《习近平关于协调推进“四个全面”战略布局论述摘编》，中央文献出版社 2015 年版，第 64 页。

② 中共中央文献研究室：《习近平总书记重要讲话文章选编》，中央文献出版社、党建读物出版社 2016 年版，第 92 页。

障，是实现国家治理体系和治理能力现代化的必然要求，事关我们党执政兴国，事关人民幸福安康，事关党和国家长治久安”①。

十八届四中全会把“推进法治社会建设”作为全面依法治国的重要内容，第一次鲜明地提出“提高社会治理法治化水平”的概念，并进一步将“坚持系统治理、依法治理、综合治理、源头治理”作为提高社会治理法治化水平的基础②；将“加快保障和改善民生、推进社会治理体制创新法律制度建设”作为提高社会治理法治化水平的必要条件③。提高社会治理法治化水平，其核心要义是在依法治国的基本方略下，把社会治理纳入法治化轨道，努力实现社会治理体系和运行机制的法治化、制度化。

在传统的社会管理模式被打破之后，怎样建立一个适应现代社会发展需要的社会治理模式，就成为党必须面对和解决的问题。“提高社会治理法治化水平”是党在新的历史条件下关于社会治理的一个重要理念，它直面的是法治建设与社会治理需求不适应的现实问题。社会治理体系是一个多元参与的治理体系，要维护政府—市场—社会—公民之间良性互动的多元共治格局，保障参与社会治理的各主体依法行使自己的权力和反映自己的利益诉求，使社会治理真正成为全社会参与的治理，只能依靠法治，以法治精神作为社会治理的精神支撑，以法治规则作为社会治理的重要基石，以法治秩序作为社会治理的根本保证。也就是说，社会治理只有建立在法治的基础之上，才能保证其权威性、合法性，乃至持续健康的发展。党中央提出“提高社会治理法治化水平”，既体现了一体推进法治国家、法治政府、法治社会建设的重大战略，也彰显了促进国家治理体系和治理能力现代化的决心和信心。

---

① 《党的十八届四中全会〈决定〉学习辅导百问》，学习出版社、党建读物出版社2014年版，第1页。

② 《党的十八届四中全会〈决定〉学习辅导百问》，学习出版社、党建读物出版社2014年版，第20页。

③ 《党的十八届四中全会〈决定〉学习辅导百问》，学习出版社、党建读物出版社2014年版，第10页。

四、十八届五中全会：在“五大发展理念”指导下，提出“推进社会治理精细化”

十八届四中全会后，党在探索协调推进“四个全面”战略布局的过程中，开始规划新形势下治国理政的战略目标和战略举措。

面对2020年实现全面建成小康社会的艰巨任务，习近平总书记关注的重点是如何使发展的成果让人民共享。他要求从政治、经济、社会、文化、法律、行政等各方面采取有力措施，“促进社会公平正义，实现好、维护好、发展好最广大人民根本利益，特别是要实现好、维护好、发展好广大普通劳动者根本利益”①。如何使社会建设在促进社会公平中发挥作用，是习近平总书记思考的一个重要问题。2015年5月他在浙江调研时曾指出，“社会建设要以共建共享为基本原则，在体制机制、制度政策上系统谋划，从保障和改善民生做起，坚持群众想什么、我们就干什么”②。

2015年10月召开的十八届五中全会深入分析了“十三五”时期我国发展环境的基本特征，认为我国发展仍处于可以大有作为的重要战略机遇期，但也面临诸多矛盾叠加、风险隐患增多的严峻挑战。为了在全面建成小康社会决胜阶段，补齐实现全面小康的短板，全会在对改革开放30多年发展经验深刻总结的基础上，提出了创新发展、协调发展、绿色发展、开放发展、共享发展的理念。这“五大发展理念”体现了党坚持发展为了人民、发展依靠人民、发展成果由人民共享，贯穿着鲜明的民生导向。

全会将五大发展理念深深融入社会建设方略之中，以“构建全民共建共享的社会治理格局”作为目标对象，第一次提出“推进社会治理精细化”③

---

① 习近平：《在庆祝“五一”国际劳动节暨表彰全国劳动模范和先进工作者大会上的讲话》，《人民日报》2015年4月29日。

② 《习近平在浙江调研时强调 干在实处永无止境 走在前列要谋新篇》，《人民日报》2015年5月28日。

③ 《中共中央关于制定国民经济和社会发展第十三个五年规划的建议》，人民出版社2015年版，第42页。

的理念。这是继“提高社会治理法治化水平”之后党提高社会治理能力的又一创新理念。它针对社会治理中存在的法律法规不健全、制度规范不细致、治理系统缺乏统筹联动、信息资源难以共享互通等问题，聚焦于社会治理和公共服务过程的改进和质量的提升，要求通过实现治理方式的创新，利用更低的成本、更专业的治理手段，实现更优质、更关注细节和更人性化的治理效果，以标准化、科学化、规范化、人性化的思路，实现社会治理理念、制度、手段和技术的精细化，实现社会治理活动的全方位覆盖和高效能运作，提升社会治理和公共服务供给的灵敏度和细致化程度。

社会治理精细化是在五大发展理念指导下提出的，同时社会治理精细化的实现，也离不开五大发展理念的指导。如果说，五大发展理念回答的是新形势下实现什么样的发展、如何实现发展的重大问题，那么社会治理精细化就是回答了新形势下实现什么样的治理、如何实现治理的问题。社会治理精细化的推进，为中国特色社会主义的社会建设开辟了一个新阶段，将党的社会建设方略提升到一个新境界。

通过上述对十八大以来党的社会建设方略演进的历史回顾，可以得出以下三点结论：第一，从社会管理到社会治理，从提高社会治理法治化水平到推进社会治理精细化，党的社会建设方略是随着党的中国特色社会主义“五位一体”总体布局、“四个全面”战略布局、“五大发展理念”的形成而不断演进的，是随着党的理论创新而不断创新的。党的理论创新每前进一步，社会建设方略就前进一步。第二，党的社会建设方略的演进是一个以问题为导向而逐渐演进的过程。社会管理领域的滞后与社会发展的需求不相适应，倒逼着党加快建设社会管理的体制机制；社会管理体制的落后与社会建设的转型不相适应，倒逼着党更新社会管理理念，改变社会管理主体，实行社会治理模式；法治建设的速度与社会治理的需求不相适应，倒逼着党把提高社会治理法治化水平作为全面推进依法治国的重要内容；粗放式的社会治理状况与全面建成小康社会的目标不相适应，倒逼着党把推进社会治理精细化纳入落实“五大发展理念”的要求之中。党就是在直面问题、解决问题的过程中，不断探索，不断创新。第三，以社会治理为重点的党的社会建设方略，能够在短短三年时间实现如此巨大的进步，是以习近平同志为总书记的党中央领导全国人民不断推进中国特色社会主义社会建设实践的结果，是党中央和全党集体智慧的结晶。

（原载于《中共党史研究》2016年第8期）

党的十八大以来社会治理理念的创新*

党的十八大以来，以习近平同志为核心的党中央在推进中国特色社会主义伟大事业的征程中，形成了治国理政的新理念新思想新战略。基于社会建设与经济发展不相适应的状况，党中央高度重视社会建设，积极进行社会治理的理论创新，积极进行以社会治理为核心内容的社会建设创新，社会建设事业不断取得新成绩，社会治理的理念也在服务实践的同时不断丰富和完善。

社会治理理念的演进

在改善民生和创新中加强社会建设。党的十八大报告指出，“要围绕构建中国特色社会主义社会管理体系，加快形成党委领导、政府负责、社会协同、公众参与、法治保障的社会管理体制，加快形成政府主导、覆盖城乡、可持续的基本公共服务体系，加快形成政社分开、权责明确、依法自治的现代社会组织体制，加快形成源头治理、动态管理、应急处置相结合的社会管理机制。”“中国特色社会主义社会管理体系”的提出及其架构的形成，体现了党探索中国特色社会主义社会管理的重大成就，为党的“社会治理”理念形成做了重要铺垫。

完善和发展中国特色社会主义制度，推进国家治理体系和治理能力现代

* 本文作者：沈筱芳，中央党校组织部。

化。2013 年，党的十八届三中全会提出“加快形成科学有效的社会治理体制”的任务，并明确要求：“改进社会治理方式。坚持系统治理，加强党委领导，发挥政府主导作用，鼓励和支持社会各方面参与，实现政府治理和社会自我调节、居民自治良性互动。”至此，“社会治理”取代“社会管理”，成为党的治国理政理念升华后对社会建设提出的基本要求，成为党领导社会建设的基本遵循。

提高社会治理法治化水平。2014 年，党的十八届四中全会决定把“推进法治社会建设”作为全面依法治国的重要内容，并进一步将“坚持系统治理、依法治理、综合治理、源头治理”作为提高社会治理法治化水平的基础；将“加快保障和改善民生、推进社会治理体制创新法律制度建设”作为提高社会治理法治化水平的必要条件。通过提高社会治理法治化水平，把社会治理纳入法治化轨道，努力实现社会治理体系和运行机制的法治化、制度化。

推进社会治理精细化，构建全民共建共享的社会治理格局。2015 年，党的十八届五中全会通过的《中共中央关于制定国民经济和社会发展第十三个五年规划的建议》提出了创新发展、协调发展、绿色发展、开放发展、共享发展的新发展理念，并就加强和创新社会治理做了全面部署，提出：“完善党委领导、政府主导、社会协同、公众参与、法治保障的社会治理体制，推进社会治理精细化，构建全民共建共享的社会治理格局。健全利益表达、利益协调、利益保护机制，引导群众依法行使权利、表达诉求、解决纠纷。增强社区服务功能，实现政府治理和社会调节、居民自治良性互动。”党的十八届五中全会关于构建全民共建共享的社会治理格局和推进社会治理精细化的重要论述，是继“提高社会治理法治化水平”之后党领导社会治理的又一理念创新。它强调通过社会治理格局的完善，治理方式的标准化、科学化、规范化、人性化、精细化，实现最佳的社会治理效果。

从以上分析可以看出，从社会管理到社会治理，从提高社会治理法治化水平到构建社会治理新格局、推进社会治理精细化，我们党关于社会建设和社会治理规律的认识不断深化，关于社会治理理念的认识日益系统和成熟。

社会治理理念的核心要素

当前，我国改革进入深水区、发展进入新阶段，利益格局深刻调整，社会关系错综复杂，群众诉求日益多样，社会治理面临许多新情况新问题新挑战。面对错综复杂的社会问题，必须根据社会发展和社会治理转型的实际，以创新的社会治理理念引领社会建设实践。新的社会治理理念的核心要素包括以下内容。

党的领导是社会治理的根本政治保证。党的领导是中国特色社会主义制度的最大优势，中国共产党是社会治理的领导力量。党代表了最广大人民的根本利益，最能够兼顾地区之间、部门之间、群体之间、公民之间的社会治理利益关系的协调发展，最能够动员整合各方面资源，推动社会治理创新发展。坚持党的领导，必须贯彻全面从严治党要求，不断增强党的创造力、凝聚力、战斗力，不断提高党的执政能力和执政水平，确保我国社会治理始终保持正确方向。党的基层组织是党在基层社会的战斗堡垒，是党的全部工作和战斗力的基础，在社会治理格局中发挥着领导和引领作用。坚持党的领导，不仅要加强对社会的思想引领、利益整合，还需要不断加强党的基层组织建设、强化基层党组织整体功能，不断创新社会治理、筑牢党的执政根基。

人民利益至上是社会治理的根本出发点。习近平总书记指出："我们任何时候都必须把人民利益放在第一位。"这深刻揭示了中国共产党人的根本价值立场和价值取向。全心全意为人民服务是党的根本宗旨。加强和创新社会治理的过程是实现社会善治的过程，是促进社会公平正义，实现好、维护好、发展好最广大人民根本利益的过程。必须坚持以人民为中心的治理理念，把增进人民福祉、促进人的全面发展作为社会治理的出发点和落脚点，把人民拥护不拥护、赞成不赞成、高兴不高兴、答应不答应作为检验治理成效的根本标准。

全民共建共享是社会治理的基本格局。过去的社会管理方式主要是命令型、控制型，而社会治理方式强调从单一向多元、从命令向协商合作、从强制向引导转变，强调合作、互通、共享理念，强调要打造社会治理人人有责、人人尽责的命运共同体。这就意味着社会治理的多元主体要各归其位、各担其责，推动形成政府治理和社会调节、居民自治良性互动局面。要在发挥好党委领导、政府主导作用的同时，创新多方参与机制，构建以规则公平、权利公平、机会公平为内容的多元主体参与社会治理的机制，更好地动员企事业单位、社会组织、人民群众参与社会治理，引导社会成员增强主人翁精神，激发社会自治、自主、能动力量，努力实现社会事务社会治理，让大众的问题由大众来解决，让自己的事情由自己管、自己办。通过党委、政府、社会、民众等多元力量携手共创，建设平安中国、美好家园，使经济发展和社会变革成果能够在更大范围内惠及全体民众。

社会治理法治化是社会治理的基本方式。社会治理是国家治理的重要内容。法治作为治国理政的基本方式，是社会治理创新的最优模式。加强社会建设，必须充分发挥法治的保障、服务和促进作用，确保把社会治理纳入法治轨道，按照法治原则、规范、程序进行。用法治精神引领社会治理，用法治思维谋划社会治理，用法治方式调节社会关系、解决社会问题，强化法律在维护群众利益、化解社会矛盾中的权威地位，推动形成办事依法、遇事找法、解决问题靠法的良好社会氛围，有效维护社会和谐稳定、增进人民福祉。

社会治理精细化是社会治理现代化的内在要求。社会治理的最终目的是为了满足人的合理需求，“人”的需求是社会治理的出发点和落脚点。传统粗放式、经验化社会管理往往从公共服务提供者的便利性出发，而忽视了民众诉求，不能满足社会和民众的个性化需求。因此，在社会治理实践中应当以人为本、尊重科学、推崇理性、强调精确、注重细节，把精细化、标准化、精准化理念贯穿于社会治理全过程，拓宽社会治理边界，提高社会治理精度，降低社会治理成本，实现社会治理活动的全方位覆盖、全过程监管、高效能运作，不断增强民众满意度。

（原载于《中国党政干部论坛》2017 年第 5 期）

迈向底线型社会政策*

一、社会政策托底思想

党的十八大以来，以习近平为总书记的中央领导集体对社会政策高度重视，多次阐述了社会政策托底思想。2013 年 4 月 25 日，中共中央政治局常务委员会召开会议，研究当前经济形势和经济工作，中共中央总书记习近平主持会议并发表重要讲话。会议强调，面对新形势，我们要坚持用两点论看待问题，既要充分肯定取得的成绩，又要清醒看到存在的问题，未雨绸缪，加强研判，宏观政策要稳住，微观政策要放活，社会政策要托底。① 这是我国最高领导层首次在国内提出“社会政策托底”的重要观点。这一新的提法，揭示了社会政策与经济建设（政策）的关系，也突出了社会政策在国民经济和社会发展中的重要意义。在 2013 年 7 月 30 日召开的中共中央政治局会议上，习近平总书记将这一思想进一步概括为“宏观政策要稳，微观政策要活，社会政策要托底”，并要求“努力实现三者有机统一”。② 2013 年 9 月

---

* 本文作者：邓智平（1982—），男，湖南隆回人，广东省社会科学院哲学与宗教研究所副所长、副研究员、博士，主要研究方向为社会保障与社会政策。

① 新华社：《中共中央政治局常务委员会召开会议，研究当前经济形势和经济工作》，http：//www. qh. xinhuanet. com/2013 - 04/26/c_ 115549776. htm。

② 《习近平主持中共中央政治局会议分析研究经济形势》，http：//news. xinhuanet. com/politics/2013 - 07/30/c_ 116745232. htm，2013 年 7 月 30 日。

5 日，国家主席习近平在俄罗斯圣彼得堡举行的二十国集团领导人第八次峰会第一阶段会议上做了题为《共同维护和发展开放型世界经济》的发言。他在发言中指出："宏观微观经济政策和社会政策是一个整体，各国要用社会政策托底经济政策，为宏观微观经济政策执行创造条件。"① 这是我国领导人首次在国际层面阐述"社会政策托底"这一重要观点。2013 年 10 月 7 日，国家主席习近平出席在印度尼西亚巴厘岛召开的亚太经合组织（APEC）第二十一次领导人非正式会议并发表重要讲话。在讲话中，习近平主席再次阐述了"社会政策托底"观点。他指出："我们要注意防范风险叠加造成亚太经济金融大动荡，以社会政策托底经济政策，防止经济金融风险演化为政治社会问题。"② 显而易见，在全面深化改革的新时期，社会政策的作用已引起党和国家的高度重视，进一步深入研究习近平总书记在不同场合的多次讲话中所蕴含的丰富的"社会政策托底"思想，明确社会政策是什么、为什么要托底、托什么底、怎么托底、与宏观微观经济政策是什么关系等一系列问题，具有重要的理论和现实意义。

二、社会政策及其发展

1872 年，德国新历史学派③的学者组织成立了"德国社会政策学会"，这通常被认为是社会政策一词的由来。1891 年，社会政策学会的代表人物之一、曾经帮助俾斯麦首相创建社会保险制度的瓦格纳（Adolf Wagner）最早提出了社会政策的定义："所谓社会问题，就是分配上的不公平。所谓社会政策，就是要把分配过程范围内的各种弊端，采取立法及行政的手段，以争

---

① 习近平：《在二十国集团领导人第八次峰会第一阶段会议上的发言》，http://news.xinhuanet.com/world/2013-09/06/c_117249618.htm。

② 习近平：《发挥亚太引领作用，维护和发展开放型世界经济——在亚太经合组织领导人会议第一阶段会议关于全球经济形势和多边贸易体制的发言》，《人民日报》2013 年 10 月 8 日。

③ 杨伟民：《社会政策导论》，中国人民大学出版社 2010 年版，第 82 页。

取公平为目的而加以清除的国家政策”。① 此后，社会政策研究经过马歇尔（Thomas Marshall）和蒂特马斯（Richard Titmuss）这两位大师级人物的推动，以及第二次世界大战后福利国家实践的发展，成为一门独立的学科。欧美大学的研究生院几乎都设有社会政策系或社会政策专业，国内许多高校和社科研究机构也都开设了社会政策课程或专业，成立了相关的研究中心或研究所。

尽管社会政策一词使用已非常广泛，但到目前为止却“没有一个关于社会政策的定义是具有普遍性和被广泛接受的”。② 也就是说，没有一个公认的定义表述。不过，这并不影响大家对社会政策内涵达成基本的共识，即社会政策一词用来说明国家在公共福利方面的角色和功能，政府如何通过政策的制定与实施影响公民的福利函数，从而建构一种国家与其公民之间的福利关系。③ 英国著名社会政策学者迈克·希尔更是直接把社会政策定义为“影响公共福利的国家行为”。④ 在外延方面，经典社会政策项目主要来自英国福利国家的设计者贝弗里奇（Beveridge）的《贝弗里奇报告》，主要包括社会保障政策、医疗卫生政策、教育政策、住房政策、劳动就业政策，对应解决社会生活中的“五大恶”：贫穷、疾病、愚昧、肮脏、懒散。后来，随着针对老年人、残疾人、青少年和儿童等特殊人群社会服务的发展，个人社会服务（或者说社会照顾、社会服务）也被纳入社会政策的内容。⑤

社会政策的历史起源与工业化和现代市场经济的发展密切相关。在工业革命之前，民生问题基本上在家庭、族群和社区内自我解决，政府较少提供基本公共品，只在自然灾害等极端情况下才赈灾救济。伴随着工业化而兴起

① 曾繁正等：《西方国家法律制度社会政策及立法》，红旗出版社 1998 年版，第 165 页。

② 19Neil Gilbert&Paul Terrell，Dimension of Social Welfare Policy，Need ham Heights，Mass. Allynand Bacon，1998：2.

③ 唐钧：《社会政策学导引》，《社会科学》2009 年第 4 期。

④ Hill. M. 1990，Understanding Social Policy. London：Blanck well Publishing：13.

⑤ 岳经纶：《社会政策学视野下的中国社会保障制度建设——从社会身份本位到人类需要本位》，《公共行政评论》2008 年第 4 期。

的市场经济，其最大的特征是把一切都商品化，包括人本身（劳动力）的商品化。在市场经济条件下，个人需要满足和福利获取主要取决于市场竞争，可由于总有人无法在市场竞争中取胜，从而出现大量社会弱势群体，他们的基本需要无法通过市场得到满足。与此同时，家庭结构的小型化、人口老龄化以及传统社区网络的衰落，使得社群的互助和自我保障功能已经大为下降。因此，为化解工业市场经济社会的生活风险，满足社会弱势群体的基本需要，避免社会两极分化和阶级对立带来社会冲突，资本主义国家逐步开始干预个人的福利供给，从而有了社会政策的诞生和发展。特别是第二次世界大战以后，以英国为首的西方国家纷纷宣布建成福利国家，迎来了社会政策发展的黄金时期。1973 年“石油危机”之后，尽管西方福利国家启动了福利紧缩和福利供给主体多元化的改革，但福利国家仍然保持其基本制度，不同国家的政府在福利开支上仍然保持高水平的承担，因而不少学者提出福利国家的发展不能倒转的论点。①

正如奥菲所言，尽管福利国家对资本主义积累的影响很可能是破坏性的，但废除福利国家所带来的影响将简直是毁灭性的。② 因此，作为国家对公民福利负责的形式，福利国家不仅是个人自由发展的需要，也是资本主义和市场经济存续的需要。福利国家不是废除，而是不断地重塑或变革，使之朝着适应经济社会现实需要的方向发展。福利国家作为国家对公民福利负责的一种态度，凸显的是国家的福利功能，而不是高福利的代名词。在这个意义上，福利国家与社会政策是一个硬币的两面。

综上所述，社会政策是国家制定和实施的以增进民生福祉的制度规范，其产生的原因在于规避工业社会的风险，保证市场经济的正常运转，通过国家干预的方式防止自由竞争的市场导致弱势群体基本生活需要得不到满足，同时也通过对人的投资（如教育）为社会化大生产提供高素质的劳动力。

---

① Mshra, R. The Welfare Statein Capitalist Society, New York: Harvester Wheatsheaf. 1990: 24.

② 克劳斯·奥菲:《福利国家的矛盾》，吉林人民出版社 2006 年版，第 71 页。

三、社会政策的类型与模式

虽然不同国家和地区都有社会政策的实践，但受各自的历史、文化、社会、经济和政治等各种因素的影响，各国政府回应公民福利需求却采取了不同的社会政策，从而形成不同的福利模式。① 1958 年，威伦斯基（H. Wilensky）和勒博克斯（E. Lebeaux）最早提出了著名的社会政策两分法，即补缺型社会政策和制度型社会政策。补缺型社会政策也称为剩余型政策，是指当家庭和市场机制瘫痪时，国家为社会无法自助者提供暂时性和救济性的救助，政府扮演的角色是边缘性的。制度型社会政策是指为全体公民提供的福利，是一种制度化的常态性社会制度。与剩余型社会政策相比，制度型社会政策以公民权利为基础，实现了由选择性到普遍性的转变，但也存在由于社会支出较高产生福利依赖等一系列弊病。② 同年，蒂特马斯（Titmuss）在其出版的《福利国家文论》中对威伦斯基和勒博克斯的研究给予肯定，提出了相似的看法。③ 后来蒂特马斯又在其1974 年出版的《社会政策》一书中进一步丰富了社会政策模式分类的思想，提出了社会政策模式的三种类型：第一种是“补救型”模式，即在市场和家庭都不能发挥有效作用时，国家和社会福利机构才临时发挥作用，代表国家是美国；第二种是“工业成就型”模式，即在保护现有的社会分层和特权情况下，通过劳动者参加社会保险的形式来提供社会福利，代表国家是德国；第二种是“制度再分配型”模式，即社会福利是根据需要的原则进行普遍性的提供，代表国家是斯堪的纳维亚地区国家。④ 工业成就型社会政策模式的提出，是蒂特马斯与威伦斯基和勒博克斯最大的不同，这一模式下社会政策被界定为经济（劳动力市场）的延伸和附

---

① 岳经纶：《社会政策学视野下的中国社会保障制度建设——从社会身份本位到人类需要本位》，《公共行政评论》2008 年第 4 期。

② Wilensky，H. L. &C. N. Lebeaux，Industrial Society and Social Welfare. New York：The Free Press，1958：5.

③ Titmuss，R. Essays on the Welfare State. London：Allen and Unwin，1958：123.

④ Titmuss，R. Social Policy. London：Allen and Unwin，1974：57.

属物，福利资源按照成绩、工作表现和生产力来分配。① 在蒂特马斯之后，很多学者都对资本主义社会的社会政策模式进行了划分。如 1975 年帕克（J. Parker）提出放任主义型、自由主义型、社会主义型；1976 年乔治（V. George）和韦尔定（P. Wilding）提出反集体主义型、被动集体主义型、费边集体主义型、马克思主义型；1977 年弗尼斯（Furniss）和蒂尔顿（Tilton）将福利国家划分为积极国家模式（positivestate）、社会保障国家模式（socialsecuritystate）、社会福利国家模式（socialwelfarestate）三种模式；1979 年品克（R. Pinker）做出古典经济型、新重商主义型、马克思主义型的划分；1984 年米什拉（R. Mishra）提出新右派型、凯恩斯和贝弗里奇福利国家型、合作主义型、社会民主型、马克思主义型；1989 年威廉斯（F. Williams）又提出反集体主义型、社会改造主义型、非社会主义的福利集体主义型、费边社会主义型、激进的社会行政型、福利的政治经济学型等。②

在对社会政策模式的众多划分中，最著名的还是丹麦学者艾斯平 - 安德森 1990 年的划分，他按照“去商品化”的程度和分层化体系等指标将福利资本主义分为三个世界或称三种模式，即自由主义社会政策模式、保守主义社会政策模式、社会民主主义社会政策模式。③ 艾斯平 - 安德森的研究可谓一石激起千层浪，引发了学术界关于比较社会政策研究的热潮。对于福利资本主义的三个世界的划分，支持者有之，反对者有之，持改良主义的也有之。反对者认为，艾斯平 - 安德森的划分无法恰当地解释某些国家的社会政策，如南欧国家、日本及广大发展中国家等，因此，有学者在三个世界的基础上做出了四个世界、五个世界的划分。④ 还有的通过量化指标分析，认为

① 郑功成：《社会保障学：理念、制度、实践与思辨》，商务印书馆 2000 年版，第 23 页。

② 李明政：《意识形态与社会政策》，洪叶文化事业有限公司 1998 年版，第 52 页。

③ 艾斯平 - 安德森：《福利资本主义的三个世界》，法律出版社 2003 年版，第 5 页。

④ Castles, F. and Mitchell, D. “Three worlds of welfare capitalism or four?” in: F. Castles (ed), Families of Nations. Brookfield, Vt.: Dartmouth, 1993. Taro Miyamoto, “The Dynamics of the Japanese Welfare State in Comparative Perspective: Between Three Worlds and the Developmental State”, The Japanese Journal of Social Security Policy, Vol. 2, No. 2, 2003: 15 - 17.

OECD 以外的国家可以分成四大类别：事实上或潜在的福利国家、有效的非正式福利体制国家、效率低下的非正式福利国家和高度依赖外界援助的不安全福利体制国家。① 总的来看，是否要对社会政策模式无限划分下去，是否存在着无数的社会政策模式，这个争议始终没有停止过。

与西方学者根据意识形态和政策原则进行社会政策模式的分类方式不同，国内学者更多地采取经验归纳的方式来概括世界主要社会政策模式。国内学界一般把社会政策模式划分为 4 种，如有的归纳为投保资助型、福利国家型、国家保险型、储蓄保险型；② 有的认为是社会保险型、福利国家模型、强制储蓄型、国家保险型。③ 不过，有人认为“国家保险”不过是社会保险的一种变形，两者的实质区别仅在于劳动者个人是否承担缴费责任，因此在 20 世纪世界上实际只有三种社会政策模式，即以英国为代表的福利国家型模式、以德国为代表的社会保险型模式和以新加坡为代表的强制储蓄型模式。④ 任保平则从历史发展的角度认为，在工业化之初，市场经济国家一般都实行“补救模式”，工业化完成后一般都会建立“制度模式”。但经过 20 世纪 70 年代之后的改革，“制度模式”在各国逐步多元化，形成了瑞典模式、德日模式、澳美模式、新加坡模式等多个不同子类型。⑤

总之，世界各国都根据自身的特点形成了符合本国实际的社会政策模式。尽管根据不同的理论标准，可以划分出多种不同的社会政策模式，但这毕竟是马克斯·韦伯意义上的理想类型，在现实生活中，个别国家可能无法归入某一具体类型，即便是已经归入同一种社会政策模式中的不同国家，体制特征也相差很大。

---

① 楼苏萍：《改革开放以来中国社会政策的发展及其逻辑》，浙江大学 2009 年版，第 40 页。

② 孙光德，董克用：《社会保障概论》，中国人民大学出版社版 2004 年版，第 33 页。

③ 郑功成：《社会保障学》，中国劳动社会保障出版社 2007 年版，第 21 页。

④ 岳宗福：《中国社会保障模式的近代转型与道路选择》，《华东理工大学学报（社会科学版）》2010 年第 2 期。

⑤ 任保平：《中国社会保障模式》，中国社会科学出版社 2001 年版，第 30 – 42 页。

四、从社会政策托底到底线型社会政策

中国经过60多年的发展，已经从社会政策的具体实践进入到探索社会政策模式的新阶段。众所周知，1949年新中国成立后中国迅速建立了国家包揽的社会政策体系，形成了与计划经济体制相配套的福利模式，特别在城市，单位职工的住宅、医疗、子女教育等都是由国家免费提供，并由单位按照统一的原则代理国家进行分配和控制。这种方式在特定的历史时期体现了社会主义的优越性，但随之而来产生了福利短缺和高层次福利需求难以得到满足等一系列问题。改革开放后，国家开始对计划经济时代的福利体制进行全面改革。改革的布局是渐进的、多阶段的、多元的和曲折的，但总的趋势是引进市场和商品因素，减少国家对消费资料的占有水平和供应范围，增加公民对消费资料的私人占有和市场购买。① 党的十六大以来，党和国家开始反思和纠正过去公共福利市场化改革带来的弊病，以民生为重点的社会建设受到高度重视，我国公共政策的格局出现了从偏重经济政策到重视社会政策的历史性转变。② 近年来，中央和地方各级财政加大了民生投入，教育、医疗、社会保障等社会政策呈现明显扩展态势，在实现学有所教、劳有所得、病有所医、老有所养、住有所居方面取得明显成效，以至于有学者欢呼“社会政策时代的到来”③ 或“全面改善民生时代的到来”④。不过，在保障和改善民生的新时期，中国不仅需要具体社会政策的制定和实施，更需要形成一套清晰的福利战略，对整个国家的民生建设进行全盘规划，积极探索中国特色的社会政策模式。也只有在社会政策战略模式的指导下，具体社会政策

---

① 王宁：《消费社会学》，社会科学文献出版社2001年版，第286页。

② 王绍光：《从经济政策到社会政策：中国公共政策格局的历史性转变》，岳经纶、郭巍青：《中国公共政策评论》第1卷，上海人民出版社2007年版，第29页。

③ 王思斌：《社会政策时代与政府社会政策能力建设》，《中国社会科学》2004年第6期。

④ 郑功成：《我国进入一个全面改善民生、共享发展成果的新时代》，《理论参考》2008年第1期。

实践才能有明确的方向。

但在学界关于我国应该选择一种什么样的社会政策模式一直存在着争论。一些学者以中国是发展中国家，经济和财政实力有限，且人口众多，社会均质性差为依据，认为中国目前经济发展情形下不适合构建制度型社会政策模式，补缺型社会政策模式更有利于经济的持续发展。① 另一些学者则认为制度型模式才是中国社会政策的适当模式，因为当前中国经济社会已经进入新的历史发展阶段，再以改革之初的国情来推迟建设覆盖城乡的社会保障体系已经不合时宜。② 还有一些学者试图在补缺型和制度型社会政策模式中间探索第三条道路。如王思斌提出我国应建构适度普惠型社会福利制度模式；③ 景天魁等认为应该建立一种“广覆盖、保基本、多层次、可持续”的底线公平福利模式，把无差别公平与有差别公平结合起来；④ 张秀兰、徐道稳等人则提出中国社会政策的发展趋向应该是发展型社会政策；⑤ 文军从增强社会政策包容性的角度提出了建构包容性社会政策这一方向。⑥

学者的讨论往往是套用西方的理论来研究中国社会政策的发展方向和模式选择，与中国实际结合并不紧密。习近平总书记的社会政策托底思想的提出才真正为我国选择何种社会政策模式指明了方向。首先，习近平总书记明确肯定了社会政策的作用，认为中国需要社会政策。2006 年党的十六届六中全会通过的《中共中央关于构建社会主义和谐社会若干重大问题的决定》提

① 尚晓援：《“社会福利”与“社会保障”再认识》，《中国社会科学》2001 年第 3 期。陈永生：《“社会福利”概念的探析及我国社会福利模式的选择》，《社会科学》2009 年第 1 期。

② 赵慧珠、梁丽萍：《制度模式的社会政策：当代中国社会的必然选择》，《理论前沿》2004 年第 21 期。

③ 王思斌：《我国适度普惠型社会福利制度的建构》，《北京大学学报》（哲学社会科学版）2009 年第 3 期。

④ 景天魁、毕天云：《论底线公平福利模式》，《社会科学战线》2011 年第 5 期。

⑤ 徐道稳：《迈向发展型社会政策：中国社会政策转型研究》，中国社会科学出版社 2008 年版，第 336 页。

⑥ 文军：《个体化社会的来临与包容性社会政策的建构》，《社会科学》2012 年第 1 期。

出要“加强社会建设理论和社会政策的学习研究和教育培训”，社会政策一词首次进入政策文件。习近平总书记对社会政策的重视，正式标志着社会政策成为一种新的重要的政治话语。其次，习近平总书记明确了社会政策的作用是托底，为我国社会政策的发展进行了定位导航。前面谈到，虽然社会政策与市场经济如影相随，但各国对于选择何种社会政策模式、把社会政策的作用发挥到何种程度均有不同的探索，而习近平总书记认为在中国社会政策的作用就是托底，从而为学界的争论定调。再次，习近平总书记认为宏观微观经济政策和社会政策是一个整体，是从经济社会发展的全局来把握社会政策的发展方向，从而有利于处理好经济发展和社会政策的关系，实现二者有机统一。

当前，我国迫切需要促进社会政策托底思想向底线型社会政策模式的转化。关于中国发展的长远战略，在政治方面，中央已经确立了建设社会主义民主政治的目标；在经济方面，则确立了建设社会主义市场经济体制的目标。在社会领域，应该在关注民生的基础上，明确建立“中国特色社会主义福利模式”的长远政策目标，从而使民主政治、市场经济和福利制度共同成为中国特色社会主义的三大支柱。

具体来说，底线型社会政策模式以底线公平为理论基础。底线公平理论是基于中国实践和中国经验的发展理论、制度理论、机制理论，它按照“弱者优先、政府首责、社会补偿和持久效益”原则建立中国特色的福利模式，具有“刚柔相济、保底不保顶”的特点。“底线”不是水平上或程度上的高低，而是政府责任的界限与范围。底线公平不是“低水平”的公平，“底线”是指一种界限，是指不能含糊、不能推卸、必须坚持、必须做到的事情。底线是表示性质的概念，或做到或没有做到，或尽职或失职，没有中间状态。它具有道德规范含义，是应该做到的公平。确保底线公平是当今中国普遍达成共识的民生福利共识。① 底线公平有利于明确政府、市场、社会三者的责

---

① 景天魁：《底线公平：和谐社会的基础》，北京师范大学出版社 2009 年版，第 25 页。

任，以较小的成本获得较大的福利，最大限度地防止福利依赖，最大限度地实现经济发展和社会公平的平衡。

底线型社会政策模式以基本公共服务均等化为行动抓手。当前，基本公共服务均等化已经得到了全国上下的高度重视。2012 年，国务院出台《国家基本公共服务体系“十二五”规划》，北京、上海、广东、浙江、海南等省市也都制定了基本公共服务均等化规划，目前正努力推进，并取得阶段性成效。基本公共服务均等化中的“基本”与底线公平中的“底线”有一致性，国家通过提供“基本”公共服务，保证每一个公民最基本的社会权利和底线公平，“非基本”的公共服务则主要由市场提供，从而明确区分了政府与市场的作用范围，避免了社会福利影响经济发展。从动态的角度来看，基本公共服务均等化中的“基本”与底线公平中的“底线”又都是可以动态调整的，而不是一成不变的。政府可根据经济社会发展的阶段和水平，动态地调整“底线”，重新划分“基本”与“非基本”的范围，从而保证了每一个公民能够分享到与经济社会发展相适应的文明成果。

（原载于《中共珠海市委党校珠海市行政学院学报》2015 年第 6 期）

十八大以来中国共产党化解社会负面情绪的新举措*

社会情绪是指“人们对社会生活的各种情景的知觉，通过群体成员间的相互影响、相互作用而形成的较为复杂而又相对稳定的态度体验，这种知觉和体验对个体或全体产生指导性和动力性的影响”①。积极的社会情绪有助于产生肯定性的社会反应，促进社会认同度的提高；而消极负面的社会情绪则会耗散社会内聚力，消解社会正能量。当前我国改革进入深水区，发展进入关键期，急剧变迁的社会环境、深刻变动的利益格局，导致社会关系呈现一定程度的紧张状态，一些负面社会情绪凸显，如逆反情绪、悲观情绪、怨恨情绪、冷漠情绪、不公平感和相对剥夺感等。这些消极的社会情绪虽未成为民众情绪反应的主流，但是若不断蔓延和扩大，对国家和谐稳定与社会有效治理将产生消极影响。十八大以来，中国共产党十分注重对社会情绪的调控与疏导，从各方面进行综合创新以化解不良社会情绪、培养良好国民心态，实施了一系列新举措，取得了巨大成效。

---

* 本文作者：梅萍，女，华中师范大学马克思主义学院教授、博士生导师，研究方向为思想政治教育研究；罗佳，女，华中师范大学马克思主义学院博士生，研究方向为思想政治教育研究。

基金项目：本文系国家社科基金项目“当代大学生心态变化特点与心理疏导模式创新研究”（项目编号：14BKS102）的阶段性成果。

① 沙莲香：《社会心理学》，中国人民大学出版社 2006 年版，第 179 页。

一、开启全面从严治党新历程，调适民众政治不信任心理和逆反情绪

影响民众政治信任的决定性因素在于执政党的执政行为和执政绩效，这与执政党的执政形象息息相关。当前共产党的执政形象总体上是好的，绝大多数党员干部立场坚定、作风正派、工作勤勉、乐于奉献，但也不能否认，仍有不少蠹虫侵蚀党的肌体、损害党的形象。在不同级别的干部中，为官不正、不廉、不仁的行为时有发生，而媒体披露的一些权钱交易、权色交易、权力滥用等腐败行为一次次触及人们心理承受的底线，进而引发人们对党执政能力的不信任和执政形象的不满意，甚至产生“仇官”心理和逆反情绪，降低了党和政府的公信力和社会共识度。

十八大以来，中国共产党提出了“全面从严治党”的新要求，开启了党的建设新历程。首先，严管党内思想，树立崇高信仰。习近平总书记指出，一些党员干部之所以出现这样那样的问题，说到底是因为缺乏理想、缺少信仰、精神迷失，故“坚定理想信念，坚守共产党人精神追求，始终是共产党人安身立命的根本。对马克思主义的信仰，对社会主义和共产主义的信念，是共产党人的政治灵魂，是共产党人经受住任何考验的精神支柱”①。他强调，革命理想高于天。坚定理想信念，是对高级干部第一位的要求，是建设高素质干部队伍第一位的任务，只能加强不能削弱。其次，严格党员学习，提高执政本领。持续学习、提升党的执政能力，是中国共产党的优良传统，也有助于党从容应对社会发展中的各种困难，消除民众对党的不信任心理。习近平总书记在中央党校建校80周年庆祝大会暨2013年春季学期开学典礼上的讲话对党员和领导干部的学习目的、学习内容、学习方向、学习方法等做了全面的阐释，为新形势下建设学习型政党指明了新的方向。再次，严整党风党纪，肃清党内歪风邪气。习近平总书记强调，要“以猛药去疴、重典治乱的决心，以刮骨疗毒、壮士断腕的勇气，坚决把党风廉政建设和反腐败

① 中共中央宣传部：《习近平总书记系列重要讲话读本》，学习出版社、人民出版社2014年版，第160页。

斗争进行到底"①。2015 年 10 月 18 日，中共中央印发了《中国共产党廉洁自律准则》和《中国共产党纪律处分条例》，强调要坚决把党的纪律刻在全体党员特别是领导干部的心坎上，真正把党章党纪党规的严肃性、权威性在全党树立起来，这是保持党的纯洁自律，增强党在民众中公信力的根本。最后，严靠制度权威，建设廉洁政党。依靠制度防腐、反腐、治腐是十八大以来党加强自身建设表现出来的一种新常态。从十八大报告到十八届四中全会都提出要健全反腐败法律制度体系；而《建立健全惩治和预防腐败体系 2013—2017 年工作规划》，将党风廉政建设和反腐败斗争更加全面、系统地展开。制度反腐有助于从体制上消除腐败的根源，从根本上净化党内风气、重塑党的良好声誉，并逐渐消除民众对党的疏离感和逆反心理。

十八大以来中国共产党加强自身建设的新举措，是党建理论的新发展，更是在新形势下运用创新性思维处理执政党与人民关系的新实践。中国共产党严管党内懒散思想、严治党内虚化精神、严整党内腐败行为，向社会传达着党强烈渴求社会公平、实现社会正义、密切党群关系的信号。只有建设人民真正满意、放心的执政党，塑造积极奋进、为民服务的良好形象，才能不断消除民众政治不信任心理，提升执政公信力。

二、实施价值引领与舆论调控的整体推进，化解民众的价值迷茫和负面情绪

我们正处于一个多元并存、多枝同根、多态同源、共生互动的新文化共同体中。经济全球化、世界多极化、网络新媒体等使得主流文化、精英文化、大众文化、市场文化、西方文化交织融合，冲突碰撞。多元文化的相互挤压模糊了人们的价值选择尺度。怀疑主义、相对主义、虚无主义等不断滋生和蔓延，部分人出现了价值迷茫和信仰危机。尤其是近年来，西方某些国家借助互联网和各种社交平台持续攻击、抹黑中国，宣扬中国选择马克思主义和社会主义道路是"背离人类文明的发展大道""误入歧途"，全面解构唯

---

① 中共中央宣传部：《习近平总书记系列重要讲话读本》，学习出版社、人民出版社 2014 年版，第 170 页。

物史观指导下的中国近现代史，把中国梦曲解为“普世价值梦”“个人主义梦”，导致部分民众对中国的历史和未来产生怀疑和悲观情绪。习近平总书记在2013年8月19日全国宣传思想工作会议的讲话中强调，“以互联网为载体的新媒体迅猛发展，已经成为意识形态交锋冲击的重要平台”。如果对网络社会治理、监管不力，将在很大程度上加大民众的信仰混乱。可以说，互联网已成为当前舆论斗争的主战场。要化解民众的信仰危机和负面情绪，既需要科学的价值引领，也需要严格的舆论调控。

首先，坚持正确、科学的价值引领。其一，大力培育和践行社会主义核心价值观，为民众的价值选择和行为取向指明方向。核心价值观，承载着一个民族、一个国家的精神追求，体现着一个社会评判是非曲直的价值标准。一个国家和社会是否拥有广泛认同的核心价值观，直接影响到一个国家的凝聚力和影响力。十八大报告提出要“倡导富强、民主、文明、和谐，倡导自由、平等、公正、法治，倡导爱国、敬业、诚信、友善，积极培育和践行社会主义核心价值观”。社会主义核心价值观分别从国家层面、社会层面、个人层面回答了“我们要建设什么样的国家、建设什么样的社会、培育什么样的公民的重大问题”①，是凝魂聚气、强基固本的基础工程。它通过主导人们建立正确的价值认知或改变错误的价值认知，对人们自觉抵制西化思潮和历史虚无主义观点，辩证地看待改革过程中的失误与风险，自觉疏导迷茫、悲观、怀疑、冷漠等不良情绪，以自尊自信、理性平和、积极向上的社会心态参与社会改革和治理有积极的引导作用。其二，通过中国梦的宣传教育，对人们的理想信念进行引领。2012年11月29日，习近平在参观《复兴之路》展览时，提出了“实现中华民族伟大复兴”的中国梦。在第十二届全国人大一次会议闭幕会上的讲话中，他再次强调实现中华民族伟大复兴的中国梦，就是要实现国家富强、民族振兴、人民幸福，实现中国梦必须“走中国道路”“弘扬中国精神”“凝聚中国力量”，这是对中国梦更为明朗化和全面

① 《习近平谈治国理政》，外文出版社2014年版，第168－169页。

化的表达。伟大的中国梦发挥着精神推动力的作用，不断凝聚人心、增强认同、引领共识，激励人们为实现中华民族伟大复兴的目标而保持高昂的精神状态和积极健康的社会情绪。

其次，加强社会舆论有力调控，为消除不良社会情绪提供良好氛围。社会舆论是一种控制社会生活的外在价值力量和软性权威，它能够形成一种特殊氛围，无形地控制和影响每个社会成员的心态与言行。十八大以来，党主要做好两个方面的舆论调控：一是网络空间的舆论调控。当前，意识形态的热点在网上，舆情控制的难点在网上，舆论引导的重点在网上。习近平指出："做好网上舆论工作是一项长期任务。要创新改进网上宣传，运用网络传播规律，弘扬主旋律，激发正能量，大力培育和践行社会主义核心价值观，把握好网上舆论引导的时、度、效，使网络空间清朗起来。"① 对此，2014 年 2 月 27 日，正式成立了中央网络安全与信息化领导小组，并审议通过了《中央网络安全和信息化领导小组工作规则》《中央网络安全和信息化领导小组办公室工作细则》《中央网络安全和信息化领导小组 2014 年重点工作》，强调对网络舆论进行严格的治理。二是新闻媒体和传播舆论的引导。十八届三中全会决议明确指出要"健全坚持正确舆论导向的体制机制"；习近平也强调新闻媒体要"多宣传报道人民群众的伟大奋斗和火热生活，多宣传报道人民群众中涌现出来的先进典型和感人事迹"②，用中国话语"讲好中国故事，传播好中国声音"③，这保证了新闻传播的主旋律方向，起到了正视听、稳民心的效果。总之，对网络、新闻传播媒介进行正确、严格的舆论引导和调控，能够减少网络暴力、网络谣言、网络虚拟自由所衍生出的各种负面影响，保证新闻传播的主旋律方向，扩大媒体传播的正能量，为巩固积极的社会情绪、消除价值迷茫和思想混乱提供良好的氛围和风气保障。

---

① 《总体布局统筹各方创新发展努力把我国从网络大国建设成为网络强国》，《人民日报》2014 年 2 月 28 日。

② 《习近平谈治国理政》，外文出版社 2014 年版，第 154 页。

③ 《习近平谈治国理政》，外文出版社 2014 年版，第 156 页。

三、强调利益协调与利益表达的相互配合，化解民众的不公平感和暴戾情绪

马克思指出：“人们为之奋斗的一切，都同他们的利益有关。”① 利益是现实社会中的人不能割舍的，人们的情绪波动、心理变化等主观感受都与利益有着直接的关系。利益协调对维护人们的心理平衡、调控人们的情绪状态显得特别重要。十八大以来，我党十分重视从各项政策上协调各方利益、化解社会矛盾。《中共中央关于全面深化改革若干重大问题的决定》明确指出，要“健全基层综合服务管理平台，及时反映和协调人民群众各方面各层次利益诉求”。由于现有医患矛盾比较突出，而教育资源分配不均等问题，所以党中央近三年下了大力气协调医患关系和均衡教育资源。国务院出台一系列政策，从“大病返贫”“社会办医”“公立医院改革”“医疗救助”“乡村医生”“药品采购”等入手，着力破解老百姓看病难、看病贵的现实问题。对于教育资源不均衡的问题，《教育部关于做好 2015 年重点高校招收农村学生工作的通知》则提出要畅通农村和贫困学子纵向流通渠道，并相继实施了“支援中西部地区招生协作计划，扩大实施农村贫困地区定向招生专项计划”“完善东西部对口支援制度”“继续推进实施中西部高等教育振兴计划”，缩小教育差距，力促教育公平。此外，《中共中央国务院关于构建和谐劳动关系的意见》《关于加强社会治安防控体系建设的意见》《关于创新机制扎实推进农村扶贫开发工作的意见》等，也从不同领域对不同的利益关系进行调节。利益协调通过给予部分群体一定的政策倾斜，促进社会利益补偿机制的运行和实现社会的实质正义。

利益协调只是利益范畴的一个向度，利益表达则是另一重要向度，只有两者相互配合，才能让人们真实感受到自身利益的获得与实现。然而，一个社会中不同群体的利益表达能力是不一样的，强势群体由于掌握了更多的社会权力和社会资源，也就拥有更多的机会和渠道表达自身利益诉求。而处于

---

① 《马克思恩格斯全集》第 1 卷，人民出版社 1995 年版，第 187 页。

社会基层的绝大部分群体，其利益表达的渠道却由于种种原因经常受阻，他们在自身利益受损或是面对社会不公时，常常无法有效地表达自身诉求。这容易加重该群体被冷落、被边缘化的感受，进而导致怨愤、暴戾、受挫等社会负面情绪，这些负面情绪如果不加以疏通和引导，易造成各类极端性事件的发生。因此，十八大以来，中国共产党畅通多种渠道，健全人民群众利益表达机制。首先将表达权作为公民的基本政治权利，积极创造多种条件予以落实。十八大报告指出："保障人民知情权、参与权、表达权、监督权，是权力正确运行的重要保证。"《国家人权行动计划（2012—2015 年）》也明确提出："畅通各种渠道，依法保障公民的言论自由和表达权。"该计划还提出了健全群众利益诉求表达机制、不断畅通和拓宽信访渠道的具体做法，如"落实信访条例，推广和完善'绿色邮政''网上信访''专线电话''视频接访''信访代理'等做法"。其次，健全利益表达机制。十八届三中全会报告强调，要"建立畅通有序的诉求表达、心理干预、矛盾调处、权益保障机制，使群众问题能反映、矛盾能化解、权益有保障。"最后，通过领导下基层、体验群众生活、召开不同群体茶话会的形式，实现下情上达、下意上传，进一步畅通人们利益表达的渠道。以习近平同志为总书记的党中央，除了到全国各地调研经济发展状况，还深入到基层一线，特别是革命老区、贫困山区、学校、医院、军队等，全面了解群众的生活状况。这深刻地体现了我们党全心全意为人民服务的宗旨，有助于温暖群众心理，从而降低了民众自我贬低、愤世嫉俗等不健康情绪的产生概率。

四、发挥思想疏导与社会治理的双重效能，化解民众的怨愤心理和不满情绪

长期以来，中国共产党一直注重依照疏导方针和原则帮助人们走出思想误区、转化消极情绪。通过谈话谈心、说理教育、劝服引导等民主性方法，启发人们思考，打动人们情感，从而使人们在正确思想观念的引导和感化下获得积极的情绪体验和价值态度。这是思想政治教育的优良传统，符合我国

的社会主义性质，也符合人的思想和情绪活动的基本规律。当前民众的怨愤情绪、不满情绪的滋生和蔓延，从根本上说既源于民生问题未得到根本解决，如就业困难、食品安全、环境质量、交通拥堵等；也源于一些权力腐败、权力滥用对人民基本权利的伤害问题；还源于道德冷漠导致中国社会的总体信任下降等。而这些矛盾从性质上说都是非对抗性的矛盾，其引发的不满情绪是可以通过心理疏导和思想疏导的方式来化解的。十八大报告指出："加强和改进思想政治工作，注重人文关怀和心理疏导，培育自尊自信、理性平和、积极向上的社会心态"，这是新时期思想政治工作的重要理念。2013 年 9 月 9 日，《人民日报》刊发文章指出："抓好思想理论领域问题引导，着力解疑释惑、疏导情绪，既讲'怎么看'，又讲'怎么办'，消解诱发矛盾的负面因素，引导社会情绪、社会心理朝着积极健康的方向发展。"① 这说明了人们的思想症结和情绪冲突不能进行强硬压制和堵塞，不能依靠强迫和行政的手段去解决，而是要发挥柔性的思想疏导作用，广开言路、畅通渠道，让人们在讨论、交流和沟通中，分清思想是非、消除思想疑虑，宣泄不良情绪、消解情绪障碍，从而形成思想共识、获得社会合力。

党的十八大以来，中国共产党在化解社会不满情绪方面，既发挥了党在思想教育上的传统优势，也根据当前社会发展的新变化，及时实现思维方式的转变，首次提出了"社会治理"的概念。十八届三中全会公报提出了"全面深化改革的总目标是完善和发展中国特色社会主义制度，推进国家治理体系和治理能力现代化"。把社会治理的思维方式运用到社会情绪疏导中，是在客观分析社会情绪的基础上进行制度规约和软性要素的配合，注重发挥不同社会组织和社会要素的综合治理作用，特别是突出人性化的情绪疏泄式和科学化的情绪引导式治理，这对化解负面社会情绪产生了积极影响。首先，是民生问题治理，从各项政策制度上保障人们的基本权益。如"推动各地落

---

① 雒树刚:《牢牢把握"两个巩固"根本任务扎实推进宣传思想文化工作——深入学习贯彻习近平同志在全国宣传思想工作会议上的重要讲话精神》,《人民日报》2013 年 9 月 9 日。

实带薪休假制度”，保障人们休闲放松自由；“推进城市地下综合管廊整治，完善基础设施建设”，保证人们优良、宜居的生活环境；“以农产品、食品、药品等对消费者生命健康有较大影响的商品为重点，建立来源可追、去向可查、责任可究的全程追溯体系”，保证老百姓吃得放心；“保障菜市场用地”，方便老百姓日常生活等。这些惠民性的制度措施，切实解决了人民生活中的烦心事，是对人民基本民生福祉的落实与保障，有助于疏导群众对政府的不满情绪、悲观情绪和怨愤情绪。其次，是道德领域突出问题的治理。道德底线失守引发社会愤恨，“好人难做”“宁做路人”“与己无关”正成为很多人拒绝帮助他人的借口，这导致人们越来越丧失安全感和信任感。因此，道德领域的治理成为化解负面社会情绪的着力点。十八大报告明确提出，要“深入开展道德领域突出问题专项教育和治理，加强政务诚信、商务诚信、社会诚信和司法公信建设”，这开创了党进行道德治理的新起点，有助于增进社会成员的安全感、亲近感。再次，是对行政权力的治理。除加强对权力运行的制约和监督外，还大力推行“简政放权”。“简政放权”，用李克强总理的话说，就是政府“不做竞技场的‘收票员’和‘运动员’，而是做好‘裁判员’”①。2015 年 5 月 12 日，国务院批准了《2015 年推进简政放权放管结合转变政府职能工作方案》，涵括了人们社会生活的主要领域。这将有效治理政府各个部门办事拖沓、冗杂、烦琐等现象，也会极大地化解群众的不满情绪。

总之，十八大以来中国共产党在化解社会负面情绪中的新举措，是新时期党执政方针的体现，是把马克思主义的发展观、群众观、社会观等与现阶段中国发展面临的新问题、所表现出的新形态有机结合的产物。新举措体现了中国共产党执政思维的与时俱进，执政方式的时代创新，并深深根植于全心全意为人民服务的根本宗旨之中。

（原载于《理论学刊》2016 年第 2 期）

---

① 《李克强会见出席中国发展高层论坛 2015 年年会境外代表并座谈》，《人民日报》2015 年 3 月 24 日。

十八大以来我国社区治理的新常态*

当前，我国的社区治理是在经济转轨、社会转型和思想转变的时代背景下展开的。由社区管理向社区治理转变，是社会转型的重要内容。社区治理新变化，来自事物发展的内在新要求，来源于对所面临新问题的解证，来源于对人民群众诉求愿望的新回应。党的十八大以来，党中央立足于我国经济社会发展最新态势，正视我国社区治理所面临的一系列新情况、新问题，对社区治理在理论层面进行了重大创新，做出了新表述新论断；在实践层面做出了新部署、新安排，提出了新要求、新目标。由此，构成了我们对我国社区治理新情况、新发展进行分析和预判的基础。如习近平总书记在2014年参加十二届全国人大二次会议上海代表团审议时，从管理与治理、社区治理与社会治理之间的关系出发，强调要加强城市新型治理模式的探索；2015年，他在参加十二届全国人大三次会议上海代表团审议时指出，社会治理要从群众根本利益出发，以基层党建促进社会治理，使社会管理向社会治理转变。此外，党中央还就统筹城乡社会发展，提升城乡社区治理能力做出了新的论

---

* 本文作者：张艳国（1964—），男，湖北仙桃人，江西省2011协同创新中心、江西师范大学中国社会转型研究中心主任，教授，博士生导师，主要从事中国社会转型研究；刘小钧（1979—），男，湖北潜江人，湖北省社会科学院助理研究员，江西师范大学马克思主义学院博士研究生，主要从事城乡基层治理研究。

基金项目：2014年度国家民政部研究项目“推进社区治理体系和治理能力现代化建设的政策建议”（2014MCAKT－006）。

述。可以说，党的十八大以来，我国社区治理的背景、形势、要求、内容等都发生了深刻变化，虽然导致这些变化的原因有多方面，既有来自国家战略层面的新决策，也有来自经济社会发展层面的新变化，还有社区治理自身面临的新情况，但是，毕竟由此形成了我国社区治理的新常态：第一，建构社区治理体系和提升社区治理能力；第二，立足于社会建设，促进社区和谐，做好社区建设与治理这篇大文章；第三，统筹城乡社区发展，加快农村社区发展步伐；第四，按照法治中国总要求，推进社区治理法治化。深刻认识我国当下社区治理的新常态，有利于我们把握社区治理的基本走向，科学研判其内涵的综合性因素，并根据这些变化了的实际情况来预判社区治理的新要求新任务新特点，由此进行顶层设计，有针对性地制定相应的政策和策略。

一、建构社区治理体系和提升社区治理能力

党的十八届三中全会提出了“国家治理体系和治理能力现代化”的重大命题和重要论断，这就要求执政、改革和社会主义现代化建设要善于将各种层次、各种范畴、各种形式的多元治理，与提升国家治理能力相结合，最广泛地调动社会各方面参与国家治理的积极性、主动性和创造性，做到国家治理体系的全面覆盖和治理能力的全面提升。从社区治理在国家治理中的地位来看，社区是国家治理体系的基本单位，构成国家治理体系的第一防线和底部基石，社区治理体系和治理能力现代化是国家治理体系和治理能力现代化的重要组成部分，社区治理的成效、影响等会在不同治理层级之间传导，通过各种社会因素和社会机制复杂的聚合作用，往往会出现扩散与放大效应，最终影响国家治理的整体格局。人们熟知的“基础不牢，地动山摇”，可以用在社区治理与国家安全关系上，它们就是基础与大厦的相辅相成关系。

正是基于对社区治理在国家治理格局中的角色、地位和重要性的认识，学术界、政府职能部门以及社区工作者都自觉地将社区治理现代化与国家治理现代化联系起来，在理论和实践上积极地开展相关研究和探索，社区治理体系和治理能力现代化迅速成为学术研究和社会关注的热点。2014 年 3 月，

国家民政部和厦门市联合启动了重点课题“社区治理体系和治理能力现代化建设”的研究①，突出了社区现代治理能力在社区建设中的重要地位，强调以社区治理能力现代化为主线引领社区实践探索与理论研究。从地方探索的实践经验来看，不同地方在探索社区治理转型，推进社区治理现代化的过程中，根据自身情况不同，采取了不同的措施和手段，形成了各具特色的经验和做法。武汉市以社区治理的体制机制创新为切入点，提出打造“幸福社区”的建设目标，摸索出了加强顶层设计、推进社区治理法治化、推行“减负增效”、激发社会参与活力等途径②。成都市武侯区玉林街道黉门街社区创新探索了以“党建区域化、网格立体化、服务社会化”为核心的社区治理“三化”模式，有效地提升了治理能力。湖北省秭归县认真总结前期农村社区建设经验，在全县范围内推行“幸福村落”建设，引导鼓励支持村民在村落共同体内积极开展自我管理、自我服务、自我教育、自我监督与自我发展，大力发展农村经济和文化社会事业，培育村落公共精神和集体认同，提高农民生活品质和幸福指数，取得了显著成效。2013 年 7 月，厦门市在思明区和海沧区启动了以“核心在共同、基础在社区，关键在激发群众参与、凝聚群众共识、塑造群众精神，根本在让群众满意、让群众幸福”为要义的“美丽厦门共同缔造”试点行动，着力构建街（镇）机构负责、居（村）组织负责、社会组织协同、全体居民参与的基层社会治理体系，促进社会系统治理、依法治理、综合治理。自 2004 年以来，上海市把社区信息化建设作为提高公共服务水平的突破口和着力点，形成了以社区事务受理中心为依托、“一门式”政务服务信息系统为基础、社区信息化标准体系为支撑的社区公共服务综合信息平台建设模式，极大地方便了社区居民办事，提高了政务服务的群众满意度。③

---

① 立标：《“推进社区治理体系和治理能力现代化建设”课题研究在京启动》，《中国民政》2014 年第 3 期。

② 王杰秀、何立军：《社区治理创新的“武汉经验”——武汉市社区治理创新调研报告》，《中国民政》2015 年第 1 期。

③ 本刊编辑部：《社区治理的地方创新》，《中国民政》2015 年第 3 期。

从学术界关于社区治理现代化的研究成果来看，在研究视角、理论根据上呈现出多元视角与多元方法，体现对此问题研究呈现出开放的特点。第一种观点是从基层党的建设出发，将基层党组织自身的现代化视为社会治理现代化的核心，主张以党的建设带动和促进社区治理能力现代化①。第二种观点主张从居民有序参与着手，通过健全参与制度、拓展参与渠道、提高参与水平等方面来推动社区治理，这种观点实际上是将居民的现代化（人的现代化）视为社区治理现代化的核心要素②。第三种观点是从社区治理现代转型的视角展开研究，从"问题—创新""困境—突破"的辩证关系出发，主张社区治理现代化的过程就是在破解传统社区治理模式、症结、矛盾的同时，从构建多元化治理格局、建设高效互动社区组织体系、重塑现代社区权威、促进政府角色转型、培育社区居民公共精神等方面开拓转型之路③。显然，社区治理现代化是一个全新的重大命题，社区治理能力表现为社区各个主体、各种要素、各种机制的整合状态及在实践中的执行能力，这为我国社区建设与治理的发展指明了方向，是今后学术研究中的一个重点和热点问题，在理论和实践上都具有十分重要的价值和意义。当然，正因为它的提出和研究时间较短，其内涵要素又具有十分丰富和复杂的特征，因此，当前对此认识和研究在很多方面都还不尽相同，存在着不少争议和分歧，有的甚至是完全相左，这就需要研究者具有高度的学术敏锐性、强烈的现实情怀和前瞻性的社区治理理念，自觉地、积极地回应国家现代治理能力这一重大的理论与现实问题，不断深化社区治理体系和治理能力现代化的各项研究工作。以笔者看来：一是要以平等交往和利益共享为核心，逐步形成多元主体共同参与

① 甄小英：《党建科学化助推社区治理现代化》，《人民论坛》2015 年第 1 期；沈跃春：《以社区党建创新为引领　推进社区治理现代化》，《唯实》2014 年第 10 期。

② 丁长艳：《当代中国国家治理的秩序建构与治理模式的转型研究》，《江西师范大学学报（哲学社会科学版）》2015 年第 2 期；蒋昆生：《推进"三社联动"扩大群众参与将社区治理现代化建设不断引向深入》，《中国民政》2015 年第 3 期。

③ 韩兴雨、孙其昂：《现代化语境中城市社区治理转型之路》，《江苏社会科学》2012 年第 1 期；郭祎：《现代化转型中的城市社区治理新趋势——以成都实践为例》，《宁夏党校学报》2014 年第 6 期。

的治理格局；二是要以民主原则和法治化为方向，不断完善社区治理结构；三是要建立健全社区治理中社会与政府之间的“回应—反馈”“监督—问责”机制，畅通社区与政府的政治关系；四是要坚持社区协商民主与选举民主并举，提高公共决策的科学性和民主性；五是要培养专业社区社会组织和专门的社区工作者，不断夯实社区工作基础。

二、立足于和谐社会建设，做好社区治理这篇大文章

以习近平为总书记的党中央从国家战略层面充分重视社区建设与治理的战略地位和重要作用，既注重从民主政治建设的角度推动社区治理，又强调立足于社会建设背景不断加强社区治理，从而扩展了社区治理的理论内涵和目标取向。一方面，党的十八大确立了全面深化改革“五位一体”总布局，在这个总布局中，以公平正义为价值取向的社会建设是其中一个非常重要组成部分，而在落实以民生为重点的社会建设工作中，社区是一个重要的组织平台和社会场域。社区服务业的大部分内容，包括社区养老、社区教育、社区医疗、社区就业、社区管理都是社会建设的重要内容。同时，社会建设的许多工作都要落实到社区层面，必须依靠社区自治组织、党组织、志愿者组织和社区居民的积极参与和有效配合，才能发挥作用，达到预期效果。随着我国经济社会向更高水平发展，社区服务业也将越来越发达，社区服务的内容、方式、质量将会有一个飞跃式发展，社区将日益成为居民享受社会发展成果、享受现代城市社区生活、不断提高生活水平的重要载体，社区服务将在社区建设与治理中居于越来越重要的地位。另一方面，社区治理又是基层民主政治建设的重要组成部分，社区治理以民主决策、居民自治、民主监督、社会参与为核心展开，注重居民的政治权利和法律权利，包括选举权、被选举权、表达权、知情权、参与权等，通过制度化、法治化、程序化的方式在社会政治参与与政治制度化之间取得平衡。社区是培育居民现代公共素质的天然场所，广大社区居民通过各种正式的、非正式的，政府的、民间的各种组织形式和参与途径，学习民主参与技术，锻炼参与能力，培养民主习

惯，从而以社区自治的稳步发展推进基层民主政治建设。

显而易见，基层民主政治建设与社会建设在价值取向、实际内容、建设路径等方面均存在明显的差异，这就决定了在不同背景和条件下，社区治理的侧重点是有所不同的。比如基层民主政治建设，在社会建设背景下则要求社区治理更多地关注社会生活实际内容、居民生活幸福指数、社会生活共同体的发展水平等方面。正如习近平总书记在2015年初参加十二届全国人大三次会议上海代表团审议时所强调的："创新社会治理，要以最广大人民根本利益为根本坐标，从人民群众最关心最直接最现实的利益问题入手，把加强基层党的建设、巩固党的执政基础作为贯穿社会治理和基层建设的一条红线，深入拓展区域化党建，建立一支素质优良的专业化社区工作者队伍，推动管理重心下移，推动服务和管理力量向基层倾斜，实现从管理向治理转变，激发基层活力，提升社区能力，形成群众安居乐业、社会安定有序的良好局面。"① 这就将居民根本利益、基层党组织建设、党的执政能力和执政基础统一起来，使民主政治建设、党的建设融入社会建设、居民生活之中。由于社区是国家治理和社会生活交叉与结合的空间和载点，因而我们必须充分重视社区治理自身的特性，它所处的层级、所承载的内容及其政治社会效应等方面，充分认识社区治理同基层民主政治建设和社会建设之间紧密的内在联系，充分认识社区治理兼具基层民主政治建设和社会建设的内容要素。由此可见，社区治理所具有的多重意蕴和在社会转型时期所具有的多重意义，关涉诸多重大命题。当前，研究者似乎更多地从基层民主政治的意义上去研究社区治理，而将以民生为重点的社会建设作为一个独立的研究领域，使集政治与社会于一体的社区，其政治功能与社会功能被人为地割裂了。但在社会有机体内，社会生活的实际内容不存在如此泾渭分明的界限。实际上，基层民主政治建设、基层治理法治化、社区治理结构优化及促进社区共建共享、提升社区民生福祉等，都离不开基层社会生产生活的实际内容，都

① 《习近平在参加上海代表团审议时强调：当好改革开放排头兵创新发展先行者为构建开放型经济新体制探索新路》，《人民日报》2015年3月6日。

必须以保障群众的社会权益、提高社区居民生存发展的质量和水平为落脚点。因此，不论是在理论研究中，还是在各地社区建设与治理实践中，社区治理必然包含着基层民主政治发展和基层社会民生福祉两个方面的内容。这不仅是回应国家关于社区治理与社会建设最新精神的必然要求，也是社会建设和社区治理在实际工作中深入推进的必然趋势，而且也是从理论上论证社区治理、社会治理和国家治理之间内在联系与互动关系的本质要求。

三、统筹城乡社区发展，加快农村社区发展步伐

党的十八大以来，党中央高度重视城乡统筹发展，在新时期发展了中国特色社会主义城乡统筹发展思想，并对统筹城乡社会发展做出了更为具体、更为深入的部署和规划，这对破除我国长期存在的城乡经济社会发展二元结构问题，促进经济社会持续健康发展和社会公平具有十分重要的意义。习近平总书记指出，要将新农村建设与新型城镇化统一起来，形成推动城乡社会协调发展的双轮驱动。习近平还指出，统筹城乡发展必须着重把握三点：一是要完善规划体制，通盘考虑城乡发展规划编制，一体设计，多规合一，切实解决规划上城乡脱节、重城市轻农村的问题。二是要完善农村基础设施建设机制，推进城乡基础设施互联互通、共建共享，创新农村基础设施和公共服务设施决策、投入、建设、运行管护机制，积极引导社会资本参与农村公益性基础设施建设。三是要推动形成城乡基本公共服务均等化体制机制，特别是要加强农村留守儿童、妇女、老人关爱服务体系建设①。李克强总理也从经济转型和社会发展的角度出发，指出建立城乡发展一体化的体制机制对统筹城乡发展的重要意义，而建立城乡一体化发展体制机制，就是要分别从推进现代农业制度和新型城镇化体制建设等方面着手②。

从国际视野来看，城乡一体化发展是现代化进程的必经阶段。从我国

---

① 《中央城镇化工作会议在北京举行》，《人民日报》2013 年 12 月 15 日。

② 李克强：《关于深化经济体制改革的若干问题》，《十八大以来重要文件选编》上，中央文献出版社 2014 年版，第 803 页。

“四个全面”战略布局来看，统筹城乡社区建设已经提上了社会建设的重要议事日程。当然，不可否认城乡社区建设会因城乡之间生产生活方式的不同内在规律而呈现出不同的表现形式。统筹城乡社区发展，就意味着在尊重城乡社区建设地域性差异的基础上，消除城乡社区在资源投入、基础设施建设、人才队伍建设上的差别对待，消除对农村社区建设的各种政策性歧视和不平等的投入，兼顾城乡社区发展的不平衡性，使城乡社区居民共享全社会发展和国家进步的成果，既为城乡社会协调发展、可持续发展奠定基础，又体现在社会全面发展中尊重不同利益层次要求和不同利益群体诉求的公平正义。从我国社区建设的历史来看，社区建设首先是从城市开始的，它是为解决单位制解体后城市社会管理难题而采取的一种新的组织形式和管理制度。因此，在较长的时间内，社区建设的重点是在城市。农村基层社会治理基本上是采取以村民委员会为核心结构的自治模式，侧重于基层民主政治建设；对农村村民自治的研究，也主要集中在基层民主政治发展的相关问题上。

社区建设以打造社会生活共同体为要义，更偏重社会生活的有机性、互动性和共同性层面，强调内部各个要素、结构和组成部分之间的有机联系，强调现代社区生活对提升和保障人们社会生活品质的基础性地位。因此，根据“四个全面”战略布局的新要求，在社会主义市场经济条件下统筹城乡社区建设，应该包含如下内容：一是实现城乡社区治理内容上的全面性。城乡社区能够满足居民生活的基本需要，并不断为居民发展、提高居民的生活水平提供更好的条件和环境。社区应成为居民的聚居区、社会生活的有机共同体和居民的精神共有家园，成为居民满足社会交往、情感慰藉的重要场所。二是实现城乡社区发展机会的均等性。在资源投入上，兼顾城乡社会和居民发展的需要，注重城乡社会发展的均衡性，转变在公共资源投入上的不平等和歧视现象，以城乡基本公共服务均等化为重点推进城乡社区一体化建设，“积极开展城乡社区结对帮扶活动，整合城乡服务资源，将城市社区便民服务和农村社区惠民服务有机结合，探索建立城乡互助新机制”。推动社会治安、公共安全、文化娱乐、风尚情操、公共教育、文化水平、卫生医疗、健康水平、社会保障、生活质量、基础设施、社区功能等方面的差距逐步缩小。三是实现城乡社区治理发展的协调性。科学合理地制定社区发展的远、中、近期发展目标，社区建设与治理要有区域规划、有发展规划，有顶层设计，有制度安排，有社会张力，有保障措施，使城乡社区建设与治理有机统一于社会建设和基层民主政治建设过程之中。

四、按照法治中国总要求，推进社区治理法治化

党的十八届四中全会从法治国家、法治政府、法治社会三位一体的高度出发，提出了国家法治工作的整体格局和发展态势，并特别提出了“推进基层治理法治化”① 的新任务新目标，肯定了社会自治组织、自治规章和乡规民约在构建多层次多领域依法治理中的重要作用，提出要完善基层法律服务体系，培养基层法律服务工作者，充分发挥基层党组织在全面依法治国中的战斗堡垒作用，通过改善基层设施和条件，推进基层社会治理法治化的历史进程。“基层治理法治化”是一个全新的重大命题，它要求将社会基层各种治理活动纳入到法律规范之下，将法治与社会生产生活秩序有机结合起来，让法治思维方法和效力机制真正融入社会生产生活实践的方方面面，使法治成为支撑社会运转的根本力量，把法治熔铸在社会生活共同体的肌体里，并成为永不停歇的汩汩流淌的新鲜血液。这对于重塑人们的思维模式，树立现代法治思维，规范国家、政党、社会和人民的行为，改变传统的人治思维，具有革命性意义。当然，相对于社会整体构架来说，社会基层既是重点，也是难点。也正是在这个意义上，党的十八届四中全会指出：“全面推进依法治国，基础在基层，工作重点在基层。”② 应该看到，在推进社会基层治理法治化的工作中，社区治理法治化是一个十分重要的组成部分。因此，在新常

① 《〈中共中央关于全面推进依法治国若干重大问题的决定〉辅导读本》，人民出版社2014年版，第37页。

② 《〈中共中央关于全面推进依法治国若干重大问题的决定〉辅导读本》，人民出版社2014年版，第37页。

态社会背景下，有关各方要积极针对当前我国社区治理法治化工作中存在的法律制度不健全、法律服务队伍不健全、社区自治规约作用不明显等突出问题，采取有效措施予以解决。

首先，要健全国家社区法制体系，改变我国当前社区法制建设分散化、政策化的特点。在社区法律体系中，除了有限的几部专门法之外，关于社区建设与治理的法律规定大部分都分散在相关法里，特别是党和国家的政策文件在当前社区建设与治理过程中起了重要作用，这虽然在一定程度上缓解了社区建设与治理过程中的法律供给不足、立法手段滞后的矛盾，起到了应一时急需的作用，但从长远来看，还是不利于社区建设的长治久安与建设法治中国的根本要求。要改变当前社区法制体系滞后于社区发展的现状，以法制建设推动社区治理顺利发展，就是要牢固树立依法治理、法律至上的理念，根据实际情况及时修订、完善、废止、制定并出台相关的法律法规，理顺社区相关法律规定的内部关系，抓紧修订《城市居民委员会组织法》，组织专家论证制定统一的“社区法”的可行性，并择机由国务院向全国人大提出立法申请，以完善社区基层法律服务体系。

其次，规范完善基层法律服务体系，以基层人民调解员、法律工作者、公证员等为核心构建社区基层工作者队伍，同时建立法律人才服务基层的激励机制。要培养一支业务能力强、思想道德素质好、甘于奉献的社区法律人才队伍。积极探索政府购买法律服务的形式，采取由“群众考核定价、政府购买法律服务”的方式组织律师参与社区治理，发挥律师群体在解决社区矛盾纠纷、维护群众权益、普及法律知识等方面的作用。组建社区法律志愿者队伍，吸纳居住在社区，具有较强服务精神、热心公益事业和具备一定法律业务能力的退休或在职的法官、检察官、律师、法学科研工作者等参加，发挥他们在法律方面的专长，为满足社区群众的法律需求做出自己的积极贡献。

再次，要处理好国家法与民间法之间的关系。民间法在我国具有悠久的历史传统，居民的各种自治规约在社区治理中也发挥着调节社会秩序的重要作用，是社会自治能力的重要体现。要进一步完善社区居民公约、乡规民约和民间自治章程的制定程序和备案管理制度，使民间法在社区居民自治活动中发挥正向的积极效能。社区自治规约的合法性，既来源于国家正式法律法规对社区自治权的认可、赋权和保障，同时也来源于社区居民认同、拥护和遵守，社会规约与国家正式制度之间是一种相辅相成的互动关系。社区自治规约制定、讨论、修改、实施的过程，体现了居民民主意识、参与意识、合作意识、自治意识的逐步成长发育，是社区居民民主地、自主地参与社区建设和治理的过程，与社区民主政治发展具有内在一致性。

五、树立社区治理新理念，体现中国社区新特色

2014年3月5日，习近平在参加十二届全国人大二次会议上海代表团审议时从管理与治理、社区治理与社会治理之间的关系出发，强调加强城市新型治理模式的探索，他指出："治理和管理一字之差，体现的是系统治理、依法治理、源头治理、综合施策"①。管理同治理与善治之间的确有着本质的区别。从国家权力与社会权利的互动关系来看，管理偏好以政府为主体的自上而下的协调方式，政府与其他主体之间不是平等协商、共同参与的关系，更多地依赖和服从作为权威主体的政府的意志和决断。治理与善治强调多元主体之间是平等参与、资源共享、协调合作、权责分担的关系，而不是依赖与服从的关系，尽管认为国家权力是不可或缺的一环，但其他参与主体也具有不可替代的积极作用，它们在实现社会公共利益最大化过程中都具有同等重要性。具体来说，树立社区治理新理念，体现中国社区新特色，就是要做到以下四点。

一是树立社区治理的基础观。社区建设与治理面临新的时代背景和快速变化的社会生活。我们要根据"推进国家治理体系和治理能力现代化"的总任务、总目标，重新思考社区治理在国家治理体系中的基础性地位和重要作用，树立"社区安则天下安，社区稳则国家稳"的新观念，占领社区建设与

① 《习近平在参加上海代表团审议时强调：推进中国上海自由贸易试验区建设，加强和创新特大城市社会治理》，《人民日报》2014年3月6日。

治理理念的战略制高点，把社区建设与治理理念、思路的创新提升到新的时代高度。在这一总体思路的指导下，要根据社区治理所面对和需要解决的问题，来思考和分析社区治理中的思想解放问题。社区建设与治理的各项工作一般属于社会日常生活和社会管理的内容，比较常见和具体，相比宏大、激烈、深刻的社会变革，社区治理工作上的创新显得琐碎、平稳和日常，往往是以零敲碎打、日复一日的积累叠加方式来逐步完成，具有经验性特点，这与社区治理工作中激发群众参与，鼓励和支持他们的主动性和创造性有很大关系，而这也符合人类思想解放的一般趋势。因为社会并不总是处于轰轰烈烈的社会变革与转折时期，创造性活动由引领时代风标的少数杰出人物向非精英性的一般群众转变，这也是现代社会的一个显著进步。从这个角度来说，社区治理能力现代化实际上是从非日常生活视角来研究日常生活的社区，因此必须尊重、鼓励和保护日常生活中社区居民的创新性行动。

二是明确社区治理的人本观。社会主义民主政治发展的内在规定性决定了居民在社区治理中的主体地位。“一切为了居民，为了一切居民，为了居民的一切”，这是社区建设与治理的起点和终点，这是看得见、摸得着，能够赢得群众拥护的，实实在在地为人民服务。居民是社区建设与治理的参与者、建设者和享有者，社区建设与治理的各项工作要始终围绕社区居民的根本利益和意愿展开，使他们乐心乐意、乐居乐治。明确居民在社区治理中的主体地位，使以人为本由文本规定变为现实状态，就必须通过制度化的手段，大力开展基层民主法治建设，不断创新社会参与的组织平台，使居民参与社会治理的实践，在交流与协商、竞争与妥协、参与与反对中学习应用民主技能、参与技术、组织艺术，不断提高自身的民主法治意识，从而确立现代自主意识和主体性人格。

三是确立社区治理的系统观。党的十八届三中全会提出了社会治理要坚持“系统治理”“依法治理”“综合治理”“源头治理”的系统治理观①。在

① 《〈中共中央关于全面推进依法治国若干重大问题的决定〉辅导读本》，人民出版社2014年版，第37页。

社区建设与治理过程中，多元治理要更加自觉地坚持和应用系统治理观，既要将社区建设纳入社会发展的整体战略中予以规划定位，又要把社区建设和治理看作是由一个个子系统构成的整体来考量。从当前社区治理的内容来看，社区治理涉及多领域、多方面的工作，包括社区基层民主、社区文化娱乐、环境保护、社区治安、社区卫生与体育、社区教育等诸多方面，因而社区建设与治理具有相对独立的价值取向、要素构成、制度安排和运转逻辑。同时，受制于全面深化改革的时代背景和社会主义初级阶段的社会特征，我国的社区建设与治理体系还没有完全成熟，也没有达到相对稳定的形态。因此，推进社区建设与治理的各项工作，要打破头疼医头、脚疼医脚的应急式思维方式和行为模式，要打破只见树木、不见森林的片面思维方式和局限性行为模式，要以前瞻性、全局性的指导思想和工作魄力来谋划社区未来的发展规划和发展目标。

四是坚定社区治理的法治观。健全的法律体系有助于形成良好的社会秩序，增加行为的可预见性，减少不确定因素，降低交易成本。树立社区治理的法治观，就是要将社区建设与治理的各项工作都纳入法制化的轨道，真正确立法制在社区建设与治理中的权威地位，以制度来保障社区建设与治理所取得的各项成果，维护社区建设各参与方的合法权益，从而使社区建设与治理的各项工作在一个稳定有序的社会环境中进行。树立法制在社区建设与治理中不可动摇的权威地位，特别是党政部门及其负责人要带头履行法定职责，遵守法律秩序，从而带动整个社会树立法制规则意识，以法制带动法治，以法治体现法制。还要解决目前在实践中存在的以党的文件、政策代替法律制度的做法，明确区分二者性质、效力以及在社区治理中发挥作用的方式，使社区治理走上良性发展之路。

原载于《社会主义研究》2015 年第 5 期）

论十八大以来社会治理思想中的辩证思维*

习近平高度重视社会治理工作，他概括出社会治理的科学内涵、主要内容、价值取向、重大意义、方法步骤等方面，提出社会治理的基本原则和指导方针，形成了具有鲜明中国特色的社会治理思想。他创新性地提出社会治理的四原则，即系统治理、依法治理、源头治理和综合治理；提出通过创新社会治理来实现中国梦，达成国家富强、民族复兴、人民幸福；提出将深化社会体制改革作为创新社会治理的动力，促进公平正义的制度建设，为保障和改善民生奠定良好的社会政治基础；提出以法治建设为切入点来推进社会治理现代化；重视社会治理的文化价值维度，提出发挥中华优秀传统文化、社会主义核心价值观的精神滋养和定向导航作用。习近平坚持运用唯物辩证法，分析社会治理的基本问题，所形成的社会治理思想中蕴含着辩证思维的本性，具体表现为社会治理须坚持社会治理系统与其子系统及构成要素的辩证统一、两点论与重点论的辩证统一、继承与创新的辩证统一、社会治理目标实现与当下民生改善的辩证统一、主体与客体的辩证统一。探析总结习近平社会治理思想中蕴含的辩证思维，对于扎实推进我国当前的社会治理，提升社会治理能力和实现国家治理现代化，具有重要的指导作用。

---

* 本文作者：刘爱莲（1957—），女，江苏淮安人，河海大学马克思主义学院教授，从事马克思主义理论、行政管理研究；李树文，江苏科技大学。

基金项目：江苏省社会科学基金重大项目（14ZD002）。

一、社会治理系统与其子系统及构成要素的辩证统一

习近平认为，社会治理是一个系统工程，它是由一系列相互关联的子系统及其要素所构成的有机统一整体。他指出："治理体系和治理能力是一个有机整体，相辅相成。"① 这个整体是由包括社会治理体系和社会治理能力两个既相互区别又相互联系的子系统所构成，而两个子系统又分别是由相互区别、相互联系的诸要素所构成的有机整体，具有特定的结构及功能。它们从不同层面影响着社会治理系统的整体运行和效能，影响着治理现代化的实现。

社会治理体系是指一套系统化的制度体系。习近平指出："国家治理体系是在党领导下管理国家的制度体系，包括经济、政治、文化、社会、生态文明和党的建设等。"② 作为国家治理之子领域的社会治理，首先是一个管理社会的制度体系。社会治理体系各构成要素包括社会治理的价值目标体系（民主、法治、公正、包容、活力、安定、有序等目标）、结构体系（党委、政府、社会、公众的合作共治结构）、功能体系（组织、动员、维权、服务、分配等功能）、运行体系（多向互动的复合型运行路径）和工具体系（行政化工具、市场化工具和社会化工具）等。社会治理体系的各构成要素之间是既相互区别，又相互联系、相互作用的。社会治理的价值目标体系揭示了社会治理应遵循的价值理念和坚持的价值原则，规定了社会治理应达成的价值目标。它影响着社会治理的结构体系，即影响着社会治理的主体认知、角色定位和职能分工，进而影响着社会治理的功能体系、运行体系及工具体系。而社会治理的功能体系、运行体系和工具体系践行着社会治理理念，影响着社会治理价值理念和价值目标的实现。

---

① 习近平：《切实把思想统一到党的十八届三中全会精神上来》，《人民日报》2014 年 01 月 01 日。

② 习近平：《切实把思想统一到党的十八届三中全会精神上来》，《人民日报》2014 年 01 月 01 日。

社会治理整体系统中的社会治理能力，是指特定的治理主体对于社会实施的管理能力。它是指多元主体通过合作、对话、协商、沟通等方式，依法依规对社会事务、生活、组织和行为进行引导、规范、协调和服务，实现公益最大化的能力。社会治理能力系统具体包括依法治理社会的能力、推动社会多元主体合作的能力、协调社会治理各主体之间利益关系的能力、预防与化解社会矛盾的能力和维护公共安全的能力等。社会治理系统各能力要素之间是相互影响、相互作用的。其中依法对社会进行治理的能力是最重要的能力，从某种程度上说是总能力，它统摄着其他几种能力，而其他几种能力则受依法治理社会能力的规范约束。在运用制度管理社会各种事务的能力方面，习近平曾着重指出，“依法治国是党领导人民治理国家的基本方略，法治是治国理政的基本方式，要更加注重发挥法治在国家治理和社会管理中的重要作用。”① 由此可见，他高度重视依法进行社会治理，强调要依法提升社会治理能力。

构成社会治理系统的社会治理制度体系和社会治理能力两个子系统之间，也是相互区别、相互联系和相互作用的。“有了健全完善的社会治理体系才能提高社会治理能力；提高社会治理能力才能充分发挥社会治理体系的效能。”② 社会治理制度体系是提升社会治理能力的重要前提和基础。具体表现为：第一，社会治理制度体系的价值目标对社会治理能力有着引领和提升的作用。第二，社会治理制度体系中各主体的地位、结构和职能的定位会影响社会治理能力的有效发挥。第三，社会治理制度体系的资源构成与我国国情的融合创新情况影响社会治理能力的提升。社会治理能力则是发挥社会治理制度体系效能的必要保障，具体表现为社会治理能力的提升是实现社会治理制度体系价值目标的有力保障，如果社会治理能力不能为社会治理制度

---

① 习近平：《在首都各界纪念现行宪法公布施行30周年大会上的讲话》，《人民日报》2012年12月05日。

② 中共中央宣传部：《习近平总书记系列重要讲话读本》，学习出版社、人民出版社2014年版，第47页。

体系的实施提供现实保障，社会治理制度体系就只能是停留在理论层面上的逻辑构架而已，其价值目标、效能将无法得到实现和发挥。

总之，要进行有效的社会治理，必须既注重社会治理系统整体，又不能忽略其中的子系统及任何一个构成要素，以期在社会治理上形成总体效应、取得总体效果。

二、社会治理系统内部两点论与重点论的辩证统一

在形成社会治理思想的过程中，坚持实事求是和全面看问题的思维方法，坚持两点论与重点论的辩证统一，既注重社会治理系统内部矛盾统一体双方平衡，又强调不同时期、不同情况下须解决的重点问题。

社会治理系统本身是一个矛盾统一体，它内部是由既对立又统一的矛盾双方所构成，因此，在进行社会治理中首先要注意矛盾双方的平衡，坚持两点论。在探索指导社会治理实践过程中，习近平认为社会治理所包含的各个环节和层面都存在对立统一的问题。因此，需要着力去寻找矛盾对立方面的平衡点，在矛盾双方平衡与不平衡相交错的波浪式发展进程中，促进矛盾的良性转化，通过矛盾的化解进而推动社会治理的发展。在处理社会治理中存在的矛盾关系时，要通过正确处理政府与社会、德治与法治、治标与治本、维稳与维权、活力与秩序、整体推进与重点突破等之间的关系，才能避免全社会的激烈冲撞，使社会治理工作得以逐步推进。习近平指出："治理和管理一字之差，体现的是系统治理、依法治理、源头治理、综合施策"①，系统治理强调发挥多元主体即党委、政府、社会及居民的作用，实现政府治理、社会自我调节及居民自治的良性互动，达到官民共治的平衡；依法治理、综合治理强调既要运用法治思维、方式化解社会矛盾，又要强化道德约束，实现德治与法治的统一；源头治理强调要标本兼治，重在治本，实现治标与治本的统一；"要处理好维稳和维权的关系，要把群众合理合法的利益诉求解

① 《习近平在参加上海代表团审议时强调推进中国上海自由贸易试验区建设　加强和创新特大城市社会治理》，《人民日报》2014 年 03 月 06 日。

决好”①，“要处理好活力和秩序的关系……发动全社会一起来做好维护社会稳定工作。”② 这些论述所体现的都是唯物辩证法关于矛盾双方对立统一的原理，特别是看到矛盾双方平衡性的两点论思想，彰显出社会治理不能只顾一点、不及其余而必须兼顾两点的科学思维方法。

社会治理在不同时期、不同阶段又各有不同的情况和特点，习近平在社会治理中，强调抓住重点，分清主次。他非常重视基层治理，认为城乡基层社区是社会的“细胞”，是社会治理的重心所在，社区服务、管理能力是社会治理能力的重要体现，社区服务、管理能力提升了，基层社区才能搞好，社会治理才能有稳固的基础。“要深入调研治理体制问题，深化拓展网格化管理，尽可能把资源、服务、管理放到基层，使基层有职有权有物，更好地为群众提供精准有效的服务和管理”③，这些论述体现出关于其社会治理思想以基层为重心的重点论思维。他还指出：“抓民生要抓住人民最关心最直接最现实的利益问题，抓住最需要关心的人群”④，这充分体现其社会治理思想以人民根本利益为坐标，以重大问题为导向的重点论思维。他还指出：“加强和创新社会治理，关键在体制创新，核心是人，只有人与人和谐相处，社会才会安定有序”⑤，体现着其社会治理思想以人为本，以体制创新为关键的重点论思维。他还提出：“要加强城市常态化管理，聚集群众反映强烈的突出问题，狠抓城市管理顽症治理”⑥，“要加强人口服务管理，更多运用

① 《习近平在中央政法工作会议上强调坚持严格执法公正司法深化改革　促进社会公平正义保障人民安居乐业》，《人民日报》2014年01月09日。

② 《习近平在中央政法工作会议上强调坚持严格执法公正司法深化改革　促进社会公平正义保障人民安居乐业》，《人民日报》2014年01月09日。

③ 《习近平在参加上海代表团审议时强调推进中国上海自由贸易试验区建设　加强和创新特大城市社会治理》，《人民日报》2014年03月06日。

④ 《习近平在海南考察时强调加快国际旅游岛建设　谱写美丽中国海南篇》，《人民日报》2013年04月11日。

⑤ 《习近平在参加上海代表团审议时强调推进中国上海自由贸易试验区建设　加强和创新特大城市社会治理》，《人民日报》2014年03月06日。

⑥ 《习近平在参加上海代表团审议时强调推进中国上海自由贸易试验区建设　加强和创新特大城市社会治理》，《人民日报》2014年03月06日。

市场化、法制化手段，促进人口有序流动，控制人口总量，优化人口结构"①等，体现了其社会治理思想在社会治理诸多具体举措方面的重点论思维。

三、社会治理继承与创新的辩证统一

唯物辩证法认为，一切事物都是通过破旧立新、新陈代谢不断前进的，事物发展是继承与创新的辩证统一。习近平在强调社会治理继承性的同时，非常强调社会治理理论与实践的创新，认为社会主义社会治理只有在继承与创新相统一的辩证运动中不断发展，才能充分发挥其治理效能。

习近平的社会治理思想既有深厚的理论基础，又植根于中国国情，充分体现了继承古今中外优秀社会治理思想的特点。中国传统社会治理智慧为其社会治理思想的形成提供了历史启示。他指出："一个国家选择什么样的治理体系，是由这个国家的历史传承、文化传统、经济社会发展水平决定的，是由这个国家的人民决定的。"② 他还指出："历史是最好的老师，在漫长的历史进程中，中华民族……积累了丰富的治国理政经验……要治理好今天的中国，需要对我国历史和传统文化有深入了解，也需要对我国古代治国理政的探索和智慧进行积极总结。"③ 同时，马克思主义社会治理思想关于社会治理问题的立场、观点和方法，为其社会治理思想的形成提供了理论渊源。他曾指出："马克思列宁主义、毛泽东思想一定不能丢，丢了就丧失根本。"④"习近平社会治理思想无疑与马克思主义经典作家社会治理思想是一脉相承的。"⑤ 西方社会治理强调治理主体多元化、权责模糊化、关系伙伴

---

① 《习近平在参加上海代表团审议时强调推进中国上海自由贸易试验区建设　加强和创新特大城市社会治理》，《人民日报》2014 年 03 月 06 日。

② 《习近平在学习贯彻十八届三中全会精神全面深化改革专题研讨班发言强调完善和发展中国特色社会主义制度　推进国家治理体系和治理能力现代化》，《人民日报》2014 年 02 月 18 日。

③ 《习近平在中共中央政治局第十八次集体学习时强调牢记历史经验历史教训历史警示　为国家治理能力现代化提供有益借鉴》，《人民日报》2014 年 10 月 14 日。

④ 《习近平谈治国理政》，外文出版社 2014 年版，第 9 页。

⑤ 代山庆：《论习近平社会治理思想》，《学术探索》2015 年第 3 期。

化、结构网络化、管理系统化的理论及实践，为其社会治理思想的形成提供了国际借鉴。改革开放三十多年来，中国共产党和中国政府在社会治理方面进行的诸多探索和积累的许多宝贵经验都为其社会治理思想的形成提供了现实依据。

习近平也非常强调社会治理理论与实践的创新，注重社会治理经验的探索总结，体现了其强烈的创新精神。他深刻地认识到，当前我国正处于经济转轨、社会转型的特殊历史时期，改革的任务十分繁重，不进则退，经济与社会发展失衡较突出，各种社会矛盾的凸显严重影响了社会稳定，维护社会安全的任务异常艰巨，社会管理面临着一系列新情况新问题。要应对这种局面，必须通过深化改革，实现从传统社会管理向现代社会治理转变，加强和创新社会治理，形成了其一系列创新社会治理的思想。他创新性地提出了系统治理、依法治理、源头治理和综合治理的社会治理四原则，为创新社会治理体制、改进社会治理方式确立了必须遵循的基本原则。他提出社会治理创新的指导方针，认为“加强和创新社会治理，关键在体制创新，核心是人，只有人与人和谐相处，社会才会安定有序。”① 注重城市治理的试验创新，强调要“坚持以制度创新为核心，推进中国上海自由贸易试验区建设，努力走出一条符合特大城市特点和规律的社会治理新路子。”② 他尤其关注农村社会治理的试验创新，如强调引进城市社区管理的先进理念，探索新型农村社区建设模式，不断完善村民自治组织设置，加强农民理事会、村务监督委员会等建设，不断提高农民自我管理、服务、发展的水平等。

四、社会治理目标实现与当下民生问题解决的辩证统一

社会治理的目标是推进社会治理主体与治理方式的变革，实现社会公益

① 《习近平在参加上海代表团审议时强调推进中国上海自由贸易试验区建设　加强和创新特大城市社会治理》，《人民日报》2014 年 03 月 06 日。

② 《习近平在参加上海代表团审议时强调推进中国上海自由贸易试验区建设　加强和创新特大城市社会治理》，《人民日报》2014 年 03 月 06 日。

最大化，从而达到善治的价值目标，也是习近平所讲的更好地实现人民群众的利益，实现人民对美好生活的向往。但是，在当前我国民生问题还没有得到较好解决的社会背景下，习近平认为还必须关注和着力加强以民生为重点的社会建设，着力解决人民群众十分关心的教育、医疗、收入分配以及住房等问题。这样，就将中国特色社会主义社会治理目标的实现与当下民生问题的解决，进行了有机的辩证统一。

习近平关于社会治理目标的阐释，与善治的精神旨趣有内在的相通。善治即良好的治理，其本质特征是政府和社会协同共治公共事务，使公共利益最大化，在这一社会治理过程中，政府与市场、社会之间形成一种良好的合作、良性的互动关系。为了实现善治，必须要发展民主政治、以制度创新推动多元主体合作共治、发挥公正与法治精神等。习近平在党的十八届三中全会上提出，创新社会治理，其核心首先是以人为本，其次是坚持法治，再次是增强社会活力，最终目的是让人民安居乐业、社会安定有序。在十八届三中全会上还明确指出，要以保障和改善民生、促进社会公正为核心，深化社会体制改革，形成良好的社会治理体制，他把公正作为社会治理的根本目标之一来追求，主张通过建构公正的利益分配机制和资源共享机制，形成良好的社会治理体制，让全体人民共享发展成果。在党的十八届四中全会上又指出，要加快保障和改善民生，推进社会治理体制机制创新和法制建设，提高社会治理的法治化水平，他把法治作为社会治理的价值目标、理念来追求。他将善治的精神旨趣具体化为法治、公正、活力、有序等一系列社会治理的目标追求，为我们推进社会治理工作指明了方向。

习近平认为，社会治理的目标是达到善治，实现人民对美好生活的向往。但是，善治在当下的体现就是要较好地解决民生问题，关注人民群众的切身利益是善治的现实诉求。他将善治目标与当下民生问题的解决统一起来，着力于人民群众切身利益的实现，提出“我们一定要坚持从维护最广大人民根本利益的高度，多谋民生之利，多解民生之忧，在学有所教、劳有所得、病有所医、老有所养、住有所居上持续取得新进展”①。他关怀每一个现实个人具体的、朴实的需要，体现出其社会治理思想寓以人为本的善治目标与人民群众最关心最直接最现实的利益问题解决的辩证统一。他坚持以促进社会公平正义来解决民生问题，指出：“全面深化改革必须以促进社会公平正义、增进人民福祉为出发点和落脚点……如果不能给老百姓带来实实在在的利益，如果不能创造更加公平的社会环境，甚至导致更多不公平，改革就失去意义，也不可能持续。”② 他认为公平正义是民生建设的重要内容和核心原则，维护和实现公平正义是民生建设的内在要求，彰显其社会治理思想寓公平正义的善治目标与当下群众权益实现的辩证统一，寓实现人民群众对美好生活向往的善治目标于当前我国民生问题解决之中的辩证统一。

五、社会治理主体与客体的辩证统一

中国特色社会主义社会治理的主体和客体的区别是相对的，它们互为条件并在一定条件下相互转化。社会治理的主体是党委、政府、社会与公众。而公众，即人民群众则是其中非常重要的主体。当人民群众参与社会治理，就属于社会治理的主体；但是，当社会治理的目的是要解决民生问题，创新社会治理体制的目的是为了将人民群众纳入社会管理范围，并最终为人民谋福祉时，人民群众就成为社会治理的客体。党的十八大以来，在初步构建起的符合中国实际且具有中国特色的社会主义社会治理体系中，强调要充分发挥党委、政府、社会组织、公众及法治在社会治理中的作用，以增强社会发展活力，增进人民福祉，这充分体现了习近平关于社会治理的主体与客体是辩证统一的思想。

人民群众是社会治理的主体。中国特色社会主义社会治理注重构建一套

---

① 习近平：《全面贯彻落实党的十八大精神要突出抓好六个方面工作》，《求是》2013年第1期。

② 习近平：《切实把思想统一到党的十八届三中全会精神上来》，《人民日报》2014年01月01日。

系统化的结构体系，正确处理社会治理的主体是谁的问题、各主体的地位和职能问题以及各治理主体之间的关系问题。此结构体系是由党委、政府、社会、公众构成的合作共治结构，体现了党委领导下多方参与、共同治理的目标和理念。在创新社会治理中，始终强调人民群众的主体地位，支持并引导社会组织参与治理，充分发挥居民自治组织和工会、共青团、妇联等人民团体在社会治理中的重要作用，实现多元共治。

人民群众也同时是社会治理的客体。主要有两层含义：首先，作为治理客体的人民群众与治理主体无论在性质、职能或作用方面是不同的，两者在一定范围内，有着确定的界限，不能混淆。其次，作为治理客体与治理主体的人民群众之间不是互不相干的，而是不可分割的一体两面，是辩证地联系在一起的。在中国特色社会主义社会治理活动中，人民群众既是被治理者，又是治理者。人民群众作为社会治理客体的意义，更多体现在作为治理主体的人民群众通过多元共治的方式，自行维护实现自身的根本利益，解决好涉及人民群众切身利益的矛盾和问题，以增进人民福祉。

习近平将中国特色社会主义社会治理的时代内涵融入党的群众路线，从另一个侧面集中具体地体现了社会治理的主体与客体的辩证统一。他认为群众工作在我国社会治理中处于基础的、根本的地位，社会治理应走群众路线，社会治理的方针政策就是从群众中来，到群众中去，成果由人民群众共享。习近平将创新社会治理与群众路线紧密结合，主要体现在3个方面：第一，从“为了谁”的角度看，推进社会治理是以是否符合人民群众的根本利益作为最高衡量标准，“让老百姓过上好日子是我们一切工作的出发点和落脚点。”① 第二，从“依靠谁”的角度看，推进社会治理必须发挥人民群众的积极性、主动性和创造性，调动全社会力量一起来做好维护社会稳定工作。第三，从“成果由谁享受”的角度看，推进社会治理，使发展成果由人民群众共享，使改革发展成果更多、更公平地惠及全体人民。

① 中共中央宣传部：《习近平总书记系列重要讲话读本》，学习出版社、人民出版社2014年版，第109页。

总之，习近平作为一个马克思主义的唯物辩证论者，在治国理政中灵活运用科学的思维方法，在推进中国特色社会主义社会治理创新中做出了重大贡献。研究其关于社会治理思想中蕴含的辩证思维，有助于我们完善社会治理体系、提升社会治理能力、推进国家治理现代化，在经济发展新常态下通过促进社会公正增进人民福祉，彰显中国特色社会主义制度所具有的独特优势，从而加快以国家富强、民族复兴、人民幸福为本质的伟大中国梦的实现。

（原载于《河海大学学报》2015 年第 5 期）

民生法治：十八大以来农村社区治理创新的法治保障研究*

农村社区法治建设就是遵循法治作为调节和规范农村社区建设中行动者行为及其社会关系的基本原则、根本手段与可靠保障，是基层治理结构转型、国家治理方式转变的重要过程，也是实现国家与社会有效互动的共同场域。党的十八大以来，党和政府坚持贯彻在依法治国的框架下展开农村社区建设工作，要求农村社区建设以法治的方式支撑社会运转，并促进“政府治理和社会自我调节、居民自治良性互动”。从目前农村社区建设的总体情况来看，各地普遍优先将法治建设作为农村治理的机制选择，并试图通过法治思维和法治方式厘清农村社区建设的内在逻辑与运作机理。这意味着基层治理法治化的水平成为推进国家治理体系和治理能力现代化的基础功能指向。实际上，作为一种制度，法治必须嵌入到具体的国家与社会关系中，并在国家与社会关系中形成良性互动，才能促进国家与社会的有序发展，并且在这

* 本文作者：颜慧娟（1989—），女，湖北荆州人，华中师范大学政治学研究院博士研究生，中国农村综合改革协同创新研究中心研究人员，主要从事城乡社区治理法治化研究。

基金项目：2012 年度国家社会科学基金一般项目“科学发展观视域下构建城乡社会和谐稳定管理机制研究”（12BKS041）；2014 年度华中师范大学中央高校基本科研业务费项目资助“中国地方治理现代化及国际比较研究”（CCNU14Z02008）；2016 年度华中师范大学优秀博士学位论文培养计划项目“城市社区治理中‘三社联动’机制创新与行动策略研究”（2016YBZZ132）。

一过程中受益于国家与社会有序发展的推动而不断成长发展。① 然而，在过去很长的一段时间，现代国家的建构与农村自生建构这两种力量在农村社区建设中却一直处于对抗与碰撞的状态；尤其是，面对当前农村社会开放性、流动性、异质性的发展要求，制约社区良性发展的不协调因素日益繁杂。根据各地农村社区法治建设情况，法治作为社会关系和人的行为的调节器与平衡器，在凝聚社会治理所需的发展共识，推动农村社区建设持续跟进、实现治理的合理性与有效性等环节都发挥着关键作用。因此，总结十八大以来农村社区法治建设的基本经验与发展趋势，对于贯彻落实国家治理体系与治理能力现代化的总目标，实现“合理范围内的国家权力运作、社会自治的有效展开以及这两者的相互配合与合作”②，具有十分重要的理论与实践意义。

一、实践维度：探索农村社区治理创新的法治价值

事实上，“社区”的概念自20世纪30年代被引介以来，首先被应用于农村社会的研究。伴随着传统社会向现代社会的变迁过程，我国农村社区建设在不同时期也表现出不同的实践特征。从制度变迁和动态发展的视角来看，我国农村社区建设正在经历一个漫长的生成与发展的过程。它与传统的人民公社和村民自治制度不同，不仅肩负着国家治理体系和治理能力现代化的建构重任；同时还承担着改善农村民生和健全农村基层民主建设的重大任务，这些都需要依靠法治的引导与规范功能予以落实。可见，农村社区建设的深入推进工作逐渐趋向实现理性化与法治化的轨道。值得关注的是，我国农村社区建设在顺应着协同创新、集成创新、制度创新、依法创新的时代要求与社区发展的普遍趋势的基础上，涌现了一大批农村社区法治建设的实践经验与创新成果。

---

① 张明军、易承志：《重构法治权威：中国国家、市场、社会的有序发展之道》，《国际社会科学杂志》中文版2014年第3期。

② 林尚立：《社区：中国政治建设的战略性空间》，《毛泽东邓小平理论研究》2002年第2期。

(一) 农村社区建设法律体系初具规模

首先，中共中央、国务院及相关部门为农村社区法治建设工作提供了丰富的政策指导。目前，农村社区建设已经实现了“地方自发试点时期（2001—2006年）”向“建设实验时期（2006—2008年）”的阶段性跨越，正处于“全面推进（2009年至今）”的关键时期。① 在农村社区建设的全面推进时期，党的十八届四中全会对国家法治工作展开明确的态势分析，并提出“法治国家、法治政府、法治社会”三位一体的新目标新要求，要求农村社区建设与治理活动纳入法律规范体系之下，将法治与农村社会生产、生活秩序有机结合起来。2015年2月，中央一号文件发布的《关于加大改革创新力度加快农业现代化建设的若干意见》（中发［2015］1号），要求“必须加快完善农业农村法律体系，同步推进城乡法治建设”，首次提出农村社区法治建设的政策框架。2015年5月，中办国办印发的《关于深入推进农村社区建设试点工作的指导意见》（中办发［2015］30号），明确指出“推进农村社区治理法治化、规范化”。这是我国农村社区建设中第一个以中共中央和国务院名义印发的规范性、纲领性文件，深刻体现了党中央、国务院对农村社区建设事业的高度重视，全面做好农村社区法治建设的顶层设计和整体谋划。2015年11月，中办国办印发《深化农村改革综合性实施方案》（中办发［2015］49号），特别提出了“农业农村法律法规进一步完善并加强，农村基层法治水平进一步提高”的新目标新任务，充分肯定了法治建设对于“三农”问题的重要作用。2016年1月，中央一号文件公布《关于落实发展新理念加快农业现代化实现全面小康目标的若干意见》（中发［2016］1号），更进一步将农村社区建设聚焦于法治建设的高度。同时，各地纷纷依照本地实际制定了一系列推进农村社区建设的具体实施意见，为农村社区法治建设赋予更加丰富的内容。湖北省、甘肃省等地结合本地的基层实践情况，通过广泛调研、听取群众意见、座谈会等方式，拟定并出台省委办公厅、省政府办

① 袁方成、杨灿：《当前农村社区建设的地方模式与发展经验》，《青海社会科学》2015年第2期。

公厅印发的《关于深入推进农村社区建设试点工作的实施意见》（鄂办发［2015］54 号、甘办发［2015］52 号），为深入推进农村社区建设在法治保障的环节保驾护航。

（二）农村基层民主政治建设法治化进程有序推进

有学者指出，国家现代化发展面临着“民生国家建设”与“民主国家建设”双重任务；具体而言，民生国家建设在基层体现为加强政府对农村基层社会管理与公共服务能力，而民主国家建设在基层体现为加强社会自主管理能力与自治能力建设，保障更大范围的公民权利，这些都需要通过新农村社区这个平台得以落实。① 客观来讲，城市社区在基础设施建设与组织建构方面的确优于农村社区；然而，在民主政治建设的基础方面，农村社区建设则显示出其极大的优势。特别是十八大以来，党中央密切关注农村基层民主政治的制度创新与规范完善工作，在很大程度上推动了我国基层民主政治建设法治化的进程。一是在民主选举方面，村委会选举规程得到进一步完善。2013 年 5 月，民政部印发《村民委员会选举规程》，进一步明确村民委员会选举程序和场地要求，旨在深入推进以直接选举、公正有序为基本要求的村民委员会选举工作实践。在实施该规程的过程中，大多数地方村“两委”同时进行着换届选举，村党组织“两推一选”“公推直选”等普遍推行；一些地方还引入“本届选民”概念，建立选举监督员制度，进一步规范了选举活动。二是在民主决策方面，农村社区协商制度化程度明显提升。2015 年 7 月 22 日中共中央办公厅、国务院办公厅印发了《关于加强城乡社区协商的意见》，对推动农村社区协商制度化、规范化和程序化做出了具体的要求和部署。各地在社区协商的主体、内容、机制、形式等方面展开实践探索，形成了浙江省温岭“民主恳谈”、湖南省临澧县“板凳夜话”、安徽省芜湖市南陵县“村民项目理事会”等创新经验。三是在民主管理方面，村民自治的治理程序逐渐科学规范。村民自治虽然源于农民的创造，但究其实质而言，是国

① 田原史起、李增元、乔海彬：《“选择性”治理：当代中国农村社区建设的新机制》，《东京大学学报》2014 年第 1 期。

家治理乡村社会的一项制度安排。① 面对农村社区流动性增强，“空心村”“三留守”等现实趋势，2014年发布《关于全面深化农村改革加快推进农业现代化的若干意见》（中发［2014］1号），在“改善乡村治理机制”中提出：“探索不同情况下村民自治的有效实现形式，农村社区建设试点单位和集体土地所有权在村民小组的地方，可开展以社区、村民小组为基本单元的村民自治试点”。山东、河北、四川等地在合村并组建立新型农村社区后，开始以新型的农村社区为单位开展居民自治活动，积极推行村级自治事务决策权与执行权分离、社会职能与经济职能分离、政府职能与村民自治职能分离，② 构建新型村级治理框架。四是在民主监督方面，村务监督委员会普遍推行。各地农村普遍建立了村务监督委员会或村民理财小组等，村务监督委员会达到较高覆盖率。目前，广东、河北等地覆盖面达90%以上，浙江、吉林等地实现了全覆盖，使得村级组织从传统的“村两委”变成了“村三委”，取得了不同程度的实施效果。不少地方还针对村务监督委员会的建立出台相关规定，比如《浙江省村务监督委员会工作规程（试行）》《安徽省建立健全村务监督委员会制度若干规定（试行）》《甘肃省村务监督委员会工作规则（试行）》以及《湖北省关于加强和规范村务监督委员会工作的意见》等均对村务监督委员会的组织设置、职责权限、建设标准、经费保障等方面做出了制度规范和更为具体的规定，为村民监督村级权力运行提供有效的法治渠道。

（三）农村社区公共法律服务体系日趋优化

在全力推进平安中国、法治中国建设工作层面，如何以及在多大程度上实现法律服务的能力与水平不断满足人民群众日益增长的基本法律服务需求，协调与规范农村社区利益关系和谐发展，促进与增强社会公平的再分配

① 胡建华：《宪政视野下农村民主管理制度运行的反思》，《西北农林科技大学学报》社会科学版2014年第2期。

② 《成都市出台构建新型村级治理机制指导意见》，成都市人民政府网，http://www.sc.gov.cn/zwgk/zwdt/szdt/200812/t20081217_454046.shtml.

功能，是党中央对农村社区公共法律服务事业长期关注的问题。目前，农村社区公共法律服务体系的建设过程正在逐渐完善的过程中，呈现出以下鲜明的特点：一是农村社区公共法律服务的政策法规更加健全。党的十八大报告把依法治国基本方略全面落实和基本公共服务体系建设确定为全面建成小康社会、全面深化改革开放的重要目标。2014 年 2 月，司法部印发的《关于推进公共法律服务体系建设的意见》（司发［2014］5 号），进一步将法律服务这一公共服务产品纳入公共服务体系的总要求中来，并对构建公共法律服务体系作了重要的部署与统一的规划。江苏省为进一步完善公共法律服务事业，出台了《关于构建“四个全覆盖”司法行政工作体系的通知》（苏司通［2013］74 号）和《关于加快构建覆盖城乡的公共法律服务体系的意见》。这些目标和要求不仅为构建农村社区公共法律服务体系指明导向，更在宏观思路与顶层设计上明确了全新性、纲领性的方向道路。二是农村社区公共法律服务的内容和形式更为完善。当前各地基于形成政府主导、“覆盖城乡”、可持续性的基本公共法律服务体系这一目标，建构并夯实法律服务的全方位资源基础，通过实践经验的探索、创新、提升与推广，逐步将公共法律服务体系纳入国家治理体系和治理能力现代化领域。例如，湖南省将城乡居民依法自治达标率纳入各县市全面建成小康社会的主要考核目标，于 2013 年 11 月建立了“一社区一法律顾问”的民生工程。三是农村社区公共法律服务的水平明显提升。全国各省市地区加大公共法律服务的财政投入，政府加大购买农村社区公共法律服务力度，实现服务下沉、惠民利民。例如，山东省根据省委省政府对推进公共法律服务体系建设的“时间表”和“路线图”，通过公共法律服务实体、网络、热线三个平台，同时打造“农村一小时法律服务圈”，实现“一站通”“一线通”“一网通”，确保农村社区居民更加便捷地享受公共法律服务。

（四）多元主体有序参与农村社区法治建设

党的十八大报告中着重强调将“法治保障”增加到有的社会管理体制中，要求用法治保障社会管理体制创新；同时还特别突出要用“法治思维和法治方式”来替代过去的管理思维、行政思维。至此，在党和政府的高度重视与正确领导下，各地在创新和完善乡村治理机制过程中，纷纷尝试建立权责明确、依法管理、科学有序的新型农村社区治理机制。新型农村社区治理机制实现法治化、规范化建设，关键是依托于基层党组织、政府、社会组织、社区居民各个主体在农村社区治理中的应尽职责，并以法治作为“行动准则”与“最后防线”。首先，基层服务型党组织发挥了核心的引领和指挥作用。中共中央十八届四中全会中要求必须加强和改进党对法治工作的领导，并推进基层治理法治化。基于此，各地党委针对农村基层制定了一系列的政策，凝聚法治共识共同推进农村社区治理法治化建设。比如，江苏省太仓市出台的《关于推进基层法治型党组织建设的意见（试行）》，为增强农村基层党组织依法履职、依规管理的能力提出明确的规范依据。其次，“契约式”的服务精神理念逐渐渗透到政府向农村社区履行职能的多个领域。政府在农村社区治理体制中的重要职责在于服务农村居民，通过契约式公共服务行为能够公正有效地落实各项服务制度与内容，这种做法得到各地政府的广泛推行。以贵州省盘县政府为例，在推进城乡社区建设过程中要求以“契约式”方式明确政府与社区的关系，从制度源头规范了政府在农村社区中的角色定位，是农村社区“管理有序”的有效手段。再次，农村社会组织服务社区功能更加健全。党的十八大报告、十八届三中全会中明确提出，要“加快形成政社分开、权责明确、依法自治的现代社会组织体制”“激发社会组织活力”“引导社会组织健康有序发展”。当前，在条件优越的农村地区，农村社会组织为法治建设也提供了极大的帮助，逐步建立了针对农村社区矛盾纠纷调解、治安防控、普法教育、保障和维护合法权利等方面的社会组织。例如，山东省莱西市的法律工作者协会联合农村基层法律服务所，长期开展“法进农家，法律护农”公益活动，将法律引入农民的田间炕头，提高了农民的法律素养和农村的法治水平。① 最后，农村社区居民自我约束、自我管

① 孙迪亮：《农村社区社会组织参与提供社区公共服务的现状考察与长效机制构建》，《天津行政学院学报》2015 年第 3 期。

理能力得到提升。面对农村社区群众诉求强烈的“生态环境”“发展转型”等问题，“闭合自控”“微自治”“乡贤参事会”等自治管理系统开始流行，不仅吸纳了“本土、外出、外来”等流动人口参与；同时辅以传统乡土文化的回归，提振村庄精气神，实现农村社区治理多元参与。

（五）农村社区公共安全体系逐渐完善

一是在建设内容层面，更加注重民生法治引导排查化解农村社区矛盾纠纷。目前，各地农村社区矛盾纠纷排查调处工作机制也被逐步渗透到社区的日常事务，成为社会治安综合治理工作范围的重要内容之一，也更加注重用民生法治的理念来推动解决农村社区日常化的矛盾纠纷。例如，湖北省城乡社区矛盾纠纷排查调处机制遵循着一种包容式发展的开放治理模式，以系统治理、依法治理、综合治理、源头治理相结合的治理手段和治理技术，在理念、组织和机制等多方面、多层次进行全面创新，在此基础上取得了显著的治理效果。二是在队伍建设层面，农村社区领导干部运用法治思维和法治方式的治理能力提升。面对农村社区纷繁复杂、零散易乱的老大难问题，以及治理过程中“上有政策下有对策，权力滥用、政策难执行”的治理顽症，浙江宁波市、重庆奉节县、安徽滁州市、贵州毕节市等地在农村社区开始启动“权力清单”制度及其流程。例如，浙江省宁波市宁海县通过明晰村级权力清单、制定村级权力运作流程、建立纵横交错的监督机制等举措，解决了领导权力规范、公共政策切实落地基层的显著效果。三是在治理制度层面，“村规民约”增进了农村社区治理制度的理性化水平。以福建省厦门市同安区为例，当地农村社区通过“四议两公开”和“六要”群众工作法，将有效的“草根经验”“群众智慧”总结提炼为村规民约，并以《微法典》的形式固定下来，对于解决本地区的各类治理事项纷纷制作出相配套的解决措施，在很大程度上维护了当地的社区秩序，促进了居民与干部之间、居民与居民之间的紧密联系。四是在治理技术层面，“互联网 +”模式助推了农村社区法治建设方式的创新与变革。比如，重庆市大足区针对传统“橱窗式”村务公开存在成本高、期效短、传播慢、受众少、信息不全、监督难等问题，创新村务公开机制，实施“互联网+村务”行动计划，建立村务综合服务公开的“手机App平台”，将村务公开从墙上搬到村民手机上，增强了农村居民对社区的认同感与信任感，更进一步推动了新型农村社区生活共同体目标的实现。

二、民生向度：农村社区法治建设的显著成效

通过上述实践创新经验可以看出，农村社区法治建设并不是对城市社区已有法治经验的移植，而是在科学规划农村社区建设推进工作制度安排的基础上，更加注重聚焦农村社区的民生事务，也是基层党组织引领农村社区组织及其成员共同构筑“管理有序、服务完善、文明祥和”社会主义新农村的探索过程。其中，党和政府密切关注并积极应对社会转型对农村社区法治建设所带来的挑战：一方面，在政策优化层面实现了低制度化向较高制度化水平的过渡，遵循法治作为调节和规范农村社区建设中各项社会关系与行动者行为的基本原则、根本手段与可靠保障；另一方面，在实际行动中，农村社区建设以农村基础设施和农民基本社会保障为主，形成了以改善民生作为创新农村社区治理体制最广泛的普遍共识。有学者指出，民生问题从表面上看是一个社会、经济问题，但其实质，则是一个典型的权利问题，而权利，正是法治的要义所在。① 从这个意义来看，农村社区法治建设实际上就是一项以民生和法治为核心内容的重要基础工程。

（一）法治的实践性有效回应了农村社区建设中的民生难题

基层社会治理大致可分为共治与自治两部分，两者既有区别又紧密联系。② 从共治的角度来看，农村社区肩负着与城市社区相同的发展目标和建设任务，即成为“管理有序、服务完善、文明祥和的社会生活共同体”。但是，长期以来城乡二元结构中优势治理资源往往优先倾斜于城市社区建设，以至于农村社会建构“社区”虽然起步最早，发展却持续落后。与此同时，城乡社会之间的交往增多、流动加剧，但由于户籍与利益相挂钩，农村人口

---

① 付子堂：《民生法治论》，《中国法学》2009年第6期。

② 肖林：《城乡社区协商：基层民主自治的生长点》，《中国发展观察》2015年第10期。

在教育、就业、社会保障等方面与城市人口差别巨大，这种利益的悬殊使得农村人口地位始终低于城市人口。[①] 面对这一实际情况，中央和地方政府在制度源头上为解决这一民生难题提出了解决方案，提出“解决好农业农村农民问题是全党工作重中之重，城乡发展一体化是解决‘三农’问题的根本途径”的战略总要求。尤其是，党的十八届五中全会着重强调将推进城乡统筹发展，要求构建全民共建共享的社会治理格局，这一宏观设计在治理理念、体制机制等方面深化了推进城乡一体化的新内涵，也为城乡社区治理创新的具体实践增添了许多新的举措思路。同时，在上述地方实践中，不少农村社区结合本地的独特治理资源和实际治理背景，从社区治理机构优化、社区组织重建、社区社会组织培育、微观治理机制建构等多重层次，科学合理的制度建构安排，有力地推动了农村社区治理法治化、农村社区协商制度化、农村社区服务专业化等多元领域与城市社区的接轨和融合。

（二）法治建设为推进农村社区自治探索了丰富的实现形式

从国家提出农村社区建设战略的历史背景来看，农村社区建设是政府为了适应农业税费改革后国家—农民关系的变化，促进乡村自生秩序与国家权力的有效衔接，对乡村基层治理结构进行的改良与重构。[②] 换言之，维系农村社区良好秩序的基础就在于实现国家基层政权和乡村自治力量的有效配合与良性互动。从自治层面来看，农村社区需要承载村民自治体系重构、村民自治能力提升、公共政策执行、公共事务处置、村民利益表达、村庄社会资本挖掘等多重治理要求。然而，在具体执行环节，不同层级和不同地区往往基于区域差异和地方综合因素，会相对应的形成各地的治理偏好和基层实践路径。在以往的农村社区管理中，社区的概念不仅仅是一个层级单位，也是社区活动的基础单元与实施者。农村社区建设中自我角色定位的难以判定，

---

① 吕云涛、惠亚婷：《论当代中国统筹城乡发展背景下户籍制度改革的路径》，《农业考古》2012 年第 1 期。

② 王一：《农村社区建设与基层秩序重建——关于农村社会管理创新的探索》，《山东社会科学》2013 年第 11 期。

服务农村居民的效率明显降低，同时被要求承担许多行政任务。基于此，各地政府在法治实践中普遍开启了为农村社区减负增效的举措，形成“权力清单”“微自治”“乡贤参事会”等成功自治经验，促使农村社区形成了以人为本的服务理念，巩固了农村社区优先服务农村居民的良好治理结构，推动了“政府治理和社会自我调节、居民自治良性互动”。

（三）法治建设为协调农村社区利益提供了新的优化机制

从法律层面来讲，利益平衡的主要工具是以法律的权威为核心，通过法律来协调相关利益方多层面的冲突因素，以达到一种共存和相容为基础的合理状态。可以说，法治在规范农村社区各项利益关系方面发挥着其独特的平衡价值：法治在农村社区建设推进过程中一方面承担着规范社会关系与行为的基本准则，同时也检测与评估着社会转型过程中农村社区法治建设水平与能力。农村社区建设的主要任务包括改善农村社会的基础设施建设、普及农民生活的基本社会保障制度和增强农业产业的稳步增产，强调农村、农民、农业的协调发展，其核心内容关键在于保障农村社会的民生事业。其中最关键的民生任务，就是畅通农村社区居民的利益诉求表达机制，以便了解到更直观、更实际、更贴切的民生需求。根据地方实践创新举措的整体情况来看，当前不少农村社区在推进法治建设过程中，尤为追求对农村社区利益协调相关制度与运行机制的创新设计，甚至让农村居民直接参与到决策制度的环节中来，形成了“村民项目理事会”“板凳夜话”、村代表常任制和“三议”“一行”“一监督”工作机制等典型经验。这种由“领导拍板”向多元观点碰撞、交锋转变的决策方式，实现了决策的民主化和公开性，促使法治渗透到了农村社区治理的方方面面中，完善了农村社区基层利益协调机制。

（四）法治建设助力改善和保障了农村社区的民生事务

面对社会转型所伴随的社会矛盾凸显、农村流动性大等客观现象，中央和地方政府在全面推进农村社区法治建设中，致力于构筑良性互动、有效衔接的基层治理状态。目前，现代农村社区正以开放性的方式展现出来，其基本特征在于社会结构动态化、社会价值多元化、社会关系错综化、社会问题复杂化。然而，与当前城市社区法治建设的高效运行情况相比，农村社区建设在面对和协调政府与社会的关系问题上，政府仍然占据较为主导的地位。根据不少农村社区在法治实践的探索发现，单一的政府力量无法应对现代化农村社区建设的全面发展需求，也无力承担起社区内大量的民生事务。由于村级事务多人手少、基层自治要求高任务重、乡村精英大量流失等现象严重，一些有条件的农村社区以城乡体制改革试点和党的群众路线教育活动为契机，积极依法培育发展农村社会组织，明确规范其在社会治理、公共服务中的职责，不断增强农村民主管理与自治活力，形成了以村党组织为核心、村民自治组织为基础、村级社会组织为补充、村民广泛参与的农村社会治理新格局。在此基础上，将农村社区纷繁复杂的民生事务以分流治理的方式，通过制度实现社区服务精细化，为农村社区共同体的重构提供了深厚的认同基础和坚实的凝聚力量。

三、规则之治：构建农村社区民生法治体系

总体而言，我国农村社区法治建设实质上是一个自上而下制度建构和自下而上路径探索的动态过程，也是中央和地方政府通力合作、依靠法治的方式建构农村社区组织与提升社区治理能力的关键性阶段。国家在全面推动农村社区建设及具体的法治建设工作过程中，并没有设定全国统一性的政策标准予以施行，而是积极鼓励基层实践基于各地区的本土资源、特色条件来因地制宜的建构社区治理模式。然而，面对农村社区治理持续推进和逐步深入，基层治理难题也将逐渐升级。从我国农村社区法治建设目前所取得的经验与成效来看，法治的实践性有效回应了农村社区建设中的民生难题；同时，在改善和保障民生中，法治突显出其特有的优势功能。民生法治的双重意蕴，不仅为法治在农村社区建设中如何落地寻找到了准确的切入点，也为农村社区法治建设如何回应现代化国家治理的要求提供了明确的建构路径。那么，要将民生法治落地到农村社区建设，必须遵循其内在的治理规则，具体内容包括：

（一）培养社区规则意识，在改善民生中落实社区协商制度化

在推进农村社区法治建设中，应当有效落实形成以本社区居民实际利益需求出发的“社区公约”。这一系列“公约”的制定、决策与执行，实质上是农村社区居民潜移默化遵守规则的自觉意识。也就是说，要以规范化的手段与途径将各项民生政策落地，极力引导和利用社区内在的治理优势和治理资源，在治理手段与具体路径上选择更加符合本社区实情的规范化运行机制；同时，通过程序法治的方式和多数人协商参与的形式，实现农村社区建设中公平正义的典型范例。具体而言：一是以社区居民的利益需求为导向，保障人民群众的代表建议权和知情参与权，并利用微博、微信、QQ、电子邮箱等现代信息手段或工具畅通和拓展信访渠道。二是建立多元协商议事制度；采取“参与型”协商社区治理模式，形成“两委带头、议事协商、全民参与、共建共享”的良性工作机制。三是发挥社会组织的专业化功能，鼓励参与到农村社区法治建设的事业中来；积极推进社区事务“四议两公开”等形式，探索民情恳谈、社区对话等有效形式，鼓励社区居民和驻区单位、行业协会、专业社会的社会组织依法自治，营造共建共议、有序表达、多元协商的良好氛围，激发农村社区不同利益群体的协调联动活力。

（二）推进社区赋权转能，在重心下移中厘清治理主体职责

当前，农村社区逐渐出现重心下移、力量下沉的法治工作机制，恰到好处地避免了法治理念和法治方式形式化、手段化、部门化的倾向。要进一步防止地方政府容易出现的“治理偏好”现象，在展开下一步农村社区法治建设工作中应当有序推进赋权转能的治理思路：一是继续充分发挥基层党员在推进农村社区治理法治化过程中的战斗堡垒作用，加强和改进党对基层治理工作的领导。其中，关键在于打造一支善于运用法治思维和法治方式深化乡村治理体制改革、推动社区自治、维护社会稳定的干部队伍。二是根据基层治理发展的要求，加快完善农村社区建设的组织法规，明确农村社区中所涉及的各类治理主体的职能定位、组织结构以及在社区自治中的法律地位，以适应当前农村社区流动性、异质性逐渐增强的趋势。三是健全完善监督保障

体系要充分发挥各方面监督的作用，使农村社区建设的监督体系覆盖到权力行使和具体责任划分的各个环节和各个方面，实现上级监督要到位，同级监督要落实，社会监督要加强。四是对于具体各部门与社区服务队伍具体职责、任务清单，需要各地根据实地情况按照政社互动的要求进行具体明确，明确责任分配到位，减少责任相互推诿、互相扯皮的现象；应明确由谁监督和怎样监督等问题，实现对各相关责任主体有效有力的监督，保障政社互动导向下的农村社区法治建设工作能够持续推进。

（三）统筹城乡治理环境，在多元共建中共享社区良性互动

罗尔斯提出，“正义的社会制度，是每个人对与所有人所拥有的最广泛平等的基本自由体系相容的类似自由体系都应有一种平等的权利”①。鉴于此，在全国层面的共同建设与推进过程中，有必要严格遵循农村社区法治建设的客观规律，结合其典型特征开展具有独特优势的特色本土资源，将城市社区法治建设的成熟理念与经验纳入统筹城乡发展的规划，以促进城乡社区法治建设同部署、同落实、同促进、同提高。一方面，只有以政策制度来明确全国统一化的农村社区建设性质，通过法律规范的权威性力量来调和国家建构力量与乡村自生力量的相互关系，才能逐步实现由政府组织和社会组织来共同承担事务，落实基层社会的管理事务和公共服务主要依靠基层群众组织实行自治管理，农村社会微观经济活动主要依靠行业协会和商会实行自律管理。另一方面，针对与农村社区治理息息相关的党务、政务、村务不分的现实情况，依照城市社区对社区事务依法设置的“分类治理”方式，将基层党组织、社区管理组织、农村社区自治群众组织的各项治理事务实行规范化的治理，以便于汇聚各组织的优势资源和治理能力，在力量下沉中完善社区服务，在服务中激发居民参与，在参与中达成多元共治，在共治中实现良性互动。

（原载于《社会主义研究》2016 年第 4 期）

① ［美］约翰·罗尔斯：《正义论》，何怀宏等译，中国社会科学出版社 1988 年版，第 302 页。

社会建设思想的主体构成及价值取向*

党的十八大以来，以习近平为总书记的党中央不断深化对共产党执政规律、社会主义建设规律和人类社会发展规律的认识，提出了一系列治国理政新思想新战略新论断。其中，就包含十分丰富而自成体系的社会建设思想。社会建设思想是习近平治国理政新理念新思想新战略的重要组成部分，是指导当前和今后一段时期内社会建设的重要指南。习近平社会建设思想与马克思主义社会建设思想一脉相承，是对马克思主义社会建设思想的继承和发展，是中国特色社会主义社会建设思想的重要构成，是马克思主义社会建设思想中国化的最新成果。分析、研究和总结习近平社会建设思想，发掘习近平社会建设思想的重大意义，对我们研究中国特色社会主义社会建设理论，指导中国特色社会主义社会建设实践，具有重要意义和价值。

一、"让老百姓过上好日子"：民生观

党的十八大以来，习近平多次发表关于社会建设的重要论述，阐明自己的治国理政新理念新思想新战略。其中，民生观是习近平社会建设思想的主体构成。2012 年 11 月 15 日，习近平在十八届中央政治局常委同中外记者见

* 本文作者：何绍辉，男，法学博士，湖南省毛泽东研究中心副研究员。
基金项目：2015 年度湖南省哲学社会科学基金毛泽东研究专项资助课题"毛泽东与中华民族伟大复兴中国梦研究"（项目编号：15ZXC07）。

面时的讲话中指出："我们的人民热爱生活，期盼有更好的教育、更稳定的工作、更满意的收入、更可靠的社会保障、更高水平的医疗卫生服务、更舒适的居住条件、更优美的环境，期盼孩子们能够长得更好、工作得更好、生活得更好。人民对美好生活的向往，就是我们的奋斗目标。"① "人民对美好生活的向往，就是我们的奋斗目标"，朴素而极具震撼力的一句话，道出了习近平治国理政思想的基本理念，点出了他的"民生观"。习近平民生观的核心理念就是"让老百姓过上好日子"。正如习近平指出："让老百姓过上好日子是我们一切工作的出发点和落脚点。""让老百姓过上好日子"，是以习近平为总书记的党中央着力推进民生建设，贯彻落实人民观的重要体现，也是习近平社会建设思想坚持以人民为中心的具体体现。

（一）办人民满意的教育，努力让十三亿人民享有更好更公平的教育

为了满足人们对"更好的教育"的期盼，习近平从教育理念、教育方法、教育改革、教育目标等角度对教育工作做了深刻论述。他指出："中国有二亿六千万名在校学生和一千五百万名教师，发展教育任务繁重……努力发展全民教育、终身教育，建设学习型社会，努力让每个孩子享有受教育的机会，努力让十三亿人民享有更好更公平的教育，获得发展自身、奉献社会、造福人民的能力"②，"青年的价值取向决定了未来整个社会的价值取向，而青年又处在价值观形成和确立的时期，抓好这一时期的价值观养成十分重要。这就像穿衣服扣扣子一样，如果第一粒扣子扣错了，剩余的扣子都会扣错。人生的扣子从一开始就要扣好"③。习近平还强调，教育要立德树人，要深化考试招生制度改革，形成公平合理的教育体制。习近平关于教育工作的一系列论述，核心就是"办好人民满意的教育"，目标就是"让每个

---

① 《习近平总书记系列重要讲话读本》，学习出版社、人民出版社 2014 年版，第 108 页。

② 《习近平主席在联合国"教育第一"全球倡议行动一周年纪念活动上发表视频贺词》，《人民日报》2013 年 9 月 27 日。

③ 习近平：《青年要自觉践行社会主义核心价值观——在北京大学师生座谈会上的讲话》，人民出版社 2014 年版，第 9 页。

人都有人生出彩的机会”。

（二）坚持就业优先战略，努力让劳动者实现体面劳动、全面发展

针对民生建设重要短板的“就业”，尤其是就业质量不高、就业结构性矛盾突出、初始就业困难等问题，习近平强调指出：“就业是民生之本，解决就业问题根本要靠发展。要切实做好以高校毕业生为重点的青年就业工作，加强城镇困难人员、退役军人、农村转移劳动力就业工作，搞好职业技能培训、完善就业服务体系，缓解结构性失业问题。”① 此外，习近平还指出了抓好就业工作的方法与原则问题，如要“从全局高度重视教育问题”“坚持就业优先战略”“创造更多的教育岗位”，其核心要义就是要“坚守就业底线”，夯实民生之基。

（三）深化收入分配制度改革，努力使收入分配更合理、更有序

针对收入分配地区差异、行业差距的扩大，习近平强调指出：“收入分配是民生之源，是改善民生、实现发展成果由人民共享最重要最直接的方式”②，“坚持和完善社会主义基本分配制度，努力推动居民收入增长和经济增长同步、劳动报酬提高和劳动生产率提高同步，不断健全体制机制和具体政策，调整国民收入分配格局，持续增加城乡居民收入，不断缩小收入差距”③。针对不同收入群体，他还指出了具体的调节方法，比如谈及低收入群体：“重点保障低收入群众生活，做好家庭困难学生资助工作”；谈及军官的收入问题：“主要靠工资，不能有其他所谓的灰色收入”；谈及基层干部：“保障他们的合理待遇”；谈及国有企业负责人的收入问题：“除了国家规定的履职待遇和符合财务制度规定标准的业务支出外，国有企业负责人没有其他的‘职务消费’”。

---

① 《稳中求进推动经济发展持续努力保障改善民生》，《人民日报》2013年5月16日。

② 《习近平总书记系列重要讲话读本》，学习出版社、人民出版社2016年版，第217页。

③ 《立足我国国情和我国发展实践发展当代中国马克思主义政治经济学》，《人民日报》2015年11月25日。

（四）坚持全覆盖、保基本、多层次、可持续方针，加强城乡社会保障体系建设

习近平在论及整个宏观政策思路时提出了“社会政策要托底”的主张，具体到民生建设领域，就是“守住底线、突出重点、完善制度、引导舆论”。这里的“完善制度”，就是要完善城乡社会保障制度。习近平指出：“要加强城乡社会保障体系建设，继续完善养老保险转移接续办法，提高统筹层次。”① 谈及社会保障内容时，更是针对性极强，比如谈及养老：“我国老年人口增加很快，老年服务产业发展还比较滞后。要完善制度、改进工作，推动养老事业多元化、多样化发展，让所有老年人都能老有所养、老有所依、老有所乐、老有所安。”②

（五）推进医疗服务均等化，努力提高人民群众健康水平

看病难、看病贵的问题一直以来是困扰人民群众健康的痼疾。针对我国医疗卫生领域存在的现实问题，习近平强调指出：“要把维护人民健康权益放在重要位置”“没有全民健康，就没有全面小康。医疗卫生服务直接关系人民身体健康。要推动医疗卫生工作重心下移、医疗卫生资源下沉，推动城乡基本公共服务均等化，为群众提供安全有效方便价廉的公共卫生和基本医疗服务，真正解决好基层群众看病难、看病贵问题”③。他还针对年轻人熬夜、妇女基本卫生医疗服务保障、艾滋病防治等做了重要论述，提倡全民健康，不断提升健康水平。

（六）加快住房保障体系建设，努力实现人民住有所居的目标

针对“还存在着住房困难家庭的基本需求尚未根本解决、保障性住房总体不足、住房资源配置不合理不平衡等问题”，习近平强调指出：“住房问题既是民生问题也是发展问题，关系千家万户切身利益，关系人民安居乐业，

① 《中央经济工作会议在北京举行》，《人民日报》2012 年 12 月 17 日。

② 《习近平元旦前夕在北京市看望一线职工和老年群众》，《人民日报》2013 年 12 月 29 日。

③ 《主动把握和积极适应经济发展新常态　推动改革开放和现代化建设迈上新台阶》，《人民日报》2014 年 12 月 15 日。

关系经济社会发展全局，关系社会和谐稳定”“解决群众住房问题是一项长期任务”“住房保障要经得起历史检验”“总的方向是构建以政府为主提供基本保障、以市场为主满足多层次需求的住房供应体系”①。习近平关于住房保障中要注重处理好市场与政府关系、住房保障与福利陷阱的关系的重要论述，为解决住房问题提供了重要指导。

（七）要像保护眼睛一样保护生态环境，努力为人民提供更优美的生产生活环境

针对发展过程中存在的环境污染、环境破坏和环保意识缺乏等问题，面对资源约束趋紧、环境污染严重、生态系统退化的严峻形势，习近平强调指出：“把生态文明放在突出位置”“环境就是民生，青山就是美丽，蓝天也是幸福。要像保护眼睛一样保护生态环境，像对待生命一样对待生态环境”②“经济要上台阶，生态文明也要上台阶。我们要下定决心，实现我们对人民的承诺”③。生态文明建设与经济建设、政治建设、文化建设和社会建设一道，成为中国特色社会主义“五位一体”总布局的重要构成，这是以习近平为总书记的党中央对建设美丽中国的重要构想。

（八）实施精准扶贫，不让一户掉队

“小康不小康，关键看老乡。”全面建成小康社会，难点在贫困地区，重点在贫困人口。“没有贫困地区的小康，没有贫困人口的脱贫，就没有全面建成小康社会”“绝不能让困难地区和困难群众在全面小康进程中掉队”④。针对谁是贫困居民、贫困原因是什么、怎么针对性帮扶和帮扶效果怎样等扶贫开发工作中的不确定问题，习近平提出了“精准扶贫”的思想。习近平指

---

① 《加快推进住房保障和供应体系建设　不断实现全体人民住有所居的目标》，《人民日报》2013 年 10 月 31 日。

② 《习近平张德江俞正声王岐山分别参加全国两会一些团组审议讨论》，《人民日报》2015 年 3 月 7 日。

③ 《主动把握和积极适应经济发展新常态　推动改革开放和现代化建设迈上新台阶》，《人民日报》2014 年 12 月 15 日。

④ 《坚决打好扶贫开发攻坚战　加快民族地区经济社会发展》，《人民日报》2015 年 1 月 22 日。

出："扶贫开发工作已进入'啃硬骨头、攻坚拔寨'的冲刺期。"实现全面建成小康社会，就要确保在扶贫的路上"不落下一个贫困家庭，不丢下一个贫困群众"，在解决好"扶持谁""怎么扶"的问题的基础上，还要解决好"谁扶持"的问题，着力在精准识贫、精准扶贫和精准脱贫上下功夫。

二、"为群众提供精准有效的服务和管理"：社会治理观

社会治理是社会建设的重要方面，是国家治理的重要内容。习近平在论及社会建设时，对主体构成之一的社会治理同样进行了全面而深刻的论述。社会治理观与民生观，共同构成了习近平社会建设思想的主体内容。

（一）创新社会治理体制，提高社会治理水平

针对社会治理手段单一、活力缺失的问题，习近平从创新社会治理体制、改进社会治理方式的角度强调："加强和创新社会治理，关键在体制创新，核心是人，只有人与人和谐相处，社会才会安定有序""治理和管理一字之差，体现的是系统治理、依法治理、源头治理、综合施策"①。完善和发展中国特色社会主义制度、推进国家治理体系和治理能力现代化，毫无疑问需要推进社会治理体制的现代化。推进社会治理体制的现代化，就要按照习近平指出的那样，坚持系统治理、综合治理、源头治理，改革社会组织管理制度，建立健全矛盾化解机制、诉求表达机制、公共安全体系，注意处理好维稳与维权、活力与秩序的关系，高度重视网络安全。

（二）深入推进平安中国建设，积极化解社会矛盾

当前，改革进入深水区，经济体制深刻变革、社会结构深刻变动、利益格局深刻调整、思想观念深刻变化，各种矛盾和纠纷不断增加。面对矛盾多发态势，为了营造良好的改革发展环境，促进人民安居乐业。习近平强调指出："平安是老百姓解决温饱后的第一需求，是极重要的民生，也是最基本的发展环境"、"稳定是根本的大局，没有稳定的社会政治环境，一切改革发

① 《推进中国上海自由贸易试验区建设　加强和创新特大城市社会治理》，《人民日报》2014 年 3 月 6 日。

展都无从谈起，再好的规划和方案都难以实现，已经取得的成果也会失去"①，要"深入推进平安中国建设，发挥法治的引领和保障作用，坚持运用法治思维和法治方式解决矛盾和问题"②。

（三）推进社会治理重心下移，搞好基层社区治理

社区是社会的重要基础。社会治理好坏的关键，在于基层社区治理的能力和水平。正所谓："基础不牢，地动山摇。"习近平在论及社会治理时尤为强调要加强城乡基层社区治理。2014 年 3 月，习近平在参加十二届全国人大二次会议上海代表团的审议时指出："社会治理的重心必须落到城乡社区，社区服务和管理能力越强，社会治理的基础就越实。要尽可能把资源、服务、管理放到基层，使基层有职有权有物，更好为群众提供精准有效的服务和管理。"③ 为群众提供精准有效的服务和管理，就要以群众需求为中心，紧紧围绕民生难题，打通服务群众的"最后一公里"；要盘活治理资源，合理配置、调动和整合城乡社区内部各种治理资源；注重发挥群众的力量，充分调动群众参与服务与管理的积极性，在群众参与中优化基层社会治理。

三、"坚持以人民为中心"：社会建设思想的价值取向

社会建设思想是以习近平为总书记的党中央针对我国社会主义社会建设实际所做出的新概括新要求新论断，是对中国特色社会主义社会建设规律认识的进一步深化，是指导中国特色社会主义社会建设实践的重要指南，是马克思主义社会建设思想中国化的最新成果。从贯穿习近平关于社会建设思想的主线来看，"坚持以人民为中心"是社会建设思想的鲜明价值取向。

---

① 《习近平总书记系列重要讲话读本》，学习出版社、人民出版社 2016 年版，第 222 - 223 页。

② 《发挥法治的引领和保障作用　提高平安建设现代化水平》，《人民日报》2014 年 11 月 4 日。

③ 《习近平总书记系列重要讲话读本》，学习出版社、人民出版社 2014 年版，第 118 页。

（一）心中装着人民，群众是社会建设的主体

马克思、恩格斯曾经指出："历史活动是群众的活动，随着历史活动的深入，必将是群众队伍的扩大。"① 从某种程度上而言，群众参与社会建设，发挥人民群众在社会建设中的主体地位与作用，就是群众进行历史活动的重要形式。群众不仅是社会建设的参与者，更是社会建设成效的决定者。中国特色社会主义建设事业，从根本上而言是人民群众的事业。社会建设是中国特色社会主义建设事业的一部分，关涉群众切身利益，是重要的历史活动，需要群众参与，并发挥群众主体地位与作用。习近平关于社会建设思想的重要论述，鲜明地体现了坚持以人民为中心的导向和原则，坚持从人民群众的需求和需要出发开展社会建设。习近平在谈及执政理念和目标时指出："人民对美好生活的向往，就是我们的奋斗目标"；在谈及环境保护时强调："人民群众对清新空气、清澈水质、清洁环境等生态产品的需求越来越迫切，生态环境越来越珍贵。我们必须顺应人民群众对良好生态环境的期待，推动形成绿色低碳循环发展的新方式，并从中创造新的增长点。生态环境问题是利国利民利子孙后代的一项重要工作，决不能说起来重要、喊起来响亮、做起来挂空挡"②；在谈到社会管理时更是明确指出："社会管理主要是对人的服务和管理，说到底是做群众的工作。"由此可见，习近平总书记关于社会建设的一系列重要论述，都是为了人民群众，都是以人民群众满意不满意为标准，体现了鲜明的人民性。习近平强调："对各类困难群众，我们要格外关注、格外关爱、格外关心，时刻把他们的安危冷暖放在心上，关心他们的疾苦，千方百计帮助他们排忧解难。"③

（二）一切为了人民，群众是社会建设的评判者

习近平关于社会建设的思想包括以"办人民满意的教育，努力让十三亿人民享有更好更公平的教育；坚持就业优先战略，努力让劳动者实现体面劳

---

① 《马克思恩格斯文集》第1卷，人民出版社2009年版，第287页。

② 《为了中华民族承续发展》，《人民日报》2015年3月10日。

③ 《习近平总书记系列重要讲话读本》，学习出版社、人民出版社2014年版，第111页。

动、全面发展；深化收入分配制度改革，努力使收入分配更合理、更有序；坚持全覆盖、保基本、多层次、可持续方针，加强城乡社会保障体系建设；推进医疗服务均等化，努力提高人民群众健康水平；加快住房保障体系建设，努力实现人民住有所居的目标；像保护眼睛一样保护生态环境，努力为人民提供更优美的生产生活环境；实施精准扶贫，不让一户掉队”为基本内容的民生观和以“创新社会治理体制，提高社会治理水平；深入推进平安中国建设，积极化解社会矛盾；推进社会治理重心下移，搞好基层社区治理”为基本内容的社会治理观，内容庞大、内涵丰富，涵括了中国特色社会主义社会建设的方方面面。习近平社会建设思想中既有关于中国特色社会主义社会建设的顶层设计，也有关于社会建设具体实践的指导和细节的统筹谋划，各个方面密不可分、相得益彰、衔接紧密，是一个完整的社会建设理论体系。衡量社会建设是否成功，关键是看群众满意不满意、高兴不高兴、答应不答应，正如习近平指出：“检验我们一切工作的成效，最终都要看人民是否真正得到了实惠，人民生活是否真正得到了改善。”①

（三）发展依靠人民，群众是社会建设的实践者

习近平关于社会建设的思想立足社会现实，紧跟时代发展，以解决我国经济社会发展中的重大现实问题为基本方向，针对社会建设中的突出和焦点问题展开了深入论述。比如，针对我国长期以来的扶贫开发“边际效益递减”现象，提出了“精准扶贫”的思想，提出“不让一户掉队”。又比如，针对经济社会发展过程中存在的环境污染、环境破坏等问题，提出了“要像保护眼睛一样重视保护环境”，要坚持绿色发展、建设社会主义生态文明等重要思想。无论是精准扶贫，还是保护环境，人民群众都是参与者、实践者和依靠者。毛泽东曾经指出：“依靠民众则一切困难能够克服，任何强敌能够战胜，离开民众则将一事无成。”② 在论及中国特色社会主义社会建设时，

① 习近平：《在纪念毛泽东同志诞辰 120 周年座谈会上的讲话》，人民出版社 2013 年版，第 19 页。

② 《毛泽东军事文集》第 2 卷，军事科学出版社、中央文献出版社 1993 年版，第 381 页。

习近平始终注意坚持以人民为中心，注重发挥群众的积极性、主动性和创造性，紧紧依靠人民。他在谈及精准扶贫、解决人民群众切身困难、改善人民群众现实生活时，倡导广大人民群众通过勤劳致富改善生活，而非简单地搞大包大揽，这就是依靠群众的重要体现，也是发挥人民群众主体性的重要体现。

四、结语

坚持以人为本的社会建设观，是习近平关于社会建设思想的重要特征。从本质上而言，习近平关于社会建设思想是马克思主义社会建设思想的继承和发展，体现了国家治理体系和治理能力现代化的现实诉求和当代中国共产党人的责任追求。

（一）社会建设思想是马克思主义社会建设思想的继承和发展

虽然马克思、恩格斯没有参与过社会主义社会建设实践，但是马克思、恩格斯关于社会主义社会建设有过诸多论述，并形成了丰富的社会建设思想。社会建设思想，是马克思主义的重要组成部分。马克思在论述未来社会时，多次提到社会建设思想。从马克思主义社会建设思想的内容“未来社会建设是建立在生产力高度发展的基础之上的；未来社会建设要体现人民群众当家作主，最终目标是实现人的自由全面发展；未来社会建设要遵循人与自然和谐相处的规律；治理社会主义社会是未来社会建设的重大课题”来看，习近平关于社会建设思想是对马克思主义社会建设思想的继承和发展。习近平关于社会建设思想立足于我国经济社会发展条件与水平，其关于民生建设与社会治理的诸多重要论断都与我国经济发展状况紧密相关，无论是关于扶贫开发还是发展教育的论断都是其重要体现。关于社会主义生态文明建设的思想，尤其是绿色发展理念的确立，则体现了对人与自然和谐相处的遵循。坚持以人民为中心的社会建设观，更是对马克思主义社会建设要体现人民当家作主要求的落实。总之，习近平关于社会建设思想是对马克思主义社会建设思想的继承和发展，是马克思主义社会建设思想中国化的最新成果，是指导当前我国社会建设的重要指南。

（二）社会建设思想体现了国家治理体系和治理能力现代化的现实诉求

党的十八届三中全会指出，全面深化改革的总目标，是完善和发展中国特色社会主义制度，推进国家治理体系和治理能力现代化。社会建设是国家治理的重要组成部分，推进国家治理体系和治理能力现代化，毫无疑问要加强和创新社会治理。如果没有社会建设的跟进，尤其是没有构建现代社会治理体制，没有有效的社会矛盾化解机制，没有现代的社区治理体制，国家治理体系和治理能力的现代化就无从谈起。习近平关于社会建设思想，以民生建设和社会治理为两翼，重点就“创新社会治理体制，提高社会治理水平；深入推进平安中国建设，积极化解社会矛盾；推进社会治理重心下移，搞好基层社区治理”做了深刻论述，是切实推进国家治理体系和治理能力现代化的现实举措。

（三）社会建设思想体现了当代中国共产党人的责任担当

改革开放30多年来，我们党不断深化对党的历史责任和肩负使命的认识。在此基础上，不断深化对共产党执政规律、社会主义建设规律和人类社会发展规律的认识。满足人民群众日益增长的物质文化需求，提高全民族素质，逐步实现共同富裕，构建社会主义和谐社会，是当代中国共产党人关于社会主义社会建设的现实价值追求。从社会主义建设初期到改革开放新时期，中国共产党人一直致力于为人民群众谋福祉，加大民生建设投入，坚持加强和持续改善民生，人民群众的健康水平、受教育水平、就业条件、医疗保障水平、社会保险水平等有了根本性改观。以习近平为总书记的党中央，坚持从人民群众的现实需求出发，立足增加人民群众收入，完善社会保障体系，提高群众健康水平，提高人民幸福指数，提出了加强和改善民生的诸多新思想新理念，为广大人民群众共享改革发展成果提供了重要条件。所有这些，是以习近平为总书记的党中央对广大人民的庄严承诺，也是以习近平为代表的当代中国共产党人担当责任、履行使命的重要体现。

（原载于《毛泽东研究》2016年4月）

十八大以来和谐社会理念的新发展*

自从中央提出构建社会主义和谐社会的重大战略，社会主义和谐社会建设在十八大以前取得了显著成就，社会保障体系、环境保护机制、社会矛盾处理机制等初步建立。如今，全面改革进入深水区，和谐社会建设也进入攻坚阶段。构建社会主义和谐社会就是一个不断化解社会矛盾的过程。现在社会中出现了一些新问题，新的不和谐因素，甚至在某些领域不和谐因素集中爆发。社会出现了新的矛盾集聚点，就要以新的思路去解决。习近平所提出的关于和谐社会的新观点就是对于当前新的不和谐因素增长极的精准把握，和对最大限度地增加和谐因素策略的精准把脉。

一、积极倡导构建和谐的网络空间

习近平高度重视网络空间的和谐，提出构建网络空间命运共同体。网络现在已经成为人类新的共同活动空间。网络不断延伸人类的实践活动范围，

---

* 本文作者：崔三常，天津农学院社会科学部教讲师，南开大学马克思主义教育学院博士生，研究方向为马克思主义理论；刘娟，南开大学马克思主义教育学院教授，博士生导师，研究方向为马克思主义理论。

基金项目：天津市 2014 年教委科研计划项目思政专项“社会主义核心价值观引领下的原理课教学改革”（2014szk21）和南开大学 2015 年度大学生思想政治教育专项课题“培育大学生社会主义核心价值观的路径与机制研究”（NKSZZX2015 – Y01）阶段成果。

创造新的实践形式。网络正日益成为世界各国人民依赖的可以满足自己各种物质和精神需求的美好家园。但是，现在网络却不断增加各种不和谐的因素，严重影响网络安全。网络世界作为现实世界的延伸，延续了现实社会中的各种对立和冲突，网络又因为自己的独特特点，如虚拟性、隐藏性而存在各种新的矛盾和冲突，比如谩骂攻击、极容易的情绪对立、黑客攻击等。网络恐怖主义活动等成为全球公害。网络侵害个人隐私、侵犯知识产权，网络犯罪时有发生。中国非常重视网络的发展，并希望网络可以成为社会发展的巨大推动力。中国政府提出“互联网+”的发展战略就是要利用互联网推动各项事业的发展，密切世界之间的联系。我们希望通过网络实现人类社会的巨大发展。所以，中国最不希望网络成为一个充满对立、攻击和陷阱的领域。

为了构建和谐的网络空间，习近平提出互联网全球治理原则。习近平主张尊重网络主权，维护和平安全，促进开放合作，构建良好秩序。当前网络空间不和谐的一个重要原因就是网络霸权主义。一些西方发达国家凭借自己的网络技术优势，利用对于网络资源和网络话语权的垄断，推行网络霸权主义。像某些西方强国利用手中网络技术垄断，以切断网络服务的手段惩罚非亲西方的发展中国家，逼其就范。有些西方国家长期利用网络技术手段对于其他国家进行意识形态渗透，实施文化扩张。近些年，西方国家不断利用网络工具煽动和策划敌对中国家内部的反政府力量进行推翻现有政府的活动，引发了个别国家的政局动荡。这些活动加深了政府之间在网络空间的对抗，削弱了发展中国家的网络话语权，不利于网络的和谐发展。习近平提出“构建互联网治理体系，促进公平正义”①。全球网络治理坚持多边参与、多方参与的原则，不断完善网络空间对话协商机制。

面对网络空间各种威胁和犯罪的增长，习近平提出构建良好秩序维护网络的和平安全。随着网络空间的发展，网络犯罪给人类社会带来了越来越严

---

① 习近平:《在第二届世界互联网大会开幕式上的讲话》，《人民日报》2015 年 12 月 17 日。

重的损失。网络罪犯利用网络的独特性轻易地通过网络系统超出国境界限，甚至避开了各国法律的管辖范围。各国法律在网络治理上存在着非常大的差异，很多国家缺乏网络管理的法律，这使得网络犯罪治理成为世界难题。当前，网络信息技术成为恐怖分子利用的工具。恐怖分子利用网络平台传播恐怖思想、招募成员、筹措资金、遥控恐怖活动。网络恐怖主义成为全球公敌。但是，由于各国的制度、法律差异，各国对于网络空间的管理存在很大的不同，打击网络恐怖主义受到很大的限制。习近平指出，各国必须要加强国家间网络安全合作，推动制定国际社会普遍接受的网络空间国际规则，建立国际网络新秩序，才能共同维护网络空间和平安全。

习近平指出，网络不能有双重标准，每个国家都有权维护自己的信息安全。不能以牺牲别国安全谋求自身所谓绝对安全。要推动制定各方普遍接受的网络空间国际规则，共同维护网络空间和平安全。网络密切了人类的联系，加强了人类的沟通，促进了人类社会的更快发展。世界各国之间的交流更加密切。各国之间的文明差异、利益对立在网络上更加明显和直接。但是，由于各国法律不同，认识理念不同，网络规则和管理存在着很大的差异。网络世界的对抗和冲突并不能得到有效的控制和疏导。世界上大多数国家尤其是发达国家对于网络的依赖程度越来越高，网络关乎人们生活的各个领域。世界人民有一个共识，就是健康而安全的网络对于人类至关重要，可是网络的统一规则和统一管理却是很难的挑战。人们不应该把现实的各种对立利用网络不断放大，不能够利用网络的漏洞和技术优势对他人进行攻击和破坏。网络攻击所需要的条件和付出的代价较之现实比较低，这也成为很多人希望以网络手段发动攻击的重要原因。而且，人们的各种生产生活已经和网络密不可分。如果人们都在寻求不断地利用网络世界存在的漏洞和自己的技术优势肆意乱为的话，好不容易构建的网络空间可能就会毁于一旦。

习近平指出，各国应该加强沟通交流，打造网上文化交流共享平台，促进交流互鉴，推动世界优秀文化交流，推动各国人民情感交流，心灵沟通。完善网络对话协商机制，研究制定全球互联网治理规则。不搞单边主义，霸权主义，发挥政府、国际组织、互联网企业、技术社群、民间机构、公民个人等主体作用，网络的事情大家商量着办。为了网络的和谐，必须要打造有序的网络空间，必须要构建网络规则，推动网络建设和管理的法治化。习近平非常重视网络的发展和网络空间的管理和规则构建，提出网络命运共同体概念，提高人们对于网络秩序的重视。

二、更加注重人与自然的和谐

由于以往我国曾片面重视经济发展，对于自然资源过度开发，忽视环境保护，造成自然生态环境遭受到了严重的破坏。现在，生态环境问题已经不仅仅关系到我国经济的可持续发展，甚至已经关乎人民群众最基本的生存问题。面对日益严峻的生态环境，习近平总书记比以往任何时期都更加重视人与自然的和谐。中央从保护生态环境以维持经济的可持续发展到现在让生态系统休养生息，表明现在不再是继续通过过度消耗自然资源和破坏生态系统来实现经济发展和改善人们物质生活水平的时刻，人们对于自然的征服和破坏已经使得自然环境丧失了其对于生态系统的自我调节能力。地球生态环境越来越恶化，人类的现实自然生存条件的丧失不再只是理论和预期，而是现实的威胁，而且还是人类面临的最迫切和最危险的威胁。在中国既要发展经济改善人民的生活水平，又要保护生态环境的重要任务面前，习近平强调，“宁要绿水青山，不要金山银山”①，这是向世人宣告中国不能为经济而牺牲自然环境，甚至宁愿牺牲经济也要保护好生态环境的决心。习近平强调，和经济指标、物质财富相比，良好的生态系统是最公平的公共产品，是最惠普的民生福祉②。现在，人们必须要转变价值观念，不仅要重视物质财富对于个人发展的价值，更要重视生态环境对于个人发展的价值。

习近平指出，“保护生态环境就是保护生产力、改善生态环境就是发展

---

① 《习近平在哈萨克斯坦纳扎尔巴耶夫大学发表重要演讲》，《人民日报》2013 年 09 月 08 日。

② 《加快国际旅游岛建设，谱写美丽中国海南篇》，《人民日报》2013 年 04 月 11 日。

生产力”①。这一论述深刻阐明了习近平对于生态环境与生产力关系的认识，蕴含着人类对于自然的尊重，表达了以谋求人与自然的和谐实现生产力发展的理念。习近平指出生态环境就是生产力，保护生态环境同样可以发展生产力。这改变了人们以往的看法，即保护生态环境就会牺牲经济发展，就会制约生产力的发展，人们必须要在生态环境和经济发展中做取舍。习近平的论述是对马克思主义生产力理论和人与自然关系理论的新发展。这要求将人的发展和自然生态系统的发展高度融合起来，改变以往人类通过向自然过度索取获得生产力发展的生产模式，将人类的生产力发展纳入整个世界的生态系统的保护之中。习近平更加重视自然的作用，在人与自然的关系中更加强调自然的地位，自然不仅是人类生存的必要条件，自然本身就是生产力。人与自然不是单向的物质交换关系，而是双向交换关系。

人与自然的和谐不仅是指人类的活动要在自然生态系统的可承受范围以内，保持人类的活动与自然生态系统的有机统一，还要将自然生态和人类的生存、经济发展等各方面有机统一、融合在一起。习近平强调不仅要让自然给人类基本的物质必然条件，还希望自然给人类提供精神上美的享受，自然给人类提供更多生存和发展的客观条件和空间。习近平提出以人与自然高度和谐的角度来发展工业经济，探索维护生态环境，促进人与自然高度和谐的经济发展理论。中国的自然生态已经遭到严重破坏，因此，人们不仅要约束自己的行为，停止对自然的继续破坏，还要努力修复自然生态系统，让自然逐渐具备自我修复能力。习近平强调人的能动性，主张在自然面前不能坐以待毙，要积极作为。中国要积极进行产业转型、工业发展模式转型，将工业的发展建立在维护生态平衡、修复生态系统基础之上，不再以耗尽资源、牺牲生态环境的方式发展经济。

处理人与人的关系是解决当前人与自然关系不和谐的一个重要条件。习近平提出人与自然和人与人之间双重和谐的生态文明观。习近平提出，要

① 《习近平谈治国理政》，外文出版社2014年版，第209页。

“把生态文明建设融入经济建设、政治建设、文化建设、社会建设各方面和全过程”①。这是要将人与自然的关系融入整个社会关系之中，把人与自然的和谐和人与人之间的和谐沟通起来。从世界范围看，资本对于利润的无休止追求是造成现代世界生态危机的重要根源。发达资本主义国家曾经靠着对于自然环境的过度开发实现经济的发展。现在，发达资本主义国家依靠早已取得的优势不用开发自然资源就可以维持着源源不断的利润，而将各种污染型、资源消耗型企业转移到发展中国家。发展中国家为了解决本国经济问题不得不过度地开发资源并造成环境的污染。今天中国生态问题的根源是中国补偿式经济发展模式带来的对于自然生态平衡的破坏。和资本主义国家相比，中国具有社会主义制度优势，党和国家始终把人民群众的根本利益放在首要地位。中国完全可以在制度上制约资本的利润驱使，改变社会经济发展模式和人们的生活方式，保护好生态环境。

三、倡导命运共同体意识，构建世界和谐

为了缓和世界各国之间的矛盾，维护世界和平发展，胡锦涛曾提出构建和谐世界的理念。习近平提出构建人类命运共同体的理念，将和谐世界理念更加深化，并努力把它变成现实。2013 年 9 月和 10 月，习近平在访问哈萨克斯坦和印度尼西亚期间先后提出共同建设丝绸之路经济带和 21 世纪海上丝绸之路的倡议，主张与沿线国家和地区全面加强务实合作，共同打造政治互信、经济融合、文化包容的利益共同体、命运共同和责任共同体。2015 年，习近平在联合国大会上，郑重向世界宣告，“我们要继承和弘扬联合国宪章的宗旨和原则，构建以合作共赢为核心的新型国际关系，打造人类命运共同体”②。世界和谐的构建不能依靠强权、霸权，也不能依靠什么世界警察。把自己的发展建立在对于其他国家和民族的剥削和损害的基础上，永远

① 习近平:《携手共建生态良好的地球美好家园》,《吉林环境》2013 年第 5 期。

② 《习近平出席第七十届联合国大会一般性辩论并发表重要讲话》,《人民日报》2015 年 9 月 29 日。

不会有世界和平；把自己的文明和文化强加在别人身上，永远不会有世界和谐。习近平指出，当今世界发生的各种对抗和不公，不是因为联合国宪章宗旨和原则过时了，而恰恰是由于这些宗旨和原则未能得到有效履行。要坚定维护以联合国宪章宗旨和原则为核心的国际秩序和国际体系，维护和巩固第二次世界大战胜利成果，积极维护开放型世界经济体制，旗帜鲜明反对贸易和投资保护主义。

习近平提出的命运共同体意识就是要打破近代以来由西方世界所确立的强权政治而带来的世界秩序。地球是人类共同的家园，不是哪一个国家和民族的，全球性问题也需要全世界人民共同的努力才能实现根本性解决。随着经济全球化的深入，世界各国的利益和命运更加紧密地联系在一起，已经形成了“你中有我、我中有你”的利益共同体。世界上很多问题不再局限于一国内部，很多挑战也不再是一国之力所能应对，全球性挑战需要各国通力合作来应对。每一个国家都有自己的利益和诉求，国家之间存在着很大的差异和分歧。但是面临着共同的问题，人类不能再分你我，而要树立命运共同体意识。人类在很多方面都是命运共同体，大家都是互相联系、密不可分，一损俱损、一荣共荣，因此应该要彼此照顾对方的核心利益和根本关注，不能只顾自己，更不能损人利己。

人类只有一个地球，各国共处一个世界。构建人类命运共同体，必须坚持各国相互尊重、平等相待，尊重各国自主选择的社会制度和发展道路，尊重彼此核心利益和重大关切；必须坚持合作共赢、共同发展，摈弃零和游戏、你输我赢的旧思维，树立双赢、共赢的新理念，在追求自身利益时兼顾他方利益，在寻求自身发展的同时促进共同发展；必须坚持实行共同、综合、合作、可持续的安全，坚持以和平方式解决争端，反对动辄使用武力或以武力相威胁；必须坚持不同文明兼容并蓄、交流互鉴。“中国倡导国际社会共同构建人类命运共同体，建立以合作共赢为核心的新型国际关系，坚持国际关系民主化，坚持正确义利观，坚持通过对话协商以和平方式解决国家间的分歧和争端。"① 习近平提出的"一带一路"倡议就是要实现利益共同体，希望其他国家能搭上中国经济发展的顺风车，中国也乐于为其他国家提供这种便利。习近平指出，全球治理的目标就是要构建人类命运共同体，这要求每一个国家都要承担自己的责任，为世界的可持续发展提供自己的力量。

四、构建和谐劳动关系促进社会和谐

劳动关系是社会主义市场经济条件下最重要的社会关系。劳动关系的和谐是社会和谐的重要条件。劳动关系矛盾如果处理不好，企业内部问题就会上升为社会问题，简单的经济问题可能会演变成复杂的政治问题。现在社会和谐最大的隐患和阻碍是劳动关系的不和谐因素不断增加。

习近平提出以劳动关系和谐推动国内社会和谐。"要最大限度增加和谐因素、最大限度减少不和谐因素，构建和发展和谐劳动关系，促进社会和谐。"② 随着社会主义市场经济的发展，非公有制经济在国民经济中占的比重不断增强，非公有制经济中的从业人口占劳动人口的大多数。非公有制经济的发展为劳动者的就业和生活水平的改善提供了物质条件。如今，随着中国用工数量的相对减少，企业劳动力成本的增加，劳动者诉求的增加和觉悟的提高，资方利润追逐和劳方权益要求之间的矛盾越发尖锐。而我国之前调节劳资矛盾的法律并不健全，工人的工会组织发展不成熟，工人缺乏争取自身权益的合法、正常渠道。这不仅影响企业经营，也会影响社会的安定团结。社会主义市场经济条件下，劳资关系、劳动关系是社会财富分配的重要依据，也是造成社会差异和对立的重要原因。为了发展经济，政府以往更注重企业的发展，给予企业发展各种支持和鼓励，而对于企业劳动者的利益保障并没有随之配套，社会和企业没有形成稳定的劳动关系环境。劳动者缺乏

---

① 习近平：《在伦敦金融城市长晚宴上的演讲》，《人民日报》2015 年 10 月 23 日。

② 习近平：《在庆祝"五一"国际劳动节暨表彰全国劳动模范和先进工作者大会上的讲话》，《人民日报》2015 年 4 月 29 日。

保护自己权益有力的社会保障机制。非公有制经济中的工会组织不完善，劳动者尤其是农民工的合法权益往往无法可依。劳动关系不断恶化，长期下去，企业可能会因劳动关系的不断恶化而无法持续健康发展。

劳动者是中国特色社会主义事业的主要力量，党和政府站在劳动者的立场毫不动摇。现在构建和谐劳动关系的最根本的任务就是要维护广大劳动群众的最直接最现实的利益。保障劳动者的充分就业、维护劳动者的合法权益，调节社会劳资矛盾为社会和谐的压舱石、稳定器。实现劳动关系和谐最主要的任务是职工和企业关系的和谐。在非公有制企业中，劳方与资方应该形成利益共同体关系。要实现劳动关系的和谐就必须兼顾企业和职工的利益，党和国家要发挥社会主义制度的优越性，实现企业和职工利益的高度统一。企业和职工、资方和劳方的利益在本质和长远上是一致的。国家需要从工人和企业发展的长远利益出发，协调二者的关系，防止人们因为眼前利益而造成矛盾的突出，影响劳动关系的和谐，进而影响社会和谐。

习近平指出，“我国工人阶级和广大劳动群众要发扬识大体、顾大局的光荣传统，正确认识和对待改革发展过程中利益关系和利益格局的挑战，正确处理个人利益和集体利益、局部利益和全局利益、眼前利益和长远利益的关系，树立法治观念，增强法律意识，自觉维护社会和谐稳定”①。工人阶级是党的阶级基础，是中国特色社会主义事业的依靠力量，必须要毫不犹豫地站在工人阶级的立场。当前，企业的发展和管理的改善仍然是工人生活水平改善的根本的途径。一切不能以损害企业的发展为代价。习近平指出，现阶段的劳资矛盾是根本利益一致基础上的具体利益差别的矛盾，是属于人民内部矛盾，是可以通过协调、协商、合作等方式得到解决的。党的十八届五中全会通过的“十三五”规划建议提出，“建立和谐劳动关系，维护职工和企业合法权益。”科学地把职工权益和企业权益有效统一，体现了职工与企业是命运共同体。构建和谐劳动关系要坚持促进企业发展和维护职工权益相统

① 习近平：《在庆祝“五一”国际劳动节暨表彰全国劳动模范和先进工作者大会上的讲话》，《人民日报》2015 年 4 月 29 日。

一，调动劳动关系双方的积极性。

规范有序、公正合理、互利共赢、和谐稳定的和谐劳动关系是建设社会主义和谐社会的重要基础。习近平提出和谐劳动关系的首要任务就是要依法保障职工基本权益，政府要健全劳动关系协调机制，及时正确处理劳动关系矛盾。中国仍然处于社会主义初级阶段，国家经济和企业的健康发展符合工人阶级和劳动群众的根本利益。工人阶级和广大劳动群众要正确处理眼前利益和长远利益的关系，要发扬识大体、顾大局的光荣传统。法律是构建和谐劳动关系的制度保障，要不断增强全民的法治观念。

（原载于《未来与发展》2016 年第 5 期）

十八大以来我国社会建设的新理念、新实践与新方向*

十八大以来，党中央顺应时代发展要求，提出了一系列治国理政的新理念与新思想，社会建设理念是其中的重要内容。党的十八大报告明确指出，“加强社会建设，是社会和谐稳定的重要保证。必须从维护最广大人民根本利益的高度，加快健全基本公共服务体系，加强和创新社会管理，推动社会主义和谐社会建设。”社会建设的提出，与政治建设、经济建设、文化建设、生态建设一起，共同构成了五位一体的中国特色社会主义社会建设新格局。

一、十八大以来我国社会建设的新理念与新思想

十八大以来，为满足人民群众最广泛的需要，党中央结合时代形势的变化，在社会建设方面形成了诸多新理念与新思想。总体上来看，社会建设的新理念与新思想主要体现为：构建全民共建共享的社会治理格局、形成社会公平正义的民生建设体系、实现均衡化与融合性的城乡一体格局、打造法治化与稳定化的公共安全观等方面。

---

* 本文作者：程国花（1962—），女，湖北浠水人，中共湖北省委党校马克思主义基础教研部教授，主要从事马克思主义基本原理和马克思主义中国化研究。

基金项目：2016 年度国家社会科学基金十八大以来党中央治国理政新理念新思想新战略研究专项工程项目“十八大以来党中央治国理政的文化思想研究”（16ZZD047）。

（一）全民共建共享的社会治理格局

自改革开放以来，我国大力发展经济建设，忽略了社会建设，由此带来了很多问题与矛盾。现代社会治理，更加注重强调多元主体的参与，“多一些治理，少一些统治”日益成为现代社会治理的基本趋势。在实现全面协调可持续发展和既有社会管理格局的基础上，党中央首次鲜明提出“构建中国特色社会主义社会管理体系”，在党的领导和法治保障下，由政府负责，实现社会协同和公众的广泛参与。社会管理主体不再只依靠政府的力量，推进社会管理体制更加科学化、管理网络愈加有序。在全面深化改革的攻坚期，十八届三中全会提出“加快形成科学有效的社会治理体制”，实现社会建设从“社会管理”转变为“社会治理”。社会治理主体呈现多元化广泛参与，治理方向变为多方向共同协商，协调政府、社会、公民参与社会治理的关系，形成多元化协商共治的基本改革趋向①。创新社会治理的法律制度和治理体系，实现社会治理法治化水平的提高，以法治的方式保障共建共享的合法性和合理性。在实现社会治理机制法治化、制度化后，十八届五中全会以“构建全民共建共享的社会治理格局”作为目标对象，第一次提出“推进社会治理精细化”的理念，突显共建共享的原则以及全民参与的广泛性和多元性。在社会治理和公共服务的过程中，覆盖全民，更加精细，实现社会治理的高效能、全方位以及中国特色社会主义社会建设的共建共享。总体上来看，十八大以来国家逐步实现从社会管理向社会治理的创新转变，实现社会治理精细化及公共服务精准化，提高社会治理法治化水平和精准程度，构建全民共建共享的社会治理格局。

（二）构建完善的民生建设体系实现社会公平正义

恩格斯指出，“平等是正义的表现”②。社会公平正义要求国家平等的对待公民，实现法律面前的公平正义，推进社会民主化进程。我国正处于深化

① 陈位志：《十八大以来社会建设的新探索》，《中国特色社会主义研究》2015 年第 1 期。

② 《马克思恩格斯文集》第 9 卷，人民出版社 2009 年版，第 372 页。

改革时期，影响社会公平正义的矛盾和问题层出，尤其是社会主义民主政治发展和依法治国战略部署，“人民群众权利意识不断增强，对公平正义的追求更加强烈”①。为从根本上化解社会矛盾，促进社会公平正义，党中央把平等、正义归入工作重点，积极回应人民群众对公平正义的追求。坚持维护社会公平正义，是党的十八大提出的夺取中国特色社会主义新胜利必须牢牢把握的八个基本要求之一。在新的历史条件下，维护社会公平正义，需要建设有益社会公平正义的机制和体系，保障人民享有平等的权利。党的十八届三中全会进一步指出，紧紧围绕更好保障和改善民生、促进社会公平正义，深化社会体制改革，改革收入分配制度，促进共同富裕，推进社会领域制度创新，推进基本公共服务均等化，加快形成科学有效的社会治理体制。在促进社会公平正义中加快各领域的民生建设，及体制机制改革，被提到新的高度。在此基础上，党的十八届五中全会提出，要以共享发展理念为基础，特别注重机会公平，促进人口均衡发展，建立更加公平可持续的社会保障制度，实现全体人民共同迈入全面小康社会。当前，我国正处于全面深化改革的重要时期，改革要致力于追求社会公平正义，是“全社会最大公约数之一”②。总体上来看，自十八大以来党中央出台的一系列方针政策，都围绕着形成社会公平正义的民生建设体系，切实维护广大人民的合法权利及权益。

（三）坚持城乡均衡发展与社会融合发展

作为一个农业大国，我国正处于从农业文明走向工业文明和城市文明时代。统筹城乡发展，实现城乡互助和谐的发展，是新时期我国迈向现代化必须要解决的问题。为消除城乡二元结构的弊端，推进城乡一体化发展，国家明确城乡统筹，借助社会力量，实现城乡均衡化与融合性发展。十八大以来，党中央在全面实现小康社会的新要求中明确提出，城乡居民人均收入比2010年翻一番，基本公共服务均等化总体实现及社会保障全民覆盖。加大城

---

① 何建辉：《维护社会公平正义是党的不懈追求》，《红旗文稿》2013年第11期。
② 刘云川：《改革要致力于促进社会公平正义》，《观察与思考》2013年第17期。

乡统筹力度，增加农村发展动力，缩小城乡差距，实现城乡多层次的共同发展。创新农村新型经营主体，保持农民收入稳定持续增长，推进城乡基本养老保险体制和新型社会救助体系形成，打造“全民医保、人人享有”的基本医疗服务格局。党的十八届三中全会提出，扩大优质教育资源覆盖面，城乡义务教育资源均衡配置，基础教育信息化均衡发展，实现全面城乡义务教育。借鉴城市社区“社区服务网络化供给模式”①，推进新型农村社区建设。在城乡均衡与融合过程中，保持经济发展良好势头，向实现全体人民“学有所教、劳有所得、病有所医、老有所养、住有所居”的目标发展。尤其在户籍管理制度改革后，取消农业和非农业户口的身份标签，对于促进城乡均衡发展与社会融合都具有重要作用。党的十八届五中全会提出，健全城乡一体化体制，推动新型城镇化背景下的城乡均衡发展。当前，为实现2020年全面建成小康社会的艰巨任务，补齐全面小康建设的短板，加快完善城乡一体化进程，政府通过购买服务，引入社会工作者，以“多元化、社会化”的治理格局推动社会融合发展，为城乡统筹添加新生力量。

（四）坚持法治化、稳定化的公共安全观

公共安全是社会发展与文明进步的前提条件。我国处于重要的社会转型期，社会任务繁重，尤其是大数据时代来临，对传统的公共安全治理实践带来了新的机遇与挑战②。而社会稳定是国家和民族所追求的理想状态，社会稳定程度越高，发生安全问题的可能性愈低。习近平总书记指出：“平安是老百姓解决温饱后的第一需求，是极重要的民生，也是最基本的发展环境。”安全是社会发展的重要保障，推进公共安全法治化，是建设社会主义法治社会及和谐社会的重要前提。党中央在十八大报告中明确提出建立健全重大决策社会稳定风险评估机制，强调建立公共安全体系，并在此基础上，创新社会治理方式，完善社会矛盾的协调机制、国家安全体制和国家安全战略。党

① 项继权：《农村社区建设：发展态势与阶段特征》，《青海社会科学》2015年第2期。

② 张春艳：《大数据时代的公共安全治理》，《国家行政学院学报》2014年第5期。

的十八届三中全会则首次提出设立国家安全委员会，保障国家安全，是实现国家长治久安的迫切要求。同时，在网络化、信息化时代，重视富有时代特色的网络安全重要性，充分考虑网络对于国家安全、公共安全的影响。党的十八届四中全会进一步明确网络安全防护和网络社会管理的法律法规，指明互联网领域立法的重要性，实现该领域的法治化。在维护公共安全的要求下，提出创新、协调、绿色、开放、共享的新发展理念，强调食品安全、产品安全等，树立安全发展观念，健全公共安全体系，实施国家安全战略，可持续有效地缓和及化解社会各种矛盾和风险，以凝结最大化的社会力量来维护社会和谐稳定。总体上来看，我国正处于重要的战略机遇期和社会矛盾凸显期。公共安全是维持社会稳定与实现社会秩序有序性的重要基础，是人民安居乐业的重要保障。法治化、稳定化的公共安全发展观，正是十八大以来党中央适应时代发展要求提出的新的公共安全观。

总的来看，十八大以来有关社会建设思想方面取得新的突破，党中央积极推进社会建设，实现由社会管理的基本格局转变为社会治理体制，并且进一步提出推进社会治理精细化，实现多元主体广泛参与的协商共治，建设多元主体共建共享的新格局。保障人民的基本权利和利益，进行分配体制改革，促进机会公平，完善社会保障体系，实现基本公共服务均等化，推进社会养老体制、医疗卫生、教育资源等均衡化的发展。重视法治化、稳定化的安全观念，尤其是大数据时代下的网络安全问题，加强安全立法，维护社会稳定，促进社会和谐发展。

二、十八大以来我国社会建设的新实践与新探索

十八大以来，在社会建设诸多新理念、新思想指引下，社会建设的各领域探索和地方实践逐步展开，内容涵盖了社会治理精细化、以民为本、绿色生态以及多元主体监管等方面。

（一）以“互联网+社会治理”推进社会治理精细化

随着社会发展和人民的需要，政府职能发生转变，社会治理日趋走向精

细化。在中国特色社会主义社会建设中，社会治理精细化的本质要求是“共享共治、良法善治、规范自治、人权法治、人文德治”①。不断促进社会治理的精细化、法治化、多元化，形成科学的社会治理体系，实现多元治理、共建共享，是各地社会建设的新探索。如为了实现社会治理精细化，浙江省各地方进行“互联网+”的创新实践，实现信息共享和精细化服务。杭州市桐庐县设置政府开放日——“桐庐百姓日”，市民代表走入政府办公场所，参加政民恳谈会，与政府人员共同商讨桐庐的发展问题。激发群众和社会组织参与社会建设的积极性，体现参与主体的多元化，实现“共建共享、全民兴县”。宁波市借助信息化优势，基层社区运用“互联网+网格”模式，进行网格化管理。社区网格长以“e宁波”App进行社区管理工作，一部手机，一个软件，将工作延伸到群众家门口。同时，基层网格员并不是单独“做战”，而是以每个网格“1+1+1+X”的模式，配备一位网格长、一批网格员、一批网格指导员和若干网格志愿者共同参与，协同作战。丽水市景宁畲族自治县以“互联网+社会治理”模式探索，依托浙江信息系统和智慧城市管理系统，设置中心平台，创新山区的治理发展方式。群众和社会组织可以关注中心微信公众号，反映公共卫生、社会治安、管理缺失等问题。充分体现出群众广泛参与社会治理及其方方面面的精细程度，实现协商参与建设成果的共享。提升社会公众参与意识，真正推动社会治理全民参与。社会治理是由政府、社会、公众等多元主体共同参与的一个过程，结合网络时代信息技术的优势，进一步推进治理的精细程度，有效的容纳更多的主体参与到社会治理过程中，正成为十八大以来各地推动社会建设，实施精细化治理的重要体现。

（二）以民为本，促进公平正义和区域均衡化发展

在新时代，坚持以民为本，促进基本公共服务均等化，是各级政府义不

① 马友乐：《社会治理精细化：科学内涵、基本特征与现实依据》，《领导科学》2016年第35期。

容辞的责任。实现均等化不等于平均化，其实质是“底线均等”①。在了解各区域、各人群存在差异性的基础上，保障公民享有公平正义的基本公共服务。以民为本，问需于民，公平正义得民心。以民为本，促进公平正义和区域均衡化发展，是各地推进社会建设的重要内容。如为了缩减民众的贫富差距，帮扶贫困人口脱贫，陕西省长武县孔头村在中国银行的帮助下，形成“互联网＋公益”的扶贫工作新模式，通过整合社会资源、市场力量、政府支持，结合公益理念和“互联网＋”思维，开发了“公益中行”精准扶贫平台，中行员工可以通过手机安装平台App，实名注册后，购买贫困群众的农副产品；同时，设置脱贫助理人的角色，为贫困群众创设新的致富道路，帮助贫困户自力更生，实现脱贫致富。内蒙古呼和浩特市以民生需要为主，构建了标准统一、互联互通的公共数字文化服务网络，以及文化馆业务辅导和公共文化活动“1＋9”联动机制，全面推广“菜单式”“订单式”的文化服务工作模式，打造群众文化活动品牌，大力推进基本公共文化服务标准化、均等化，全面提升公共文化服务水平。实现教育公平发展也至关重要，甘肃省兰州市城关区采取多种模式教学，形成“教育集团化”的办学模式，组建教育集团、教育发展联盟、教育发展协作体以及帮扶学校等新模式，通过优质资源的共享和优势互补，不断缩小各学校之间的差距，形成优质教育资源全覆盖，促进优质资源均衡化及教育均衡发展。当前，我国正处于民生建设的攻坚期，推进均衡化发展，强化公平正义的原则，促进医疗卫生、教育、养老保险、教育等民生性服务的均等化。提供均等化的基本公共服务不等同于造就均等化的人，是促进每一个人个性的解放和自由、全面的发展。在推进基本公共服务均等化的过程中，重视“以人为本”以及民情民意的需要，真正实现民为根本，问需于民，让利于民。

（三）建设绿色生态社会，推动人与自然和谐相处

马克思指出：“我们不要过分陶醉于我们人类对自然界的胜利。对于每

---

① 郭小聪、代凯：《国内近五年基本公共服务均等化研究：综述与评估》，《中国人民大学学报》2013年第1期。

一次这样的胜利，自然界都对我们进行报复。”① 人与自然关系应该追求和谐，人永远是自然环境的一分子。建设绿色生态社会，推动人与自然和谐相处，日益成为各级地方政府推动社会建设的一项重要内容。如江苏省徐州市以“矿地融合”之策打造生态国土，为实现统筹协调矿区矿产资源开发、土地资源节约集约利用和生态文明建设，促进矿地协调发展和矿区新型城镇化建设，徐州市国土资源局提出了“矿地统筹发展”的新模式。实现了徐州从“一城煤灰半城土”到“一城青山半城湖”的蜕变。通过研发我国第一个“矿地一体化管理信息系统”，探索矿地一体化；打造生态修复区，使各类沉陷区变成耕地和涵养生态功能区；精准复垦工矿废弃地，资源利用效益得到全面提升；就地变废为宝，开创“矿、地、产”融合发展的新模式。山东省济南市作为全国首个水生态文明城市建设试点，积极探索区域水生态文明建设模式，立足泉城特色，创新性探索形成“水网水位并举，多元联创共建”的区域水生态文明建设模式，实行“一河双人”，强化河流生态保护；统筹“五水”联调，强化地下水节约利用；因地制宜，强化“山水林田湖”系统治理；优化配置，强化水系连通和雨洪资源利用等，符合泉城特殊地貌条件下的水生态建设需要。“绿水青山就是金山银山”，建设生态城乡发展，增加群众的经济收入，改善生活环境，实现人与自然的和谐相处。缓和经济建设导致的生态破坏，强化社会治理的有效性，推进城乡一体化的绿色生态建设，实现绿色可持续发展。将不损害生态环境作为发展的底线，追求生态文明与经济、政治、文化、社会的融合建设，使人民群众在良好的生态环境下生产生活。

（四）加强全方位安全监管，实现智能化、信息化防控

在社会转型时期，随着现代化、经济化和技术化的发展，群众利益诉求呈现多元化、多层次、普遍化等特点，社会矛盾问题丛生，社会安全受到挑战。加强全方位安全监管，实现公共安全问题的有效风险防控，成为各地实

① 《马克思恩格斯文集》第9卷，人民出版社2009年版，第559页。

践探索的普遍做法。近几年，作为公共安全重要内容之一的食品安全问题时有发生。为解决食品安全问题，河北张家口市以全民参与、社会共治为出发点，加强食品安全领域的诚信体系建设，完善失信联合惩戒机制，建立立体化宣传平台，鼓励群体积极参加创建工作中。畅通社会渠道监督，聘请“两代表一委员”担任“特邀社会监督员”，设立举报机构和举报中心，全辖区覆盖全天候受理举报，社会监督收到很好的效益。有的地区将食品安全与互联网交接起来，有的地区在政府引导和市场化运行下，地方探索进一步完善“互联网+”与安全领域结合的模式，实现在部门监管下，社会主体广泛参与社会安全建设，构建安全社会共治格局。推进科技兴安战略，探索“互联网+安全生产”模式。山东省沾化区开发建设安全生产智能监控预报预警系统平台，按照“一周一调度，一月一通报”的原则，对40家重大危险源企业实施智能监控预警，并多次召开有关监测预报和预警系统会议，实现安全生产现场的监测监控，实时收集数据，反映到检测主体并传送给政府相关部门，实现多级监控检测，大力提升风险管控能力。同时，该平台实施网络对接，联结滨州“安监云”信息平台，实现安全生产监管业务的信息化发展。

总体上来看，十八大以来我国社会建设实践探索取得了新进展。具体来看，各地进行一系列的创新性实践和探索，推进社会治理精细化发展，以多元主体广泛参与，吸纳社会力量参与治理，实现全民的共建共享。以人为本，绿色发展，强调民生建设和实现人与自然和谐相处的重要性，促进公共资源与公共服务均等化。优化监管制度，做好风险防控。在党中央的有力领导下，各级地方政府积极展开探索，有力推动了社会建设的实践发展，促进了社会和谐稳定，人民安居乐业。

三、十八大以来我国社会建设的新趋势与新特征

在国家治理现代化情境下，以社会建设的新理念和新思想为引导，地方进行实践探索检验的基础上，推进社会建设朝向新方向发展。总的来看，在国家大力支持下，社会建设的理念和实践不断创新发展，重视人的发展重要

性，顺应绿色生态建设的实际需要，结合大数据时代网络化特征，保障社会公平，维护社会安全稳定，体现出各方面发展的新趋势和新特点。

（一）将人的自由而全面发展放在突出位置，形成绿色生态发展新格局

社会是由人组成的，人是历史的创造者和一切活动的承担者，推动社会发展进步。社会的发展为每个人的全面自由发展又创造良好的条件，使人的全面自由发展和社会发展为“双向互动”① 的过程。正如马克思指出的，每个人的自由发展是一切人自由发展的条件，要摆脱束缚，获得解放和多方面发展。人的发展和社会的发展状况是相适应的，在促进经济高速发展时，保障人的全面自由发展。改革开放后，强调大力发展生产力的重要性，解决人的生存和发展问题，打破制度束缚，为实现人的全面发展奠定基础。自十八大以来，建设中国特色社会主义，要把个人的命运与民族复兴紧密联系，统一国家、社会、个人的发展进程，促进社会的全面发展与人的全面发展。人是能动的、全面的人，而不是僵化的、单向度的人，实现社会现代化建设，积极发挥人的能动性，坚持民主方向，实现人的全面自由。

人的发展过程并不局限于自身，需要认识自然和改造自然，实现人与自然的和谐相处。在这种社会中，为满足人的生存需要和自由全面发展需要，在“先开发，后整治”的原则下，充分重视生态文明建设的重要性。党的十八届五中全会提出创新、协调、绿色、开放、共享，将绿色发展作为重要的新理念，明确绿色发展实现的路径。习近平总书记多次谈到生态文明建设问题，如“绿水青山就是金山银山”“改善生态环境就是发展生产力”等。绿色发展主要体现在人与自然关系的实践上，融合生活环境、社会生产、主流文化建设等各方面，形成当代中国最鲜活的马克思主义绿色发展观②。我国处于生态文明建设的初步阶段，培养公民的生态意识，强化绿色生态发展理念，以党的领导、政府管理、社会参与治理的新形式，促进人、社会、自然

---

① 熊晓琳、马超林：《马克思“人的全面发展”思想在当代中国的发展与实践》，《理论前沿》2017 年第 5 期。

② 薛丁辉：《习近平绿色发展思想及其当代价值研究》，《理论学刊》2017 年第 1 期。

相互之间的关系，建构和谐可持续的绿色生态建设。

（二）以法治化与制度化为保障，促进社会公平正义的有效落实

在现代化快速发展中，在社会各个领域贫富差距仍然较为悬殊，社会利益分化严重。坚决维护社会公平，是党领导实现中国特色社会主义道路的必然要求。十八届三中全会提出，全面深化改革，要“以促进社会公平正义、增进人民福祉为出发点和落脚点”，包括权利公平、机会公平、规则公平和分配公平等，完善社会公平保障体系。以改善民生作为实现社会公平的重要着落点，推进基本公共服务均等化，倡导教育公平、医疗卫生公平等，保障弱势群体生存发展的基本需求，营造公平的社会环境，保证人民享有平等参与社会建设的权利。

亚里士多德提出“正义即合法”，维护正义需要一个毫无偏倚的第三方，而法律就是最为合适的标准。法律公正在于其合法性和正当性，公民在法律面前一律平等。依据法律厘清社会多阶层的利益诉求，调节社会矛盾，合理配置社会资源，保障公民的合法权利，缩小社会差距，建构公平、合理、有序的社会关系和社会秩序，日益成为十八大以后党推动社会建设的新方向。在法治化的基础上，通过制度对社会事务进行规范与引导。十八大以来，党和国家更加注重推进社会公平正义，以建设公平的制度规则来保障权利公平、机会公平及社会利益分配公平。国家提供制度和政策，政府保障制度落到实处，社会组织及个人遵守国家法规和制度。强调协商民主的广泛多层制度化发展，保障个人民主权利，促进社会领域的制度创新，深化社会体制改革，推进基本公共服务均等化。进一步强化社会建设领域的立法与规范，以法治化和制度化，推进社会公平正义的实现。

（三）以“互联网+”模式，为社会共治格局注入新活力

信息化时代，互联网建构了一种新的社会关系，网络化技术与社会各方面建设紧密相连。互联网作为多元主体交流、博弈的空间，着重多方面的相互联结。就基层社会来说，群众生产生活愈加便捷化、智能化、网络化，未来更趋向于以网络技术为核心，以信息为依托，建立生产生活全面智能系

统。就政府运行和履行职能来看，充分借助“互联网+”优势，收集和运用政府和社会数据，提高工作效率和效能，实现社会治理更加高效化、精细化。推进国家治理现代化，政府构建新的治理机制，新的政务方式智慧政务悄然兴起①。政府由“划桨者”转向“掌舵者”，依托现代信息技术，放权于社会，倡导公民、社会组织等多元力量共同参与社会治理。

运用“互联网+”整合社会资源，实现“互联网+社会治理”多元治理、共建共享的一体化新模式。党的十八届三中全会提出，坚持在党的领导下，“发挥政府主导作用，鼓励和支持社会各方面参与”，协调政府治理与社会力量、公民之间的双向互动关系，实现政府、社会、公民三者间良性互动模式。同时，规范互联网运行机制，需要在政府的统一领导下，以企业全面负责为基础，社会力量广泛参与为保障，实现协调互补的共治格局。推进国家治理现代化的重要条件之一，就是实现治理技术与手段的现代化。政府利用规范的互联网技术，越来越重视社会多元主体的重要地位，调动公民参与的积极性，实现政府治理和社会自我调节良性循环。以“互联网+”模式，为社会共治注入新活力，形成稳定有序、协同共治、共建共享的社会治理新格局，日益成为未来社会建设发展的新方向。

（四）重视网络安全治理，建构稳定的安全预警机制

由于经济发展和信息技术进步，网络安全治理日益突显重要性。当下，信息社会迅速发展，公众对网络的依赖程度迅速提高，乃至整个社会对网络的依赖程度提升。网络安全问题日益成为国家安全和公共安全最为重视的安全领域之一，从某种程度上可以说，“没有网络安全就没有公共安全”，甚至威胁国家安全。大数据时代的国家安全和公共安全治理，应充分利用网络信息技术，走向“智慧治理”模式②，提升国家在安全治理问题上的预警能力和治理能力。2014 年成立的中央网络安全与信息化领导小组，表现出党中央和国家对网络安全的高度重视。同时，国家创新提出网络安全立法，保障网

① 李超民：《治理现代化视阈中的智慧政务建设》，《社会主义研究》2014 年第 4 期。

② 张春艳：《大数据时代的公共安全治理》，《国家行政学院学报》2014 年第 5 期。

络安全建设有法可依，完善网络安全保障体系。实现网络安全有效维护，构稳定安全预警机制，显示出党和国家对网络安全治理的重视。

随着网络化时代来临，群体性事件频发，公共卫生问题层出，社会信任危机愈演愈烈，各种不安因素破坏社会稳定。安全问题不仅事关每位公民生命和利益，也体现政府公信力和社会稳定性程度。网络安全问题日益受到党和国家的高度重视。2016 年，习近平在主持召开网络安全和信息化工作座谈会时提出，“要树立正确的网络安全观，加快构建关键信息基础设施安全保障体系，全天候全方位感知网络安全态势，增强网络安全防御能力和威慑能力。”在党中央的有力领导下，网络安全治理，社会安全意识及安全预警机制逐步健全与完善。在现实中，参与预防安全风险和解决安全问题的主体，也逐步由以政府为唯一主体，转变为在党的领导下，以政府为主导，多元主体广泛参与的格局。在现实中，更加重视对各种风险的稳定评估，实施实时监测和有效反馈，强化安全预警能力，对各种风险问题及时有效处理，推进安全预警工作更加精准和科学。社会多元主体积极配合政府安全预警工作，实现安全问题防患于未然。建构稳定的安全预警机制，争取实现源头治理，确保人民安居乐业，实现社会和谐安定有序和建设平安中国，日益成为未来社会建设的发展方向。

在新的历史时期，党和国家提出“构建中国特色社会主义社会管理体系”的重要战略思想，进一步明确了社会建设的任务和思路，并且创新社会管理，转变为社会治理，推进社会和谐建设。坚持绿色生态发展理念，维护社会公平正义，以法治化和信息化方式，顺应互联网时代发展要求，保障教育、就业、居民收入、城乡一体化等民生问题，创建更加精细化的全民共建共享的社会治理格局。加强社会建设，以维护最广大人民根本利益为出发点，以保障和改善民生为重点，完善基本公共服务体系和社会保障体系，实现“党委领导、政府负责、社会协同、公众参与、法治保障”的中国特色社会主义社会管理体制，也是新时期国家创新社会建设的重要发展方向。

（原载于《社会主义研究》2017 年第 4 期）

党的十八大以来我国社会治理的理论、制度与实践创新*

面对全球化进程不断深化以及市场失灵与政府失灵并存带来的一系列挑战，20 世纪 90 年代西方学者提出了主张政府与社会多元共治以及社会自我治理的社会治理理论。这一理论自产生之初即受到国内学术界的关注，并进行了大量研究与探索。党的十八大以来，以习近平同志为核心的党中央审时度势，针对日趋复杂的国内外形势和我国经济社会重大转型的现实需要，创造性地提出了以“加强党委领导，发挥政府主导作用，鼓励和支持社会各方面参与，实现政府治理和社会自我调节、居民自治良性互动”为特征、独具中国特色的社会治理理论，实现了我国国家治理理论的第三次重大突破，为促进我国国家治理体系和治理能力现代化奠定了坚实理论基础。在中国特色社会治理理论指导下，我国各部门出台了一系列的重大制度创新措施，各级政府也在新理论与制度创新指导下，开展了多方面、多层次的社会治理实践创新，逐步形成了党委领导、政府主导、社会各方面参与、政府治理和社会自我调节及居民自治良性互动、充满活力又和谐有序的社会治理新格局。

---

* 本文作者：张来明、李建伟，国务院发展研究中心。

基金项目：本文是国务院发展研究中心重点课题“我国社会治理创新发展研究”的子报告。

一、我国国家治理理论的三次重大突破：从计划管理到社会管理再到社会治理

全球治理委员会于1995年在《我们的全球伙伴关系》中指出，治理是各种公共或私人机构在管理共同事务时所采用的方式总和，是在调和各种社会冲突和利益矛盾时采取联合行动的持续性过程。① 由于社会公共产品供给和社会公共资源配置中不仅会产生“市场失灵”现象，也会出现“政府失灵”现象，20世纪末，西方学者赋予“治理”在原有的“控制”“引导”“操控”之上以新的含义，主张“政府放权和向社会授权”，倡导“多主体、多中心”治理模式，强调政府与社会多元共治以及社会自我治理。自此，“治理”的内涵相应延伸至“政府分权和社会自治”，“政府—市场—社会”的三维社会治理框架应运而生。

在中国传统政治思想中，国家治理是指统治者的“治国理政”，如老子所说的“治大国若烹小鲜”。新中国成立以来，我国国家治理理论经历了从“计划管理”到“社会管理”再到“社会治理”的三次重大理论飞跃。

第一次理论突破是新中国成立后至改革开放前的“计划管理”模式。面对旧中国一盘散沙的社会状态和新中国成立初复杂的国内外局势，为提升社会凝聚力、建立起高度统一的社会秩序，我国在逐步建立社会主义计划经济体制的同时，建立了以严格计划管理为主要特色的治理模式，其主要特点是政府全能的社会管理，以单位为基础的从业人员管理，以街区为基础的城市人员管理和以单位制度、户籍制度、职业身份制度和档案制度为基础的社会流动管理。社会控制模式的实施极大地增强了国家对社会的组织动员能力和控制能力，但由于政府包办一切社会事务，所有社会成员被管理在相对封闭的“单位”之中，社会缺乏自我组织、自我管理、自我调节的机制，整个社会缺乏活力和创造力。

第二次重大理论突破是改革开放至党的十八大以前的“党政主导型”社

① The Commission on Globle Governance. OurGlobal Neighborhood. Oxford University Press, 1995.

会管理模式。改革开放以后，随着经济体制改革的不断深化，我国经济社会结构发生了巨大变化，因应改革开放之后的经济社会发展需要，我国治理模式逐步从改革开放之前的社会控制模式演变为与社会主义市场经济相适应的社会管理模式。2004 年，党的十六届四中全会审议通过的《中共中央关于加强党的执政能力建设的决定》提出“加强社会建设和管理，推进社会管理体制创新”①。2006 年 10 月，党的十六届六中全会在《中共中央关于构建社会主义和谐社会若干重大问题的决定》中提出要“创新社会管理体制，整合社会管理资源，提高社会管理水平，健全党委领导、政府负责、社会协同、公众参与的社会管理格局，在服务中实施管理，在管理中体现服务”②。2007 年 10 月，党的十七大报告明确提出要“加快推进以改善民生为重点的社会建设”，要“更加注重社会建设，着力保障和改善民生，推进社会体制改革，扩大公共服务，完善社会管理，促进社会公平正义，努力使全体人民学有所教、劳有所得、病有所医、老有所养、住有所居，推动建设和谐社会”③。

第三次重大理论突破是党的十八大以来的“社会治理”模式。2012 年党的十八大将社会管理模式概括为“党委领导、政府负责、社会协同、公众参与、法治保障”，目标是“保障改善民生、扩大公共服务、完善社会管理、促进社会公平正义”④。这一表述在完善我国社会管理理论体系的同时，也为我国治理理论从“社会管理”跃升到“社会治理”奠定了基础。2013 年，党的十八届三中全会明确提出全面深化改革的总目标是完善和发展中国特色社会主义制度，推进国家治理体系和治理能力现代化，将“创新社会治理体制”作为推进“国家治理体系和治理能力现代化”的重要组成，明确提出了

---

① 《中共中央关于加强党的执政能力建设的决定》，《人民日报》2004 年 9 月 21 日。

② 《中共中央关于构建社会主义和谐社会若干重大问题的决定》，《人民日报》2006 年 10 月 18 日。

③ 《高举中国特色社会主义伟大旗帜为夺取全面建设小康社会新胜利而奋斗——在中国共产党第十七次全国代表大会上的报告》，《人民日报》2007 年 10 月 25 日。

④ 《坚定不移沿着中国特色社会主义道路前进为全面建成小康社会而奋斗——在中国共产党第十八次全国代表大会上的报告》，《人民日报》2012 年 11 月 17 日。

“创新社会治理体制”和“提高社会治理水平”的总体要求。① 至此，我国国家治理理论从计划管理、社会管理跃升到社会治理。

二、党的十八大以来我国社会治理的理论创新

党的十八届三中全会确立了我国社会治理的目标、机制、方式等基础理论架构。党的十八届三中全会以后，这一理论架构逐步拓展到政府治理、社会组织治理、社会基层自治和综合治理的社会治理各领域，形成了独具中国特色的社会治理理论体系。

（一）社会治理的基础理论创新

党的十八届三中全会指出，我国社会治理的机制是“加强党委领导，发挥政府主导作用，鼓励和支持社会各方面参与，实现政府治理和社会自我调节、居民自治良性互动”。创新社会治理的重要目标是“促进社会公平正义”，即“创新社会治理，必须着眼于维护最广大人民的根本利益，最大限度地增加和谐因素，增强社会发展活力，提高社会治理水平，全面推进平安中国建设，维护国家安全，确保人民安居乐业、社会安定有序”。创新社会治理方式，要坚持系统治理、依法治理、综合治理、源头治理的社会治理方式。②

（二）政府治理领域理论创新

政府治理领域的理论创新主要体现在如下四个方面。

第一，处理好政府与市场的关系。《中共中央关于全面深化改革若干重大问题的决定》明确提出了我国政府治理的改革方向与目标。《决定》指出，“经济体制改革是全面深化改革的重点，核心问题是处理好政府和市场的关系，使市场在资源配置中起决定性作用和更好发挥政府作用。市场决定资源

---

① 《中共中央关于全面深化改革若干重大问题的决定》，《人民日报》2013 年 11 月 15 日。

② 《中共中央关于全面深化改革若干重大问题的决定》，《人民日报》2013 年 11 月 15 日。

配置是市场经济的一般规律，健全社会主义市场经济体制必须遵循这条规律，着力解决市场体系不完善、政府干预过多和监管不到位问题。"①

第二，全面推进依法治国、依法行政。党的十八大以来，习近平总书记多次强调民主法治建设的重要性，明确指出了推进社会治理体系和治理能力现代化要高度重视民主法治问题。习近平总书记指出，"必须适应国家现代化总进程，提高党科学执政、民主执政、依法执政水平，提高国家机构履职能力"。《中共中央关于全面推进依法治国若干重大问题的决定》明确提出，要完善以宪法为核心的中国特色社会主义法律体系，推进依法行政，加快建设法治政府，保证公正司法，提高司法公信力，增强全民法治观念，推进法治社会建设，加强法治工作队伍建设，加强党对全面依法治国的领导。②

第三，实施"依法治国"和"以德治国"相结合。《中共中央关于全面推进依法治国若干重大问题的决定》提出，国家和社会治理需要法律和道德共同发挥作用。坚持一手抓法治、一手抓德治，大力弘扬社会主义核心价值观，既重视发挥法律的规范作用，又重视发挥道德的教化作用，以法治体现道德理念、强化法律对道德建设的促进作用，以道德滋养法治精神、强化道德对法治文化的支撑作用，实现法律和道德相辅相成、法治和德治相得益彰。③

第四，明确"维权"是"维稳"的基础。习近平总书记在2014年中央政法工作会议上的讲话中指出，没有稳定的社会政治环境，一切改革发展都无从谈起，再好的规划和方案都难以实现，已经取得的成果也会失去。维护社会大局稳定是政法工作的基本任务，要处理好维稳和维权的关系，把群众合理合法的利益诉求解决好。要处理好活力和秩序的关系，发动全社会一起

---

① 《中共中央关于全面深化改革若干重大问题的决定》，《人民日报》2013年11月15日。

② 《中共中央关于全面推进依法治国若干重大问题的决定》，《人民日报》2014年10月29日。

③ 《中共中央关于全面推进依法治国若干重大问题的决定》，《人民日报》2014年10月29日。

来做好维护社会稳定工作。这些重要论述，深刻阐述了维护社会大局稳定的特殊重要性，集中揭示了维护社会稳定发展规律，明确提出了政法工作的基本要求。

（三）社会组织治理领域理论创新

第一，构建中国特色的社会组织发展机制。创新社会治理体制要求多元主体共治，社会组织是创新社会治理的重要主体，充分激发社会组织的活力，以实现社会治理效益的最大化。2016 年 8 月，《中共中央办公厅、国务院办公厅关于改革社会组织管理制度促进社会组织健康有序发展的意见》指出，以社会团体、基金会和社会服务机构为主体组成的社会组织，是我国社会主义现代化建设的重要力量，要充分发挥社会组织服务国家、服务社会、服务群众、服务行业的作用，努力走出一条具有中国特色的社会组织发展之路。到 2020 年，要建立健全统一登记、各司其职、协调配合、分级负责、依法监管的中国特色社会组织管理体制，建立政社分开、权责明确、依法自治的社会组织制度，形成结构合理、功能完善、竞争有序、诚信自律、充满活力的社会组织发展格局。

第二，充分发挥社会组织在社会治理中的积极作用。加快形成政社分开、权责明确、依法自治的现代社会组织体制，加快形成源头治理、动态管理、应急处置相结合的社会管理机制。发挥社会组织在促进经济发展、管理社会事务、提供公共服务中的作用，重点作用于服务企业发展、规范市场秩序、开展行业自律、制订团体标准、维护会员权益、调解贸易纠纷等方面，使之成为推动经济发展的重要力量。支持社会组织在创新社会治理、化解社会矛盾、维护社会秩序、促进社会和谐等方面发挥作用，使之成为社会建设的重要主体。

（四）社会自治领域理论创新

第一，培育和加强社会自治体系与自治能力。随着新型工业化、信息化、城镇化、农业现代化的深入推进，我国经济社会发生深刻变化，利益主体日益多元，利益诉求更加多样。社区是社会的基本单元，加强城乡社区协商，培育和加强社会自治体系与自治能力，是改革和完善我国社会治理体系的重要组成部分。2015 年 7 月，《中共中央办公厅、国务院办公厅关于加强城乡社区协商的意见》指出，要坚持党的领导，充分发挥村（社区）党组织在基层协商中的领导核心作用。坚持基层群众自治制度，充分保障群众的知情权、参与权、表达权、监督权，促进群众依法自我管理、自我服务、自我教育、自我监督。坚持依法协商，保证协商活动有序进行，协商结果合法有效。坚持民主集中制，实现发扬民主和提高效率相统一，防止议而不决。坚持协商于决策之前和决策实施之中，增强决策的科学性和实效性。坚持因地制宜，尊重群众首创精神，鼓励探索创新。到 2020 年，基本形成协商主体广泛、内容丰富、形式多样、程序科学、制度健全、成效显著的城乡社区协商新局面。

第二，把社会治理重心落到城乡社区。习近平总书记多次强调，社区服务和管理能力强，社会治理的基础就实。要尽可能把资源、服务、管理放到基层，使基层有职有权有物，更好地为群众提供精准有效的服务和管理。加强城市常态化管理，聚焦群众反映强烈的突出问题，狠抓城市管理顽症治理。加强流动人口服务管理，更多运用市场化、法治化手段，促进人口有序流动。加强创新农村社会治理，重视化解农村社会矛盾，争取做到“小事不出村，大事不出镇，矛盾不上交”。

（五）社会综合治理领域理论创新

第一，建设全民共建共享的社会治理新格局。党的十八届三中全会指出，全面深化改革的总目标是完善和发展中国特色社会主义制度，推进国家治理体系和治理能力现代化。必须更加注重改革的系统性、整体性、协同性，加快发展社会主义市场经济、民主政治、先进文化、和谐社会、生态文明，让一切劳动、知识、技术、管理、资本的活力竞相迸发，让一切创造社会财富的源泉充分涌流，让发展成果更多更公平惠及全体人民。习近平总书记指出，“全面深化改革必须以促进社会公平正义、增进人民福祉为出发点和落脚点。这是坚持我们党全心全意为人民服务根本宗旨的必然要求。全面深化改革必须着眼创造更加公平正义的社会环境，不断克服各种有违公平正义的现象，使改革发展成果更多更公平惠及全体人民。如果不能给老百姓带来实实在在的利益，如果不能创造更加公平的社会环境，甚至导致更多不公平，改革就失去意义，也不可能持续。”

第二，依法推进社会治理制度化、规范化、程序化。党的十八大以来，习近平总书记高度重视依法推进社会治理问题，他指出，“必须适应国家现代化总进程，提高党科学执政、民主执政、依法执政水平，提高国家机构履职能力，提高人民群众依法管理国家事务、经济社会文化事务、自身事务的能力，实现党、国家、社会各项事务治理制度化、规范化、程序化，不断提高运用中国特色社会主义制度有效治理国家的能力”。2014 年 10 月，党的十八届四中全会通过的《中共中央关于全面推进依法治国若干重大问题的决定》明确指出，依法治国是坚持和发展中国特色社会主义的本质要求和重要保障，是实现国家治理体系和治理能力现代化的必然要求。全面推进依法治国是一个系统工程，是国家治理领域一场广泛而深刻的革命。要完善以宪法为核心的中国特色社会主义法律体系，加强宪法实施，加强重点领域立法，依法保障公民权利，实现公民权利保障法治化；深入推进依法行政，加快建设法治政府；保证公正司法，提高司法公信力；增强全民法治观念，推进法治社会建设。

第三，建立健全社会主义社会信用体系。社会信用体系是社会主义市场经济体制和社会治理体制的重要组成部分。党的十八大以来，党中央、国务院高度重视社会信用体系建设。党的十八届三中全会提出要“建立健全社会征信体系，褒扬诚信，惩戒失信”；《中共中央、国务院关于加强和创新社会管理的意见》提出要“建立健全社会诚信制度”；《中华人民共和国国民经济和社会发展第十三个五年规划纲要》提出要“加快社会信用体系建设”，以法律、法规、标准和契约为依据，以健全覆盖社会成员的信用记录和信用基础设施网络为基础，以信用信息合规应用和信用服务体系为支撑，以树立诚信文化理念、弘扬诚信传统美德为内在要求，以守信激励和失信约束为奖惩机制，提高全社会的诚信意识和信用水平。

第四，推进多层次、多领域的综合治理改革创新。推进多层次多领域依法治理，坚持系统治理、依法治理、综合治理、源头治理，是我国社会治理的重要创新。2015 年 5 月 29 日，习近平总书记在主持中共中央政治局就健全公共安全体系进行第二十三次集体学习时强调，公共安全连着千家万户，确保公共安全事关人民群众生命财产安全，事关改革发展稳定大局。抓好社会治安综合治理，坚持系统治理、依法治理、综合治理、源头治理的总体思路，一手抓专项打击整治，一手抓源头性、基础性工作，创新社会治安防控体系，优化公共安全治理社会环境，着力解决影响社会安定的深层次问题。要切实提高农产品质量安全水平，切实增强抵御和应对自然灾害能力，切实抓好安全生产，切实加强食品药品安全监管，从建立健全长效机制入手，推进思路理念、方法手段、体制机制创新，加快健全公共安全体系。

三、党的十八大以来我国社会治理的制度创新

党的十八大以来，在以习近平同志为核心的党中央领导下，在新的社会治理理论的指导下，中央制定出台了一系列社会治理领域的制度，为推进国家治理体系与治理能力现代化、推动社会治理实践创新，提供了坚实的制度保障。

（一）改革政府治理模式的制度创新

党的十八大以来，在新的社会治理理论指导下，我国出台了一系列推进政府治理的政策措施，如 2013 年 9 月国务院办公厅出台的《关于政府向社会力量购买服务的指导意见》，2015 年国务院办公厅转发财政部、国家发展改革委、中国人民银行《关于在公共服务领域推广政府和社会资本合作模式指导意见的通知》等。

这一系列制度创新，从三方面推进了政府治理的改革创新：一是简政放权。大幅度减少和下放中央政府的审批事项，省市政府也按照中央政府的部署尽可能将人财物下放到基层，尤其是逐步将社会治理任务明确为基层政府

的主要职能和职责。二是提升政府治理的效率。优化政府工作流程，改革商事制度，逐步推行行业协会商会与行政机关脱钩，集中办公提高办事效率等举措，有利于实现政社分开、提高群众满意度。三是加快政府治理方式转变。政府与社会资本的合作、加大政府向社会力量购买服务的力度，对于转变政府职能、激发市场和社会活力、培育社会组织、打造新的经济增长点具有重要的推动作用，也为创新社会治理体制奠定了基础。

（二）激发社会组织活力的制度创新

创新社会治理体制要求多元主体共治，社会组织是创新社会治理的重要主体，要充分激发社会组织的活力，以实现社会治理效益的最大化。党的十八大以来，我国出台了一系列政策，如民政部、财政部2014年11月出台《关于加强社会组织反腐倡廉工作的意见》，中国残疾人联合会、民政部2014年11月出台《关于促进助残社会组织发展的指导意见》，财政部、民政部2014年11月出台《关于支持和规范社会组织承接政府购买服务的通知》，民政部2015年5月出台《关于探索建立社会组织第三方评估机制的指导意见》，民政部2015年11月出台《关于加强和改进社会组织教育培训工作的指导意见》，民政部2016年3月、5月、8月分别出台《社会组织登记管理机关行政执法约谈工作规定（试行）》《关于推动在全国性和省级社会组织中建立新闻发言人制度的通知》《社会组织登记管理机关受理投诉举报办法（试行）》，中共中央办公厅、国务院办公厅2016年8月出台《关于改革社会组织管理制度促进社会组织健康有序发展的意见》等。这一系列制度创新从规范社会组织行为与发展、培育社会组织承接政府职能转变与参与社会治理能力、促进社会组织内部治理创新等方面，为激发社会组织活力、提升社会组织参与社会治理能力、促进社会组织健康发展提供了重要制度支持。

（三）推进社区建设与社会自治的制度创新

社区是社会治理的基层单位和基础。为贯彻落实党的十八大和十八届三中、四中全会精神，加强社区建设、完善社会自治体系、增强社会自治能力，我国出台了一系列政策，包括最高人民法院、最高人民检察院、公安部、司法部2014年8月出台的《关于全面推进社区矫正工作的意见》，中共中央办公厅、国务院办公厅2015年5月、7月分别出台的《关于深入推进农村社区建设试点工作的指导意见》《关于加强城乡社区协商的意见》，国家档案局、民政部2015年11月出台的《城市社区档案管理办法》，国家卫生计生委、国家中医药管理局2015年11月出台的《关于进一步规范社区卫生服务管理和提升服务质量的指导意见》。为更好地发挥社区治理在基层社会治理中的作用，加强对全国社区建设工作的组织领导，强化部门间的协调配合，2014年7月国务院批复建立了全国社区建设部际联席会议制度。这一系列制度创新，从规范城乡社区发展、创新城乡基层社会治理、提升城乡公共服务水平、促进城乡一体化建设等方面，为提升完善我国社区自治体系与自治能力提供了重要的制度保障。

（四）加强社会综合治理的制度创新

第一，社会治安综合治理的制度创新。2012年10月，十一届全国人大常委会第二十九次会议修订了《中华人民共和国治安管理处罚法》；2015年4月，中共中央办公厅、国务院办公厅发布《关于加强社会治安防控体系建设的意见》；2016年2月，中共中央办公厅、国务院办公厅发布《健全落实社会治安综合治理领导责任制规定》。这些制度的完善与创新，更好地适应了社会治理的新形势，有利于创新立体化社会治安防控体系、依法严密防范和惩治各类违法犯罪活动，同时强化和明确了各级领导在社会治安综合治理方面的责任，可有效应对影响社会安全稳定的突出问题，全面推进平安中国建设。

第二，信访工作的制度创新。信访工作是推进社会治理的重要领域和重点工作之一。党的十八大以来，为加强和改进信访工作，我国出台了一系列政策措施。其中中央出台的政策包括：中共中央办公厅、国务院办公厅2014年2月、3月分别出台的《关于创新群众工作方法解决信访突出问题的意见》《关于依法处理涉法涉诉信访问题的意见》，中央政法委2014年9月出台的《关于建立涉法涉诉信访事项导入法律程序工作机制的意见》《关于建立涉法涉诉信访执法错误纠正和瑕疵补正机制的指导意见》《关于健全涉法涉诉信访依法终结制度的实施意见》，中央政法委 2015 年 6 月出台的《关于建立律师参与化解和代理涉法涉诉信访案件制度的意见（试行）》）。最高人民法院、国家信访局、民政部、中国保险监督管理委员会等也出台了一系列的政策，如《关于人民法院办理执行信访案件若干问题的意见》《关于进一步规范信访事项受理办理程序引导来访人依法逐级走访的办法》《关于进一步加强初信初访办理工作的办法》《关于进一步加强和规范联合接访工作的意见》《信访事项网上办理工作规程（试行）》《信访事项简易办理办法（试行）》）《关于推进通过法定途径分类处理信访投诉请求工作的实施意见（试行）》《中国保险监督管理委员会信访工作办法》（修正本）《中国证券监督管理委员会信访工作规则》。这一系列的制度创新，对规范完善信访工作机制、促进信访工作依法依规开展、提高信访工作的质量与效率起到了重要制度保障作用。

第三，户籍与人口管理制度创新。户籍与人口管理历来是我国社会治理的重点领域与基础。党的十八大以来，为适应新时期社会治理的需要，我国进行了一系列制度创新，制定出台了关于户籍与人口管理的相关政策，包括国务院办公厅 2013 年 3 月 2 日印发的《中国反对拐卖人口行动计划（2013—2020 年）》，国家卫生计生委、国家中医药管理局 2013 年 11 月 20 日出台的《关于加快推进人口健康信息化建设的指导意见》，国家卫生计生委 2014 年 5 月 5 日出台的《人口健康信息管理办法（试行）》，国务院 2014 年 7 月 24 日出台的《关于进一步推进户籍制度改革的意见》，国家卫生计生委、中央综治办、国务院农民工办、民政部、财政部 2014 年 10 月 30 日出台的《关于做好流动人口基本公共卫生计生服务的指导意见》，全国人大常委会 2015 年 12 月 27 日颁布的《关于修改〈中华人民共和国人口与计划生育法〉的决定》，国家卫生计生委办公厅 2016 年 6 月 7 日印发的《流动人口健康教育和促进行动计划（2016—2020 年）》，国家民委办公厅 2016 年 7 月 11 日印发的《关于确定少数民族流动人口服务管理示范城市的通知》，国务院 2016 年 7 月 27 日印发的《关于实施支持农业转移人口市民化若干财政政策的通知》等。

这些政策的出台，对推进我国社会治理起到了重要促进作用：一是适应新时期城镇化发展要求，推进了户籍制度改革，进一步放宽了户口迁移政策，在建制镇、小城市、中等城市、大城市和特大城市推行分类管理政策。二是调整计划生育政策，全面实施两孩政策，应对劳动力短缺和人口老龄化问题。三是实施基本服务常住人口均等化，为更多农业人口进入城市创造条件。四是户籍与人口管理更加精细化、立体化，提高户籍与人口管理水平。

四、党的十八大以来我国社会治理的实践创新

根据我国社会治理的理论与制度创新，我国基层政府从社会治理的体制、机制和运行方式等方面，进行了多方面的探索与改革创新，基层政府的治理能力不断提高，公共服务供给方式多元化和市场化不断深入，城乡基层民主参与水平大幅提升，初步建立了党委领导、政府主导、社会协同、公众参与、法治保障的治理格局，逐步形成了既充满活力又和谐有序的社会治理新局面。

（一）改革社会治理体制的实践创新

1. 以强镇扩权为重点的地方机构改革

根据新型城镇化发展战略要求，在党中央创新社会治理理论指导下，党的十八大以来多地将强镇扩权作为地方机构改革的重点，对促进地方政府治理体制改革起到了重要的示范作用。比较典型的案例有：2012 年 11 月至 2013 年 10 月，浙江省在 27 个试点镇进行小城市培育试点工作。2014 年 9 月，广东省组织制定了《广东省新型城镇化规划（2014—2020 年）》，大力推进强镇战略。2012 年江苏省昆山市通过权力下放，重构基层政府的功能，将原有 34 个行政机构和事业单位重组为 8 个职能机构，构建了“前台” + “后台”的服务运行机制，提高了服务效率。山东省潍坊、临沂两市强镇扩权工作也取得重大进展。

2. “一核多元”的社区治理体制改革创新

党的十八大以来，在社会治理理论与制度创新指导下，各地对社区治理

体制进行了多方面的探索与创新，形成了以社区党委为核心、多元参与共治的多种社区治理新体制。这些改革理顺了街道与区政府以及社区之间的关系，加强了街道内部机构之间的整合，提高了社会治理与服务基层的效率。比较典型的案例有：从2012年开始，江苏省南京市玄武区通过“街道中心化”改革，形成职责清晰、制度规范、运转有序的街道“中心化”工作格局。山西阳泉矿区在“区直管社区”体制改革中，实施“一委一居一中心”管理模式，实行区直管社区体制。通过资源下沉、社区干部下沉，居民办事更加便捷，对社区公共管理和公共服务的满意度不断提升。2014年上海深化街道行政体制改革，切实提升城市基层治理能力的现代化水平。通过服务分类，进行中心化改革，在原来社区“三中心”的基础上，新增城市网格化综合管理中心、社区党建服务中心、社区综治中心，强化直接为群众办事功能，实现机关服务窗口化、平台化。贵阳市开展城市基层管理体制改革，撤销了原有的49个街道办事处，设立了94个新型社区。在新型社区实行“一委（社区党委）一会（社区居民议事会）一中心（社区服务中心）”治理模式，形成了一个以社区党委为核心，社区服务中心、居民议事会、居委会、机关企事业单位、社会组织、社区居民等各个层面共同参与的“一核多元”治理体系。广东省深圳市南山区在总结以往社区治理经验的基础上，提出“一核多元”的“1+3+N”社区治理结构，“1”即社区综合党委（联合党委、总支），“3”即社区居民委员会、社区工作站、社区服务中心；“N”即各类社会组织和驻辖区企事业单位。以社区党组织为核心、社区多元主体为依托，多元互动、多主体参与、共建共享，实现了政府治理和社会自我调节、居民自治的良性互动。浙江温州通过实行“三分三改”、政经分开、政社分开、村委会转并联等一系列改革措施，由传统的村民自治转向居民自治，实现基层治理体系的重建，适应了当前开放流动的社会现状，提高了社会治理的效能。

3. 以购买公共服务为重点的社会组织治理体制改革创新

北京市通过制度化建设、组织化建设、规范化建设、社会化建设、财政保障机制构建，完善向社会组织购买公共服务的机制，提高了公共服务的质量，促进了社会组织的发展和治理结构的优化。江苏省南京市玄武区特别注重加强社会组织的建设，积极对区域内社会组织进行指导、协调与服务，赋予街道“中心”通过社会购买服务的方式，支持社会组织为社区居民提供公共服务。积极培育和引进公益社会组织，如九洲残疾人文化艺术中心、万家帮家庭和谐促进中心、玄武“一家圆”心灵保姆服务中心等有影响力的公益社会组织，让社会组织更好地扮演协助政府服务社区居民的助手角色。

（二）社会治理机制的实践创新

1. 探索公众参与社会治理的有效机制

多元主体参与是社会治理创新的重要内容。如广东省珠海市香洲区公安分局借鉴国外社会管理先进理念及经验，创建了“志愿警察”项目。通过安排志愿警察与民警开展巡逻、社区警务、防范宣传等工作，提高辖区巡逻防控能力和见警率，有效缓解警力不足，也让志愿者实现成为一名“警察”的人生梦想和服务社会、无私奉献的人生价值。广东省中山市以推进社会包容性发展、提升全民改革发展的获得感为主要目标，开展全民修身、全民创文、全民治安、全民创业、全民禁毒、全民公益等十多项全民参与社会治理行动，初步形成全民齐参与、愿参与、能参与、真参与和常参与的治理模式。

2. 建立重大事项社会稳定风险评估机制

党的十八大要求建立和完善重大事项社会稳定风险评估机制。各地开展的社会稳定风险评估，对解决重大事项实施中出现的不稳定问题、增加和谐因素、减少不和谐因素，发挥了显著作用，有效提高了社会治理活动的预见性和实效性。如四川省遂宁市在探索建立重大事项社会稳定风险评估机制过程中，引入第三方评估机制，开展行业专项评估，创新评估工作管理模式，对全市重大事项开展了社会稳定风险评估，经风险评估的重大事项未发生影响稳定的事件，连续 9 年荣获四川省经济社会发展目标考核一等奖，连续 9 年被四川省委、省政府评为维稳、综治工作先进集体，连续两届荣获全国社会治安综合治理优秀市。

3. 充分发挥市场机制在社会治理中的积极作用

处理好政府与市场的关系，是全面深化体制改革的核心，重点是发挥好市场在资源配置中的决定性作用。在重大基础设施建设领域，我国已成功运用 PPP 模式，引入社会力量，运用市场机制。在社会治理领域，恰当引入市场机制，同样能够降低治理成本、提高社会治理效率，激发社会力量参与治理的积极性，提升社会治理的水平。如广东省茂名市茂南区在立体化打防管控体系建设过程中，按照群众自愿参加、市场运营的模式，采取众筹模式，在视频建设项目中政府与社会投入比例为 1∶25，各单位及市民以每个点 120 元的价格按月租用，通过市场化运营的方式操作，通过市场化运营，低成本投入，破解了视频建设“推广难”的困局。

4. 推行网格化管理机制

网格化管理是近年来基层社会治理中创建的有效管理机制。党的十八大以来，各地在创新社会治理的实践中，以不同的方式推行网格化管理机制，使社会治理更加精细化。如青岛西海岸新区通过网格化社会治理体系建设，以网格为载体、以信息化为支撑、以法治化为保障，通过推进任务细分化、工作流程化、标准定量化、运行信息化，着力实现安全隐患在“格”中整治、社会治安在“格”中加强、矛盾纠纷在“格”中化解、社情民意在“格”中掌握、便民服务在“格”中开展，社会治理更加精细化。

（三）社会治理方式的实践创新

1. 优化机构设置与人员配置，提升治理效果与质量

国家治理模式从过去的社会管理跃升为社会治理，要求过去社会管理模式下管理机构的职能及其运作方式从条块分割的管理格局转变为多元参与、协同共治的治理格局，需要重新整合机构与人员配置，调整与转变机构职能。党的十八大以来，各地通过优化机构设置和人员配置，在不增加新机构、人员和经费情况下，大幅度提高了社会治理的效果。如福建省邵武市建立了“民生 110”平台，前台以“110”一个号码收集群众反馈和诉求，后

台以“民生110中心”一个机构对群众反映的事项交予相关职能部门、基层管理组织、专业服务机构逐项落实。南京市浦口区探索建立区、街道、社区（村）三级联动工作平台和区街两级联勤指挥工作体系，以整合资源为抓手，以信息化手段为支撑，建立了卓有成效的“大联勤”社会治理机制。

2. 充分发挥信息化技术在社会治理中的作用

运用信息化技术手段提升社会治理的科学性和精准度，是当前信息化社会做好社会治理工作的内在要求和必然趋势。党的十八大以来，各地党委、政府在社会治理领域大力推进和倡导运用信息化技术手段，取得了显著成效。如，天津市司法局加强社区矫正信息化建设，开发了社区服刑人员动态管理系统，实现“矫正人员网上管理、矫正执法网上审批、矫正过程网上监督”，打造“数字执法”基础平台，实现了社区服刑人员管理的无缝衔接，提高了社区矫正工作的办公效率，强化了社区服刑人员监管科技化。广东省佛山市禅城区推行一门式政务服务改革，通过推进“一口受理、系统优化、业务协同、信息共享、数据沉淀”的政务服务改革，提升行政效能和水平，促进公共服务标准化和均等化，更畅通了政府和群众联系的渠道，提高了社会治理的科学性和精准度。

3. 创建更加柔性化的社会治理方式

全心全意为人民服务是我们党的根本宗旨，促进社会公平正义、增进人民福祉是全面深化改革的出发点和落脚点。创新社会治理，需要摒弃传统社会管理方式生硬、刻板、缺乏人文关怀的缺陷，增强社会治理方式的人性化、柔性化，增进社会和谐。对此，不少地方作了多方面有益探索。如珠海市香洲区前山街道福石社区在创新基层社会治理中，创造性地开展富有社区特色的“四门行动”，即敲门、串门、叩门、守门行动：常敲空巢老人门，嘘寒问暖送爱心；常串困难群众门，排忧解难送贴心；常叩“意见人士”心灵之门，沟通疏导送舒心；常守居民小区门，安全防护送安心。这些活动使社区关怀零距离覆盖到每一位居民，激发了社区居民对社区的认同感和归属感。

4. 创建适宜特殊群体的个性化社会服务方式

按照社会治理精细化的要求，针对不同社会群体的特点与差异化需求，各地探索创建了多种适宜特殊群体的个性化社会服务方式。如广东省珠海市将12355青少年综合服务平台建设纳入平安创建重点项目，通过购买社会服务、引进专职社工的方式，将12355热线打造成青少年权益战线的指挥中枢，统筹47个实体化服务门店为青少年提供成长指导、教育引导、心理疏导以及法律援助、困难帮扶等服务。南京市鼓楼区组织党建联盟创新养老服务事业，通过“1+6+N”的运行模式（“1”是成立党建联盟，“6”是设立6个联盟分会，“N”是各个养老服务组织及志愿者服务组织）搭建了基层党建工作崭新平台，促进了全区养老服务业健康发展。

5. 全面推进基层协商民主常态化

党的十八大报告提出，要发展社会主义协商民主，促进协商民主全面、多层、制度化发展。党的十八大以来，加强社会主义协商民主建设、加强城乡社区协商，成为促进我国社会治理创新的方向和任务，各地在全面推进基层协商民主方面进行了大量实践探索。如河南邓州创立的“四议两公开”发展迅速，并在全国普遍得到推广。浙江温岭在民主恳谈会基础上，相继建立了由职工代表、企业主代表和政府三方参与的行业工资集体协商制度，协商范围不断扩展，协商机制不断完善。江苏太仓逐渐探索出基层政府与基层群众自治组织、社会组织和城乡居民的互动规则体系，制定了《基层群众自治组织协助政府工作事项》和《基层群众自治组织依法履行职责事项》两份清单，明晰了政府权力与社会自治权力的边界，并通过签订协议、双向评估的办法实现“政社互动”。此外，民主议事会、参与式预算、网络论坛、“民主协商日”等基层协商民主实践形式也蓬勃发展，形成了村（居）民自治的民主决策、民主管理、民主监督、民主自治的新格局。

（原载于《改革》2017年第7期）

十八大以来党对网络社会治理的探索*

十八大以来，中国网络社会治理取得了较好成效，党和政府在理论与实践上对网络社会治理进行了深入探索，网络社会治理的理念和手段都有所创新，并已经初步构建起了法治管理、行政监督、市场调节、技术管控、行业自律、公众监督和社会教育相结合的网络社会治理体系。坚持党的领导、政府引领、多方参与，是近年来中国网络社会治理的基本经验。

一、党的领导是网络社会治理的政治保证

坚持党的领导，是正确处理各种复杂的社会矛盾，确保中国社会主义现代化建设正确的重要保证。在网络社会治理中，中国共产党在顶层设计和统筹规划方面发挥了重要作用。党的领导主要具体体现在关于网络社会治理的理论创新、战略规划和领导体制改革等方面。

第一，关于网络社会治理的理论创新。2012 年 11 月，胡锦涛在党的十八大报告中就明确指出："加强和改进网络内容建设，唱响网上主旋律。加

---

* 本文作者：熊光清（1968—），男，湖北潜江人，对外经济贸易大学国际关系学院副院长，教授，博士，主要从事当代中国政府与政治、比较政治学、网络政治学等领域的研究。

基金项目：国家哲学社会科学基金重点项目"我国网络社会治理能力建设研究"（项目编号：16AZZ011）。

强网络社会管理，推进网络依法规范有序运行。”① 十八大以来，习近平就网络社会治理重大理论和现实问题发表了许多重要论述，提出了许多具有原创性和时代性的重要观点，形成了关于网络社会治理的一系列新理念和新思想。

十八大以来，中国共产党从思想上开始破除传统的治理思路，在国家政策层面向治理理念转变，并把治理理念运用到了网络社会治理领域。2013 年 11 月，党的十八届三中全会提出：“全面深化改革的总目标是完善和发展中国特色社会主义制度，推进国家治理体系和治理能力现代化。”② 这是中国共产党由传统统治理念向现代治理理念转变的重要标志，具有重大而深远的理论意义和现实意义。2016 年 10 月 9 日，中共中央政治局就实施网络强国战略进行第三十六次集体学习，习近平总书记在主持学习时指出，随着互联网特别是移动互联网发展，社会治理模式正在从单向管理转向双向互动，从线下转向线上线下融合，从单纯的政府监管向更加注重社会协同治理转变。这是将治理理念运用到网络社会治理的明确表述。

中国共产党也认识到了互联网对于国家治理的作用，并要求利用互联网技术加强国家治理，强化互联网思维。习近平指出，要强化互联网思维，利用互联网扁平化、交互式、快捷性优势，推进政府决策科学化、社会治理精准化、公共服务高效化，用信息化手段更好感知社会态势、畅通沟通渠道、辅助决策施政。2016 年 4 月 19 日，习近平总书记在网络安全和信息化工作座谈会上的讲话中指出：“我们提出推进国家治理体系和治理能力现代化，信息是国家治理的重要依据，要发挥其在这个进程中的重要作用。要以信息化推进国家治理体系和治理能力现代化，统筹发展电子政务，构建一体化在线服务平台，分级分类推进新型智慧城市建设，打通信息壁垒，构建全国信

① 胡锦涛：《坚定不移沿着中国特色社会主义道路前进为全面建成小康社会而奋斗——在中国共产党第十八次全国代表大会上的报告》，人民出版社 2012 年版，第 33 页。

② 中共中央关于全面深化改革若干重大问题的决定》，人民出版社 2013 年版，第 3 页。

息资源共享体系，更好用信息化手段感知社会态势、畅通沟通渠道、辅助科学决策。”①

针对网络社会与现实社会的关系问题，习近平提出了“网上网下两个同心圆”的重要命题。2016年1月29日，习近平在同党外人士共迎新春时指出：“人心向背、力量对比决定事业成败”，强调“形成最大公约数，画出最大的同心圆”。2016年4月19日，习近平在网络安全和信息化工作座谈会上指出，实现“两个一百年”奋斗目标，需要全社会方方面面同心干，需要全国各族人民心往一处想、劲往一处使。习近平强调：“凝聚共识工作不容易做，大家要共同努力。为了实现我们的目标，网上网下要形成同心圆。什么是同心圆？就是在党的领导下，动员全国各族人民，调动各方面的积极性，共同为实现中华民族伟大复兴的中国梦而奋斗。”② 可以说，“网上网下两个同心圆”的重要命题是网络生态治理的重要出发点。

习近平特别重视网络生态领域的意识形态工作。习近平指出，互联网已经成为今天意识形态斗争的主战场。西方反华势力妄图以这个“最大变量”来“扳倒中国”，我们在这个战场上能否顶得住、打得赢，直接关系我国意识形态安全和政权安全。这个阵地，我们不去占领，人家就会去占领。现在看来，必须要把网上斗争作为意识形态领域斗争的重中之重和当务之急，高度重视起来，抓紧干起来，讲究战略战术，坚持下去，久久为功。必须把意识形态工作的领导权、管理权、话语权牢牢掌握在手中，任何时候都不能旁落，否则就要犯无可挽回的历史性错误。习近平指出：“管好用好互联网，是新形势下掌控新闻舆论阵地的关键，重点要解决好谁来管、怎么管的问题。”③

---

① 习近平：《在网络安全和信息化工作座谈会上的讲话》，人民出版社2016年版，第6页。

② 习近平：《在网络安全和信息化工作座谈会上的讲话》，人民出版社2016年版，第6页。

③ 中共中央文献研究室：《习近平总书记重要讲话文章选编》，中央文献出版社、党建读物出版社2016年版，第422页。

习近平多次指出，我国已是网络大国，要做网络强国，并特别强调要加强网络社会治理，使网络空间明朗起来。他指出："随着新媒体快速发展，国际国内、线上线下、虚拟现实、体制外体制内等界限愈益模糊，构成了越来越复杂的大舆论场，更具有自发性、突发性、公开性、多元性、冲突性、匿名性、无界性、难控性等特点。"① 他强调："要教育引导广大网民遵守互联网秩序，增强辨别是非、抵御网络谣言的能力，共同营造风清气正的网络环境。"②

习近平也非常重视推进网络强国战略。2016 年 10 月 9 日，中共中央政治局就实施网络强国战略进行第三十六次集体学习。习近平在主持学习时强调，加快推进网络信息技术自主创新，加快数字经济对经济发展的推动，加快提高网络管理水平，加快增强网络空间安全防御能力，加快用网络信息技术推进社会治理，加快提升我国对网络空间的国际话语权和规则制定权，朝着建设网络强国目标不懈努力。

第二，关于网络社会治理的战略规划。十八大以来，党在网络强国战略、传统媒体和新兴媒体融合发展、"互联网 +" 行动计划、大数据战略等方面进行了明确清晰的战略规划。

2014 年 2 月 27 日，习近平在中央网络安全和信息化领导小组第一次会议讲话中，提出了建设网络强国的目标。习近平强调，要制定全面的信息技术、网络技术研究发展战略，下大气力解决科研成果转化问题。要出台支持企业发展的政策，让他们成为技术创新主体，成为信息产业发展主体。要抓紧制定立法规划，完善互联网信息内容管理、关键信息基础设施保护等法律法规，依法治理网络空间，维护公民合法权益。习近平强调，建设网络强国的战略部署要与"两个一百年"奋斗目标同步推进，向着网络基础设施基本

---

① 中共中央文献研究室：《习近平总书记重要讲话文章选编》，中央文献出版社、党建读物出版社 2016 年版，第 429 页。

② 中共中央文献研究室：《习近平总书记重要讲话文章选编》，中央文献出版社、党建读物出版社 2016 年版，第 429 页。

普及、自主创新能力显著增强、信息经济全面发展、网络安全保障有力的目标不断前进。

2014 年 8 月，中央全面深化改革领导小组第四次会议审议通过《关于推动传统媒体和新兴媒体融合发展的指导意见》。习近平强调，推动传统媒体和新兴媒体融合发展，要遵循新闻传播规律和新兴媒体发展规律，强化互联网思维，坚持传统媒体和新兴媒体优势互补、一体发展，坚持先进技术为支撑、内容建设为根本，推动传统媒体和新兴媒体在内容、渠道、平台、经营、管理等方面的深度融合，着力打造一批形态多样、手段先进、具有竞争力的新型主流媒体，建成几家拥有强大实力和传播力、公信力、影响力的新型媒体集团，形成立体多样、融合发展的现代传播体系。传统媒体和新兴媒体融合发展，是一项构建舆论引导新格局、巩固壮大主流思想舆论阵地的战略部署。

党的十八届五中全会、“十三五”规划纲要都对实施网络强国战略、“互联网 +”行动计划、大数据战略等做了部署。2015 年 10 月，党的十八届五中全会正式将“网络强国战略”写进《中共中央关于制定国民经济和社会发展第十三个五年规划的建议》，提出了拓展网络经济空间的规划建议。该建议提出，要实施“互联网 +”行动计划，发展物联网技术和应用，发展分享经济，促进互联网和经济社会融合发展；实施国家大数据战略，推进数据资源开放共享；完善电信普遍服务机制，开展网络提速降费行动，超前布局下一代互联网；推进产业组织、商业模式、供应链、物流链创新，支持基于互联网的各类创新。2016 年 12 月，国务院印发的《“十三五”国家战略性新兴产业发展规划》提出，实施网络强国战略，加快建设“数字中国”，推动物联网、云计算和人工智能等技术向各行业全面融合渗透，构建万物互联、融合创新、智能协同、安全可控的新一代信息技术产业体系。

第三，关于网络社会治理的领导体制改革。2013 年 11 月，习近平总书记在关于《中共中央关于全面深化改革若干重大问题的决定》的说明中指出，网络和信息安全牵涉到国家安全和社会稳定，是我们面临的新的综合性挑战。正是基于对网络安全重要性的深刻认识，党的十八届三中全会审议通过的《中共中央关于全面深化改革若干重大问题的决定》中提出："坚持积极利用、科学发展、依法管理、确保安全的方针，加大依法管理网络力度，加快完善互联网管理领导体制，确保国家网络和信息安全。"①

2014 年 2 月 27 日，中央网络安全和信息化领导小组成立，由习近平亲自任组长，成为中国互联网管理的最高领导机构。习近平指出："中央网络安全和信息化领导小组要发挥集中统一领导作用，统筹协调各个领域的网络安全和信息化重大问题，制定实施国家网络安全和信息化发展战略、宏观规划和重大政策，不断增强安全保障能力。"②

中央网络安全和信息化领导小组的成立，从战略上解决中国过去互联网管理体制存在的政出多门、职能交叉、权责不一、协调不畅等弊端，开启以国家意志对网络空间进行统一规划和系统治理的新时代。这对于加强网络社会治理无疑能够发挥重大作用，也显示出中国在保障网络安全、维护国家利益、推动信息化发展等方面的决心。

二、政府引领是网络社会治理的主导力量

政府发挥统筹引领作用，不断推进依法治网、网络安全和信息化建设，是网络生态治理取得成效的重要经验之一。

第一，积极推进网络生态治理法治化，加快互联网领域立法进程。网络时代的来临正在深刻改变传统社会的交往模式，如何在制度建设、立法保护、严格执法、公正司法条件下推进网络生态治理法治化，促进网络生态健康发展，是当前中国政府面临的重要问题。一方面，在近年来制定或修订的《统计法》《档案法》《测绘法》《国家安全法》《保守国家秘密法》《著作权法》《反不正当竞争法》《刑法》《侵权责任法》等一系列法律中分别规定了

---

① 中共中央关于全面深化改革若干重大问题的决定》，人民出版社 2013 年版，第 51－52 页。

② 《习近平谈治国理政》，外文出版社 2014 年版，第 199 页。

一些与网络信息活动有密切关系的内容；另一方面，相继颁布了一大批有关网络方面的专门立法、司法解释和其他规定。特别是进入21世纪以来，制订或通过了不少关于网络生态治理的法律法规和部门规章制度，有关网络治理的法律法规和规章制度不断完善，并发挥了较好的治理作用。

特别重要的是，为保障网络安全，维护网络空间主权和国家安全、社会公共利益，保护公民、法人和其他组织的合法权益，促进经济社会信息化健康发展，2016年11月，十二届全国人大常委会第二十四次会议通过了《中华人民共和国网络安全法》（以下简称《网络安全法》）。《网络安全法》是中国网络生态治理的基础性法律制度，对网络运行安全和网络信息安全领域的问题做出了明确规范。这部法律既填补了中国关于网络安全方面的法律空白，强化了对网络安全的认识，又可以起到统领网络安全各领域的工作，是中国在依法治网方面的重大进步。

第二，不断强化网络安全，打击网络违法犯罪行为。对各种类型的网络不端行为加强了管治力度，专门出台了关于治理网络诈骗、网络募捐、网络借贷、网络直播、网络信息搜索、网络传销、网络色情、网络赌博、网络虚假新闻等方面的管理规定或意见措施，或者在一些领域采取了专门行动，并取得了较好的效果。例如：从2014年开始，全国“扫黄打非”工作小组办公室、国家互联网信息办公室、公安部等部门连续三年在全国范围内统一开展“扫黄打非净网行动”。同时还开展了“护苗行动”，对淫秽色情、暴力、恐怖、残酷、迷信等有害少年儿童身心健康的信息进行了全面清理。这些专项行动净化了网络文化环境，有效查办了一批大案要案，惩处了一批问题企业，在一定程度上净化了网络环境。再如：2016年下半年，加强了对电信诈骗的治理力度，从开展技术升级、打击团伙犯罪、堵住资金流三个方面实现了突破，并收到了很好的成效。2016年12月20日，最高人民法院、最高人民检察院、公安部联合发布《关于办理电信网络诈骗等刑事案件适用法律若干问题的意见》，进一步明确打击电信网络诈骗的法律标准，统一执法尺度。

2015年8月29日，第十二届全国人民代表大会常务委员会第十六次会议通过《中华人民共和国刑法修正案（九）》对若干信息网络犯罪行为做出了明确的补充规定，刑法规定的有关信息网络犯罪行为主要包括：非法侵入计算机信息系统罪；非法获取计算机信息系统数据、非法控制计算机信息系统罪；提供侵入、非法控制计算机信息系统程序、工具罪；破坏计算机信息系统罪；网络服务渎职罪；拒不履行信息网络安全管理义务罪；非法利用信息网络罪；帮助信息网络犯罪活动罪等。这些规定，对网络犯罪在立法层面的规范做出了进一步加强。

2016 年 12 月 27 日，经中央网络安全和信息化领导小组批准，国家互联网信息办公室发布《国家网络空间安全战略》，阐明了中国关于网络空间发展和安全的重大立场和主张，明确了网络空间安全的战略方针和主要任务，是指导国家网络安全工作的纲领性文件。该《战略》明确指出，当前和今后一个时期，国家网络空间安全工作的战略任务是坚定捍卫网络空间主权、坚决维护国家安全、保护关键信息基础设施、加强网络文化建设、打击网络恐怖和违法犯罪、完善网络治理体系、夯实网络安全基础、提升网络空间防护能力、强化网络空间国际合作等 9 个方面。

第三，加强网络正面宣传和网络舆论引导。近年来，主流网络媒体在加强和改进网络正面宣传和舆论引导方面做了大量工作，切实提高了网络正面宣传的质量和水平，对积极传播网络正能量发挥了重要作用。各级党和政府加强和改进了对网络正面宣传和舆论引导工作，并将其列入重要议事日程，形成了主要负责领导亲自抓、各职能部门协调配合，人民群众积极参与的良好格局。习近平指出，要根据形势发展需要把网上舆论工作作为宣传思想工作的重中之重来抓。他强调："我们正在进行具有许多新的历史特点的伟大斗争，面临的挑战和困难前所未有，必须坚持巩固壮大主流思想舆论，弘扬主旋律，传播正能量，激发全社会团结奋进的强大力量。"①

各级党政机关积极支持传统主流媒体与新兴媒体融合发展，加强对网民

① 《习近平谈治国理政》，外文出版社 2014 年版，第 155 页。

的网络道德建设，强化对少数意见领袖的正面引导，重视发挥专家学者的积极作用，注重网络评论员队伍建设，加强网络突发事件应急管理机制建设，弘扬了主旋律，传播了正能量，取得了明显进展。以北京市为例，据北京市网信办主任佟力强介绍，2013 年以来，北京市强化主流舆论场的权威信息发布，突出宣传“三个自信”和中国梦，推荐点击“身边的感动”，打造“互联网文化季”，推动开展各种“微公益”等活动，营造了健康向上的网络文化氛围。

第四，以推广应用为重点，大力推进信息化建设。伴随着国内经济发展方式的转变、产业结构的转型升级和经济驱动要素的转变，电子信息产业，无论是其从与其他产业的关联性还是独立性上看，都将成为新常态下我国经济可持续发展的主力军。当前，电子信息产业已经是我国经济最具活力、最具创新的行业之一，我国已经成为全球最大的电子信息产品制造基地。在通信、高性能计算机、数字电视等领域也取得了一系列重大技术突破，形成一批国际知名的信息技术企业，如联想、华为、阿里巴巴等已经成为推动我国经济转型、结构优化的中坚力量。李克强总理在 2015 年政府工作报告中提出制定“互联网 +”行动计划。2016 年 12 月，国务院常务会议审议通过的《“十三五”国家信息化规划》提出了六大主攻方向：一是引领创新驱动，培育发展新动能；二是促进均衡协调，优化发展新格局；三是支撑绿色低碳，构建发展新模式；四是深化开放合作，拓展发展新空间；五是推动共建共享，释放发展新红利；六是防范安全风险，夯实发展新基石。

中国政府积极推进网络政务发展，着力推动政府上网扩大范围，建立高效的政府部门业务系统，提高工作效率。中国网络政务的推进速度非常快，电子邮件、网上信息发布、信息资源共享、网络办公系统、网络问政、网络咨询与网络协商等方式的使用，明显提高了行政效率，并降低了公民对政府的生疏感，拉近了政府与普通公民之间的距离。2016 年 7 月，中共中央办公厅、国务院办公厅印发的《国家信息化发展战略纲要》指出：要“持续深化电子政务应用，着力解决信息碎片化、应用条块化、服务割裂化等问题，以信息化推进国家治理体系和治理能力现代化。”随着中国网络政务的兴起和发展，公民可以更加便利和清楚地了解政府工作程序，促使公共政策的制定和执行过程更加公平化和透明化。并且，政府在决策和咨询过程中，可以通过网络进行民意调查和征询公民意见，这不仅可以有效吸收专家学者的建议和意见，还可以了解和掌握不同社会群体的意见和要求。

三、多方参与是网络社会治理的社会基础

在党的领导和政府引领下，各部门综合运用多种手段，充分调动多种治理主体参与网络社会治理过程的积极性。

网络社会组织开始在网络社会治理中发挥作用。相对于国家直接治理而言，行业自治具有明显的优势。行业自治的方式更为直接，更有效率。通过确立行业自治规则，能够综合运用更多的技术手段，直接实现治理目的。① 近年来，中国互联网协会、中国互联网发展基金会、中国文化网络传播研究会、中国互联网信息中心、中国互联网金融行业协会等行业组织，积极开展行业自律、倡导网络文明、培养良好风尚。这些网络社会组织在过去几年中发挥自身优势，整合社会资源、调动社会力量，从不同角度、不同领域参与到中国互联网基础设施建设、打造良好网络安全生态以及营造健康网络舆论环境等方面的工作中，为中国互联网发展、信息化建设和“互联网 + 传统产业”等发展输送了大量的专业人才、搭建了广阔发展平台，做出了重要贡献。

网络运营商积极履行社会责任，开展行业诚信自律。网络运营商有责任承担一定的网络社会治理责任，其原因在于：网络平台是网络信息传播的中枢，许多网络平台具有参与网络社会治理的技术能力，网络平台具有遏制有害信息广泛传播、防止损害扩大的能力。② 2012 年 12 月 28 日，十一届全国人大常委会第 30 次会议审议通过了《关于加强网络信息保护的决定》（以下简称《决定》）。《决定》明确了包括网络运营商有确保用户信息安全和配合

① 蔡文之：《自律与法治的结合和统一》，《社会科学》2004 年第 1 期。
② 王利明：《论互联网立法的重点问题》，《法律科学》2016 年第 5 期。

信息安全执法的义务；明确了信息泄露受害人，有要求网络信息泄露者改正错误，并通过法律诉讼获取赔偿的权利；明确了信息安全的公益性原则。《决定》公布后，许多网络运营商公开表态支持，积极履行社会责任，从而起到了治理主体的作用。

广大网民踊跃开展网络监督，参与互联网违法和不良信息举报。网络社会治理需要发挥网民的积极作用，中国网络空间的净化离不开广大网民的参与。中国互联网违法和不良信息举报中心成立于 2005 年 8 月。自 2014 年 5 月起，该举报中心正式归入国家网信办。其工作目标就在于发挥社会公众的监督作用，搭建公众参与网络治理的平台，维护互联网信息传播秩序，维护网民权益，受理处置网民举报的违法和不良信息，推进网络空间法治化建设，实现网络空间清朗。

同时，不少网民逐步开始自觉遵守网络道德、尊重他人，从网络安全与社会文明的角度接受社会赋予的责任和义务。当然，仍有必要依托学校、家庭、媒介和社会组织等多种力量，对网民进行全方位网络道德素养教育。近年来，在党和政府的领导下，各方共同参与开展整治互联网低俗之风、整治网络欺凌暴力、清除网上敲诈和有偿删帖等一系列专项行动，网络空间日渐清朗。各级政府或社会组织大力倡导文明上网、理性表达，并开展了一系列专题活动。2015 年 2 月，共青团中央研究决定，结合推动团员成为注册志愿者，在全团广泛组建青年网络文明志愿者队伍、深入推进青年网络文明志愿行动。2015 年 6 月，“网络中国节”主题活动开始上线。“网络中国节”以传统节日为主线，通过一系列具有亲和力的网络文化产品，吸引网友广泛参与，引导网民文明上网、理性表达。2016 年 5 月，中国网公益中国频道、中国品牌频道联合公益中国爱心联盟等相关单位支持发起全国文明上网行动计划，倡议网信企业积极净化网络空间，倡导广大网民文明上网。这些活动都起到了较好的效果。

在全球互联网治理领域，中国积极行动，提升了参与全球互联网治理的能力与作用。任何一国的网络生态都是整个国际社会网络生态的一个组成部分，网络生态的跨国性表现非常突出，因而，网络社会治理迫切需要国际社会合作互助、共同发挥作用。2014 年，中国倡导并举办世界互联网大会，此后每年举办一届。习近平指出，举办世界互联网大会，就是希望搭建全球互联网共享共治的一个平台，共同推动互联网健康发展。2014 年 11 月，以"互联互通、共享共治"为主题的首届世界互联网大会在浙江嘉兴乌镇举办。习近平在讲话中指出："互联网发展对国家主权、安全、发展利益提出了新的挑战，迫切需要国际社会认真应对、谋求共治、实现共赢。"2015 年 12 月，习近平在第二届世界互联网大会上发表主旨演讲时指出："要加强网络伦理、网络文明建设，发挥道德教化引导作用，用人类文明优秀成果滋养网络空间、修复网络生态。"① 同时，他指出："推动互联网全球治理体系变革，共同构建和平、安全、开放、合作的网络空间，建立多边、民主、透明的全球互联网治理体系。"② 2016 年 11 月，在第三届世界互联网大会开幕式上，习近平通过视频发表讲话，他指出，互联网发展是无国界、无边界的，利用好、发展好、治理好互联网必须深化网络空间国际合作，携手构建网络空间命运共同体。中国的举措对于加强全球互联网治理发挥了积极作用。

（原载于《理论与改革》2017 年第 2 期）

---

① 习近平：《在第二届世界互联网大会开幕式上的讲话》，《人民日报》2015 年 12 月 17 日。

② 习近平：《在第二届世界互联网大会开幕式上的讲话》，《人民日报》2015 年 12 月 17 日。

“国家治理体系和治理能力现代化”的历史定位*

“国家治理体系和治理能力现代化”既是十八届三中全会的创新点，又是习近平总书记系列重要讲话的核心内容，体现了现代化思想的新高度，开辟了治国理政思想的新境界。

实现“国家治理体系和治理能力现代化”，有赖于国人一体同心共为所形成的群集力量。“共为”以“共识”为前提，明确“国家治理体系和治理能力现代化”的历史定位，不仅是形成共识的必要环节，而且事关对中国现代化历史进程和现代化发展战略的认识。关于“国家治理体系和治理能力现代化”的历史定位，目前存在一种既显性又有高认同度的意见，即将其视为继“四个现代化”之后的“第五个现代化”。笔者以为，这样的认识有待商榷。习近平曾强调，哲学社会科学工作者“要善于提炼标识性概念”①。依据这一要求，笔者认为，将对“国家治理体系和治理能力现代化”的定位，标识性地提炼为“高度新型现代化”不仅能真实体现中国现代化的历史进

---

* 本文作者：徐奉臻，法学博士，哈尔滨工业大学马克思主义学院院长、教授。
基金项目：本文系2015年国家社会科学基金重大招标项目“东北老工业基地劳模文化史料编纂及当代价值研究”（项目批准号：15ZDB052）、中宣部文化名家暨“四个一批”人才资助项目“现代化与马克思主义中国化理论及实践研究”的阶段性成果。

① 习近平：《在哲学社会科学工作座谈会上的讲话》，人民出版社2016年版，第24页。

程，而且有助于把握“国家治理体系和治理能力现代化”的特点及功能。

艾尔·巴比（E. Babbie）说：“一种说法必须同时具有逻辑的和经验的可信性才可接受。”① 本文所提出的“国家治理体系和治理能力现代化”是“高度新型现代化”而非“第五个现代化”之观点，也同时需要“逻辑可信性”和“经验可信性”的支持。提供这两种可信性的过程，既是论证“第五个现代化”观点之偏颇的过程，又是揭示“高度新型现代化”表述之合理性的过程。

一、“第五个现代化”之说的偏颇

综观中国的现代化进程，虽然有曲折和逡巡，但由单向到多维、由失衡到协调、由局部到整体、由简单到复杂的动态调适与增容，却是其演进的基本脉络。举凡“近代”的“中体西用”和“全盘西化”等，“现代”（新中国成立至2003年）的“一化三改”“三个现代化”“四个现代化”“两手理论”等，“当代”（自2003年“科学发展观”提出以来）的“科学发展观”、“五位一体”总布局、“四个全面”战略布局、“五大发展理念”等，都既是中国现代化的主要内容，又体现了中国现代化的核心战略。在当下的中国学术界，有人将1978年的改革开放视为“现代”与“当代”的界标，但笔者更倾向于将2003年“科学发展观”的提出作为“当代”的起点。因为“科学发展观”的提出，意味着中国开启了由“现代化的老路”向“现代化的新路”转型的进程。

“第五”不过是一个序号，但如果将其与“现代化”相联系，并直接使用“第五个现代化”之表述，那就必然要反映对中国现代化进程及战略的认识。

首先，将“国家治理体系和治理能力现代化”定位为继“四个现代化”之后的“第五个现代化”，人为地遮蔽了自改革开放至十八届三中全会期间

---

① 艾尔·巴比：《社会研究方法》，李银河译，四川人民出版社1987年版，第7页。

中国事实上已经存在的对“文化现代化”和“人的现代化”的探索。

与“文化现代化”和“人的现代化”关系最为密切的，莫过于“文化建设”与“文化自信”。在中国现代化实践中，“文化建设”早已纳入规划。在“三位一体”“四位一体”“五位一体”的现代化布局中，“文化建设”均有一席之位。近两年来，习近平又频繁使用“文化自信”，并将“文化自信”从学术领域扩展至其治国理政之框架中。《说文解字》有言：“化”的本义是“改变”或“变化”。“文化”之“化”的创生功能，体现为“文化生产力”“文化创造力”“文化传承力”“文化凝聚力”“文化表现力”“文化竞争力”“文化推动力”“文化引导力”等。因此，文化既是认知体系又是符号系统，既是生产过程又是存在状态，既有教化功能又有建构价值。文化所具有的这些特点，决定了“文化建设”同时诉求“文化现代化”和“人的现代化”。以“文化现代化”为诉求的“文化建设”，立足文化场域本身；而以“人的现代化”为诉求的“文化建设”，已从文化场域转移至作为文化研究和传承主体的“人”。在对“文化现代化”和“人的现代化”的探索中，人扮演着双重角色，兼具主体性和客体性。就“文化现代化”层面的“文化建设”而言，人是“化”的主体，肩负研究和传承文化的使命；就“人的现代化”层面的“文化建设”来说，人是“化”的客体，是文化教化或同化的对象。“文化自信”既有赖于“文化现代化”，又离不开“人的现代化”。归根结底，“文化自信”是人对文化的自信。由于“文化自信”中的“文化”包括“中华优秀传统文化”“革命文化”和“社会主义先进文化”① 三部分，因此人对文化的自信也应包括对“中华优秀传统文化”的自信、对“革命文化”的自信和对“社会主义先进文化”的自信。“文化自信”的形成过程，就是“文化现代化”和“人的现代化”的推进过程，两者互以为缘、相辅相成。

其次，将“国家治理体系和治理能力现代化”定位为继“四个现代化”之后的“第五个现代化”，人为地遮蔽了自改革开放至十八届三中全会期间

---

① 习近平：《在庆祝中国共产党成立95周年大会上的讲话》，人民出版社2016年版，第13页。

中国事实上已经存在的对“政治现代化”的探索。

与“文化建设”一样，“政治建设”也始终贯穿于“三位一体”“四位一体”和“五位一体”的现代化布局中。目的层面的“政治建设”，诉求“政善治”；过程层面的“政治建设”，是“政治现代化”之“化”的过程；产物层面的“政治建设”，以体现政治文明的现代性为外在表征。“依法治国”既是实现“政治现代化”的主要手段，又是构建政治文明新常态的必由之路。改革开放之初，邓小平提出了“有法可依、有法必依、执法必严、违法必究”的“十六字方针”；党的十五大报告首次使用“依法治国”之表述；党的十六大报告把“政治文明”作为创新点；党的十七大报告强调“深化政治体制改革”；党的十八大报告提出“科学立法、严格执法、公正司法、全民守法”的“十六字纲领”；党的十八届四中全会通过了《中共中央关于全面推进依法治国若干重大问题的决定》。这些表述、理念、纲领和决定所包含的认识，既体现了“政治现代化”的根本旨趣，又是中国现代化在政治层面的不断深化与飞跃。

再次，将“国家治理体系和治理能力现代化”定位为继“四个现代化”之后的“第五个现代化”，人为地遮蔽了自改革开放至十八届三中全会期间中国事实上已经存在的对“社会现代化”的探索。

学术研究既基于社会实践，又反映社会实践，同时还催生出指导社会实践的现代化战略。中国科学院发布的《中国现代化报告 2006》的副标题是“社会现代化研究”。十七大报告以“社会建设”为创新点，并由此将中国现代化的总布局由“三位一体”扩展至“四位一体”。社会建设以“社会现代化”为旨归，“社会建设就是建设社会现代化”①。“社会现代化”有广义和狭义之分：广义的“社会现代化”是母系统，包括不同子系统，其中的“社会”是“大社会”，指“人类社会”；狭义的“社会现代化”是广义的“社会现代化”的一个子系统，其中的“社会”是“小社会”，与政治、经济、

① 陆学艺：《社会建设就是建设社会现代化》，《社会学研究》2011 年第 4 期。

文化、生态等并列。作为党的十七大报告的“四位一体”之一的“社会建设”中的“社会”，是指狭义的“小社会”，该层面的“社会现代化”包括社会的管理、结构、组织、服务、体制、行为等层面的现代化，其终极诉求是社会管理科学化、社会服务完善化、社会参与大众化、社会环境生态化、社会关系和谐化。

最后，将“国家治理体系和治理能力现代化”定位为继“四个现代化”之后的“第五个现代化”，人为地遮蔽了自改革开放至十八届三中全会期间中国事实上已经存在的对“生态现代化”的探索。

与“社会现代化”一样，“生态现代化”进入中国现代化谱系的路径，也是学术研究先于国家方略。中国科学院发布的《中国现代化报告2007》的副标题是“生态现代化研究”。2012年党的十八大报告以“生态文明建设”为创新点，并由此将中国现代化的总布局由“四位一体”扩展至“五位一体”。“生态现代化”既是“目的”，又是“过程”和“产物”。作为“目的”的“生态现代化”，诉求生态平衡，以解决经济增长与资源匮乏、技术发展与环境恶化之间的无以复加的矛盾为主旨。作为“过程”的“生态现代化”，是人与自然严重错位的关系由“变态”到“常态”的复原过程，使“生态痉挛”（eco-spasm）演进至“生态无恙”，使“高熵生态”嬗递至“低熵生态”。作为“产物”的“生态现代化”，表现为构建后的具有可持续发展意蕴的生态文明之样态。①

由此可见，在“四个现代化”和“国家治理体系和治理能力现代化”之间，的确存在“文化现代化”“人的现代化”“政治现代化”“社会现代化”和“生态现代化”等。虽然“四个现代化”是新中国成立后至改革开放前中国现代化目标与蓝图的最高体现，虽然“衣食足而知荣辱”决定了以器物为目标的“四个现代化”是现代化架构的底座，但由于现代化是综合平衡的系统工程，也由于器物现代化在文明的结构中不过是浅表层次，因此不断修葺

① 徐奉臻：《发展观的嬗变与中国新型现代化的理论建构》，中国环境出版社2014年版，第159页。

和调适“四个现代化”既是中国现代化实践的客观要求，又体现了中国现代化演进的内在逻辑。如果说“两手理论”解构了“四个现代化”的单维器物框架，那么“三位一体”“四位一体”“五位一体”的总布局，以及“四个全面”战略布局和“五大发展理念”等相继问世，既体现了中国现代化主体的自省意识，又不断赋予中国现代化以新的内涵。如果把“国家治理体系和治理能力现代化”定位为继“四个现代化”之后的“第五个现代化”，既割裂了中国现代化的连续性和整体性，又不利于体现中国现代化的开拓性与创新性。

二、“高度新型现代化”之说的合理性依据

从内涵和外延的逻辑角度来看，“高度新型现代化”首先是“现代化”，其次是“新型现代化”，再次是“高度新型现代化”。三者之间，既有联系又有区别。三者间的联系表现为都是“现代化”，都诉求美好而幸福的生活，都解构和转换旧传统，由此获取并累积现代性。三者间的区别体现在以下几个方面。

其一，起点不同。“现代化”从近代初期的洋务运动开始，“新型现代化”以2003年十六届三中全会提出“科学发展观”为标志，“高度新型现代化”起于2013年十八届三中全会公报中“国家治理体系和治理能力现代化”的提出。

其二，历时不同。发生学上的中国现代化探索已历经百余年，“新型现代化”历经十余年，“高度新型现代化”启动三年有余。

其三，内涵不同。在“现代化”之前添加“新型”，旨在体现“科学发展观”提出前后中国现代化理念和路径的不同。“科学发展观”既是一种确认，又是一种反思与调适。其所确认的，是中国现代化存在的诸多不科学之处；其所反思和调适的，是重物轻人、重增长轻发展、重数量轻质量、重器物轻伦理、重经济轻生态、重效益轻公平等现代性问题。在“新型现代化”之前添加“高度”，意味着确认、反思和调适的进一步跃升。马克思说：“问

题就是时代的口号。”① 跃升阶段的确认、反思和调适，旨在解决两个问题：一是中国到底需要什么样的现代化？二是中国如何科学地实现其所需要的现代化？对此，20多次使用“现代化”之表述，并把“现代化”定位为未来中国三项历史任务之首的党的十八大报告的回答是：不走改旗易帜的邪路，不走封闭僵化的老路。十八届三中全会的回答是：全面深化改革，推进国家治理体系和治理能力现代化。十八届四中全会的回答是：全面推进依法治国。十八届五中全会的回答是：牢固树立并切实贯彻“五大发展理念”。如果说“不走改旗易帜的邪路”致力于否定现代化模式的普世性，那么“不走封闭僵化的老路”则意味着中国要通过脱胎换骨的治本变革实现现代化模式的根本转型。虽然根本转型应该起于以“科学发展观”为起点的“新型现代化”探索，但由于在“科学发展观”提出至“国家治理体系和治理能力现代化”问世之前的这一期间，中国的现代化侧重于强调“社会建设”和“生态文明建设”等不同子系统，并未从根本上触及由于缺少有机性与整体性而使国家治理体系设计失范、由于缺少协调性与系统性而使国家治理体系运行失衡、由于缺少权威性与有效性而使国家治理体系功能失灵等问题②，因而也就没有从根本上解决如何科学发展的问题。如果将“科学发展观”的问世视为“新型现代化的第一波”，那么提出“国家治理体系和治理能力现代化”则是“新型现代化的第二波”。以“第一波”为参照，“第二波”进一步升级了中国新型现代化。由此，中国的现代化步入“高度新型现代化”阶段。

“国家治理体系和治理能力现代化”，既是独立的现代化的新系统，又是贯通性的现代化的新维度。

作为独立的现代化的新系统，“国家治理体系和治理能力现代化”是中国现代化家族的新成员。在现代化的谱系中，其与经济、政治、社会、生态、文化等现代化一样，均为现代化母系统的子系统。此一子系统的提出，进一步扩展了“五位一体”之现代化格局，既反映了中国人对现代化认识的

---

① 《马克思恩格斯全集》第40卷，人民出版社1982年版，第289页。

② 徐奉臻：《国家治理体系现代化探微》，《中国科学报》2014年07月18日。

步步深入，又开辟了中国现代化探索和研究的新视域及新论域。

作为贯通性的现代化的新维度，“国家治理体系和治理能力现代化”将浸透至中国现代化的所有领域。一方面，中国现代化所有子系统的制度及方略，都离不开“国家治理体系和治理能力现代化”；另一方面，“国家治理体系和治理能力现代化”的水平，直接规约和影响经济、政治、文化、社会、生态、军队、国防等层面现代化的质量。

深度和广度反映高度，将“国家治理体系和治理能力现代化”定位为“高度新型现代化”，是因为它既是全面深化改革的总目标，又以全面深化改革为实现途径。改革是实现现代化的重要手段，全面的改革和深化的改革，从横纵两个维度体现了“国家治理体系和治理能力现代化”的广度与深度。

横向上，“国家治理体系和治理能力现代化”的广度，对应“改革”之“全面”，其所凸显的是改革的整体性、系统性和协调性，其所解构和修葺的是封闭僵化老路的线性、片面与单维。有鉴于此，习近平不仅引用古训“不谋全局者，不足谋一域”，而且强调要从国家治理体系和治理能力的总体角度考虑，“不是推进一个领域改革，也不是推进几个领域改革，而是推进所有领域改革”①。

纵向上，“国家治理体系和治理能力现代化”的深度，对应“改革”之“深化”，其所凸显的是改革的长期性、艰巨性和复杂性，其所解构和修葺的是封闭僵化老路的低度、表层与肤浅。在内容上，“国家治理体系和治理能力现代化”包括“国家治理体系现代化”和“国家治理能力现代化”两部分。其中，“国家治理体系现代化”是国家制度的现代化，或管理国家的制度体系的现代化。该层面的现代化，旨在通过体制机制的建构和法律法规的颁布，实现邓小平南方谈话中的“恐怕再有三十年的时间，我们才会在各方面形成一整套更加成熟、更加定型的制度”②之设想，最终达至“政善治”(good governance)。“国家治理能力现代化”是制度执行能力的现代化，即运

① 《习近平谈治国理政》，外文出版社2014年版，第90页。

② 《邓小平文选》第3卷，人民出版社1993年版，第372页。

用国家制度管理社会各领域事务的能力的现代化。该层面的现代化，旨在通过提升作为国家治理行为主体的“人”的现代化，最终达至“行善为”(good behave)。

在现代化结构中，“国家治理体系和治理能力现代化”居于深层次。启动这样的现代化，意味着中国的现代化探索已经步入攻坚期和深水期。实现这样的现代化，有赖于十八届四中全会提出的全面推进依法治国之方略。依法治国既体现“改革”之“全面”和“深化”，又是实现“国家治理体系和治理能力现代化”的必然要求。

安德鲁·芬伯格（A. Feenberg）认为，中国应“以一种与其真正的发展可能性相适应的方式确定自己的富裕模式”，并“创造出一种适合于中国的可选择的现代性”。① 中国现代化不断深入的过程，即中国人做出一次次现代性选择的过程。纵观新中国成立以来的中国现代化，以改革开放及“两手理论”解构“四个现代化”的一手框架，是第一次选择；以“科学发展观”弱化现代化的诸多“非科学”元素，并由此开启从“现代化的老路”向“现代化的新路”嬗变的进程，是第二次选择；通过全面深化改革、全面推进依法治国、“五大发展理念”等，实现“国家治理体系和治理能力现代化”，并由此实现现代化模式脱胎换骨的转变，构建“高度新型现代化”是第三次选择。

如果将“国家治理体系和治理能力现代化”定位为继“四个现代化”之后的“第五个现代化”，等于人为地隐匿了第一次选择和第三次选择之间的现代化探索。如果将“国家治理体系和治理能力现代化”定位为“新型现代化”，既模糊了第二次选择和第三次选择的不同，又遮蔽了第三次选择对第二次选择的超越与突破。相反，只有将“国家治理体系和治理能力现代化”定位为“高度新型现代化”，才能体现十八届三中全会所明示的全面深化改革“须在新的历史起点上”的要求。“新起点”不仅意味着新高度，也意味

① 安德鲁·芬伯格：《可选择的现代性》，陆俊等译，中国社会科学出版社 2003 年版，中文版序言第 7 页。

着新使命。习近平指出："中国是一个大国，决不能在根本性问题上出现颠覆性错误，一旦出现就无法挽回、无法弥补。"① 避免颠覆性错误，有赖于具有根本性的"国家治理体系和治理能力现代化"。

三、"国家治理体系和治理能力现代化"定位的方法论思考

现代化具有延续性和创新性，不同时空条件下的现代化既有继承又有突破。新中国成立后中国现代化的延续和创新，体现为宏观、中观和微观三个层面。

宏观层面上，从"一化三改""三个现代化"和"四个现代化"，扩展至"文化现代化""政治现代化""社会现代化""生态现代化""人的现代化""国家治理体系现代化""国家治理能力现代化"等。

中观层面上，"四个现代化"不仅不是过去完成时，而且时至今日还在不断地创新与突破。不同时空情境中的"四个现代化"，其目的诉求和实现路径均互有不同。此外，在习近平总书记系列重要讲话中，还有包括"工业化""信息化""城镇化"和"农业现代化"在内的"四个现代化"之表述。为区别起见，不妨将"工业现代化、农业现代化、科技现代化、国防现代化"称为"旧四化"，将"工业化、信息化、城镇化、农业现代化"称为"新四化"。

微观层面上，"旧四化"的四个子系统也既有继承又有突破。例如，作为工业现代化之产物的"工业化"，被党的十六大报告调适为"新型工业化"；"农业现代化"被置换为"新型农业现代化"；"国防现代化"被扩展至"国防和军队现代化"，其中的"军队现代化"又包括"空军现代化"和"军队组织形态现代化"等新的子系统。

定位"国家治理体系和治理能力现代化"，需要从方法论上考虑和处理以下关系。

---

① 《习近平谈治国理政》，外文出版社2014年版，第348页。

一是“名”与“实”的关系。判断一种现代化是否真实存在，不能以概念使用与否为唯一依据。虽然在党和国家的主要文献及重要领导人的讲话中，尚无或少见“政治现代化”“文化现代化”“人的现代化”“社会现代化”“生态现代化”等表述，但这些现代化探索的确在事实上存在，不能因为有实无名而对其加以否认，况且这些表述已逐渐出现于学者的著述中。

二是“显”与“隐”的关系。“政治建设”“文化建设”“社会建设”和“生态文明建设”等，先后被融入中国现代化的总布局，居显性化地位。“政治现代化”“文化现代化”“人的现代化”“社会现代化”“生态现代化”等，体现在它们与“政治建设”“文化建设”“社会建设”和“生态文明建设”的关系中，处于隐性化状态。如果否认隐性化的诸多现代化维度，那么显性化的“政治建设”“文化建设”“社会建设”和“生态文明建设”等就将迷失方向。

三是“历史”与“现实”的关系。罗兹曼（G. Rozman）说：现代化研究“必须深入揭示中国研究中通常被割裂开来的各个时代之间的关系，况且，这样也为一向被孤立起来予以研究的中国，提供了概括的比较视野”①。中国现代化的不同维度不是非此即彼的置换关系，而是在不断增容与调适的过程中，或以相互寓于，或以并行之态向前推进。因此，关照现代化不同维度之间的有机作用，并由此反映现代化的整体性、系统性和协调性，是定位“国家治理体系和治理能力现代化”的应有之义。

（原载于《社会主义核心价值观研究》2016 年第 6 期）

---

① 吉尔伯特·罗兹曼：《中国的现代化》，国家社会科学基金比较现代化课题组译，江苏人民出版社 2003 年版，第 2－3 页。